선생님이 **강**략

사회

개념 ⁺ᴾᴸᵁˢ
단원평가

6-1

개념+단원평가 와
내 교과서 비교하기

단원 찾는 방법

- 내 교과서 출판사명을 확인하고 공부할 범위의 페이지를 확인하세요.
- 다음 표에서 내 교과서의 공부할 페이지와 개념+단원평가 사회 페이지를 비교하면 됩니다.
  예를 들어 아이스크림 미디어 54~79쪽이면 개념+단원평가 36~51쪽을 공부하시면 됩니다.

Search
단원찾기

단원	개념+단원평가	아이스크림 미디어	천재교육	비상교과서	미래엔	비상교육	천재교과서	금성출판사	지학사	동아출판	교학사	김영사
1. ① 민주주의의 발전과 시민 참여	8~23	10~33	10~33	10~33	12~35	10~35	16~37	12~33	8~29	6~27	10~31	10~33
1. ② 일상생활과 민주주의	24~35	34~53	34~49	34~49	36~53	36~51	38~53	34~47	30~51	28~51	32~51	34~51
1. ③ 민주 정치의 원리와 국가 기관의 역할	36~51	54~79	50~69	50~69	54~77	52~75	54~71	48~71	52~73	52~71	52~71	52~75
2. ① 우리나라 경제 체제의 특징	62~77	88~109	76~97	78~99	86~111	84~105	82~101	80~101	80~103	78~101	82~103	82~105
2. ② 우리나라의 경제 성장	78~93	110~131	98~117	100~121	112~133	106~127	102~123	102~125	104~125	102~121	104~123	106~129
2. ③ 세계 속의 우리나라 경제	94~109	132~153	118~139	122~141	134~155	128~145	124~141	126~143	126~147	122~141	124~143	130~149

여러분의 꿈을 응원합니다!!!

민들레에게는
하얀 씨앗을 더 멀리 퍼뜨리고 싶은 꿈이 있고,

연어에게는
고향으로 돌아가 알알이 붉은 알을 낳고 싶은 꿈이 있습니다.

여러분도 가지각색의 아름다운 꿈을 가지고 있지요?
꿈을 향한 마음으로
좋은 결과를 얻기 위해 달려 보아요.

여러분의 아름답고 소중한 꿈을 응원합니다.

구성과 특징

교과서 종합평가
사회 11종 검정 교과서를 완벽 분석한 종합평가를 단원별로 구성하였습니다.

1. 교과서 핵심 요점
교과서 내용을 이해하기 쉽도록 사진 자료와 함께 꾸몄습니다.

2. 개념을 확인해요
교과서 개념과 관련된 주요 내용을 간단한 문제를 통하여 확인할 수 있습니다.

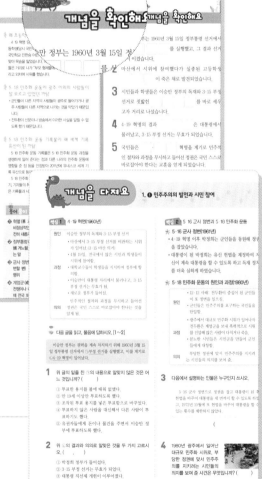

3. 개념을 다져요
꼭 알아야 할 기본 개념이나 원리를 간단한 개념 정리와 함께 문제로 꾸몄습니다.

4. 실력을 쌓아요,
탐구 서술형 평가

기본 개념 문제를 통해 실력을 다지고,
서술형 평가에 대비할 수 있도록 다양
한 문제로 구성하였습니다.

5. 단원 평가 연습 기출 실전

여러 가지 유형의 문제를 단원별로 구
성하고, 연습, 기출, 실전으로 난이도를 구
분하여 학습 목표를 이룰 수 있도록 하
였습니다.

6. 100점 예상문제

핵심만 콕콕 짚어 단원별과 전체 범위
로 구분하여 구성하였습니다.

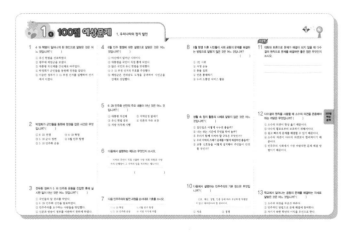

정답과 풀이

별책 부록

스스로 학습할 수 있도록 문제마다 자세한 풀이를 넣었으며 '더 알아볼까요'
코너를 두어 문제를 정확하고 쉽게 이해할 수 있도록 하였습니다.

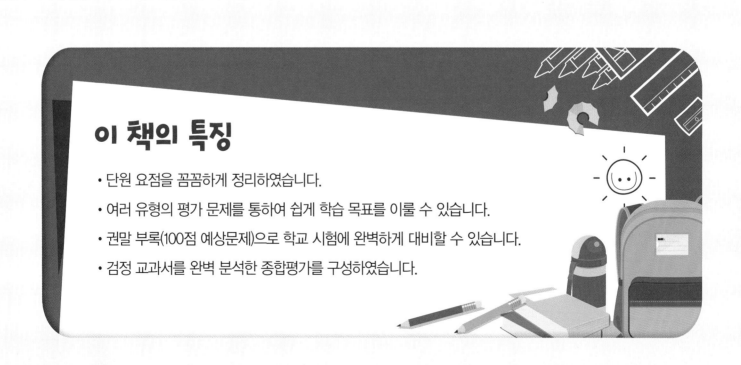

이 책의 특징

- 단원 요점을 꼼꼼하게 정리하였습니다.
- 여러 유형의 평가 문제를 통하여 쉽게 학습 목표를 이룰 수 있습니다.
- 권말 부록(100점 예상문제)으로 학교 시험에 완벽하게 대비할 수 있습니다.
- 검정 교과서를 완벽 분석한 종합평가를 구성하였습니다.

차례

❀ 요점 정리 + 단원 평가 ·············· 8

❀ 100점 예상문제 ·············· 120

❀ 정답과 풀이

6·1

5~6학년군

요점 정리
+ 단원 평가

사회 6-1

5~6
학년군

1. ❶ 민주주의의 발전과 시민 참여 ⋯⋯⋯⋯⋯ 8

1. ❷ 일상생활과 민주주의 ⋯⋯⋯⋯⋯ 24

1. ❸ 민주 정치의 원리와 국가 기관의 역할 ⋯⋯⋯⋯⋯ 36

2. ❶ 우리나라 경제 체제의 특징 ⋯⋯⋯⋯⋯ 62

2. ❷ 우리나라의 경제 성장 ⋯⋯⋯⋯⋯ 78

2. ❸ 세계 속의 우리나라 경제 ⋯⋯⋯⋯⋯ 94

❶ 민주주의의 발전과 시민 참여 (1)

❶ 4·19 혁명과 시민들의 노력
└ 이승만 정부의 계속된 독재와 부패로 국민들의 생활은 어려웠습니다.

① 3·15 부정 선거: 이승만 정부는 1960년 3월 15일 정부통령 선거에서 부정 선거를 실행했고, 그 결과 선거에서 이겼습니다. **자료 ❶**

② 4·19 혁명 **자료 ❷**

배경	• 시민들은 부정한 방법으로 선출된 이승만 정부의 잘못을 바로잡으려고 시위에 참여했음. • 마산에서 시위에 참여했다가 실종된 고등학생 김주열이 마산 앞바다에서 죽은 채로 발견되자 시민들과 학생들의 시위는 확산되었음.
과정	• 4월 19일, 수많은 시민과 학생은 이승만 정부의 독재와 부정 선거에 항의하고 민주화를 요구하며 시위를 벌였음. • 그러자 시위는 더욱 거세졌고, 초등학생들과 대학교수들까지 시위에 동참함.
결과	• 이승만은 대통령 자리에서 물러났고, 3·15 부정 선거는 무효가 됨.
의의	• 많은 사람의 노력과 희생을 통해 국민이 국가의 주인임을 밝히고, 독재 정권으로부터 민주주의를 지켜낸 역사적 사건임. • 민주주의에 대한 국민들의 관심이 높아졌으며, 이후 우리나라 민주화 운동과 민주주의 발전에 많은 영향을 미침.

❷ 5·18 민주화 운동의 과정과 의미

① 5·16 군사 정변(1961년): 4·19 혁명 이후 새로운 정부가 들어선 지 1년도 되지 않아 박정희는 군인들을 동원해 정권을 잡았습니다.

② 유신 헌법(1972년): 대통령이 된 박정희는 자신이 대통령을 계속할 수 있도록 헌법을 바꾸었습니다. → 대통령을 할 수 있는 횟수를 제한하지 않았으며, 국민의 권리를 대통령이 마음대로 제한할 수 있도록 하였습니다.

③ 5·18 민주화 운동(1980년)

배경	• 1979년에 독재 정치를 반대하는 대규모 시위가 있었고 이러한 혼란스러운 상황에서 박정희는 부하에게 살해되었음. • 이후 국민은 민주주의 사회가 될 것이라고 기대했지만, 전두환이 중심이 된 군인들이 또 정변을 일으켰음.
과정	• 시민들은 민주화를 요구하며 전국적으로 시위를 벌여 나갔으나 군인들은 국민을 탄압했음. • 전라남도 광주에서 대규모 민주화 시위가 일어나자 전두환은 시위를 진압할 계엄군을 보내 많은 사람이 다치거나 죽게 했고 분노한 시민들은 시민군을 만들어 군인들에게 대항했음. • 시민군을 비롯한 시민들과 학생들은 정부와 계엄군에게 시위 중 잡혀간 사람들을 풀어 줄 것과 계엄군이 물러날 것을 요구했음. **자료 ❸**
의의	• 민주주의를 지키려는 시민들과 학생들의 의지를 보여 주었음. • 이러한 노력을 기억하기 위해 5·18 민주화 운동이 일어난 5월 18일을 국가 기념일로 지정했음.

자료 ❶ 3·15 부정 선거의 방법

• 유권자들에게 돈이나 물건을 주면서 이승만 정부에 투표하도록 했습니다.
• 투표하지 않은 사람을 대신해서 다른 사람이 투표하기도 했습니다.
• 투표한 용지를 불에 태워 없애거나 조작된 투표 용지를 넣은 투표함으로 바꾸기도 했습니다.

자료 ❷ 4·19 혁명의 과정

1 3·15 부정 선거를 앞두고 이승만 정부의 부정부패에 대항해 대구에서 학생 시위가 일어났습니다.
2 마산에서 3·15 부정 선거를 비판하는 시위가 일어났습니다.
3 4월 19일 전국에서 많은 시민과 학생들이 시위에 참여했습니다.
4 대학교수들이 학생들을 지지하며 정부에 항의했습니다.
5 이승만이 대통령 자리에서 물러났습니다.
6 시민들은 질서를 지키면서 혼란을 바로잡으려고 노력했습니다.

자료 ❸ 시민군을 비롯한 시민들과 학생들의 노력

• 계엄군이 광주에서 저지른 만행을 외부에 알리려고 노력했습니다.
• 광주 시내의 질서를 스스로 지키려고 힘썼습니다.
• 시위에 참여한 사람들에게 무료로 음식을 나누어 주고 어려움에 처한 이웃들을 서로 살펴보는 등 힘든 상황을 함께 헤쳐 나가려고 노력했습니다.

초등학생들은 왜 시위에 참여했을까

4·19 혁명 당시에는 중·고등학생과 대학생은 물론 초등학생(당시 국민학생)도 시위에 참여했습니다. 특히 수송 국민학교 진한승 어린이는 시위 현장에서 경찰이 쏜 총에 맞아 목숨을 잃었습니다. 이 사건으로 수송국민학교 학생들은 거리로 나가 "부모 형제들에게 총부리를 대지 말라."라고 외치며 시위를 했습니다.

광주 이외의 사람들이 5·18 민주화 운동을 잘 모르고 있었던 까닭

• 군인들이 다른 지역의 사람들이 광주로 들어가거나 광주 사람들이 다른 지역으로 나가는 것을 막았기 때문입니다.

• 전두환이 신문이나 방송에서 이러한 사실을 알릴 수 없도록 했기 때문입니다.

5·18 민주화 운동 기록물이 세계 기록 유산이 된 까닭

5·18 민주화 운동 기록물은 5·18 민주화 운동 과정을 생생하게 알려 준다는 점과 다른 나라의 민주화 운동에 영향을 준 점 등을 인정받아 2011년에 유네스코 세계 기록 유산으로 등재되었습니다.

5·18 민주화 운동 기록물은 시민들의 선언문, 증언, 일기, 기자들의 취재 수첩, 피해자 보상 자료 등을 비롯한 많은 기록물과 사진, 영상물 등으로 구성되었습니다.

용어 풀이

❶ 혁명(革 가죽 혁 命 목숨 명) 국가의 권력이 비정상적인 방법으로 바뀌어 사회의 모습이 완전히 새롭게 되는 것

❷ 정부통령(正 바를 정 副 버금 부 統 거느릴 통 領 거느릴 령) 대통령과 부통령을 아울러 이르는 말

❸ 군사 정변(軍 군사 군 事 일 사 政 정사 정 變 변할 변) 군인들이 힘을 앞세워 정권을 잡는 행위

❹ 계엄군(戒 경계할 계 嚴 엄할 엄 軍 군사 군) 전쟁이나 내란 등 국가의 비상사태가 일어났을 때 전국 또는 일부 지역을 경계하는 임무를 맡은 군대

1 이승만 정부는 1960년 3월 15일 정부통령 선거에서 ☐☐☐☐를 실행했고, 그 결과 선거에서 이겼습니다.

2 마산에서 시위에 참여했다가 실종된 고등학생 ☐☐☐이 죽은 채로 발견되었습니다.

3 시민들과 학생들은 이승만 정부의 독재와 3·15 부정 선거로 짓밟힌 ☐☐☐☐를 바로 세우고자 거리로 나섰습니다.

4 4·19 혁명의 결과 ☐☐☐은 대통령에서 물러났고, 3·15 부정 선거는 무효가 되었습니다.

5 국민들은 ☐·☐☐ 혁명을 계기로 민주적인 절차와 과정을 무시하고 들어선 정권은 국민 스스로 바로잡아야 한다는 교훈을 얻게 되었습니다.

6 새로운 정부가 들어선 지 1년도 되지 않아 ☐☐☐는 군인들을 동원해 정권을 잡았습니다.

7 박정희는 1972년에 ☐☐☐☐을 만들어 대통령을 할 수 있는 횟수의 제한을 없앴습니다.

8 1979년에 박정희가 부하에게 살해된 이후 ☐☐☐이 중심이 된 군인들이 또 정변을 일으켰습니다.

9 전라남도 ☐☐에서 대규모 민주화 시위가 일어나자 전두환은 시위를 진압할 계엄군을 보내 많은 사람을 다치거나 죽게 했습니다.

10 시민들과 학생들의 노력을 기억하기 위해 5·18 ☐☐☐☐☐이 일어난 5월 18일을 국가 기념일로 지정하였습니다.

❶ 민주주의의 발전과 시민 참여 (2)

❸ 6월 민주 항쟁에서 국민들의 민주화 노력

① 6월 민주 항쟁(1987년)

배경	• 1987년 대학생 박종철은 민주화 운동에 참여했다는 이유로 경찰에 끌려가 고문을 받다가 사망하는 사건이 발생함. **자료 ④** • 전두환 정부는 이 사실을 숨기려고 했으나 곧 거짓말이 드러났음. • 학생들과 시민들은 고문 금지, 책임자 처벌, 대통령 간선제를 직선제로 바꿀 것을 요구하며 시위를 했음. **자료 ⑤**
과정	• 전두환 정부는 국민의 요구를 받아들이지 않겠다고 발표했음. • 이후 시위가 이어졌고 이 과정에서 대학생 이한열이 경찰이 쏜 최루탄에 맞아 사망했음. • 시민들과 학생들은 전두환 정부의 독재에 반대하고 대통령 직선제를 요구하며 전국 곳곳에서 시위를 벌였음. • 당시 여당 대표는 직선제를 포함한 민주화 요구를 받아들이겠다고 발표했음.(6·29 민주화 선언) **자료 ⑥**
의의	불법으로 권력을 잡고 권력을 유지하고자 민주주의를 탄압했던 정권을 국민들이 평화적으로 막아냈음.

② 6월 민주 항쟁은 우리 사회 여러 분야에서 민주적인 제도를 만들고 실천해 나갈 수 있게 한 중요한 사건이었습니다.

❹ 6월 민주 항쟁 이후 민주화 과정

대통령 직선제	• 1971년 제7대 대통령 선거 이후 16년 만에 제13대 대통령 선거가 직선제로 시행되었음. 수많은 시민과 학생들이 군사 독재를 끝내고 민주화를 이루고자 노력한 결과였습니다. • 시민들이 대통령을 직접 뽑을 수 있게 되었음.
지방 자치제	• 지역의 주민이 직접 선출한 지방 의회 의원과 지방 자치 단체장이 그 지역의 일을 처리하는 제도. **자료 ⑦** • 1991년에 지방 의회 선거가 실시되었고, 1995년에 지방 의회 선거와 함께 지방 자치 단체장 선거가 치러지면서 지방 자치제가 완전하게 자리 잡게 되었음.

❺ 오늘날 시민들이 사회 공동의 문제 해결에 참여하는 모습

① 6월 민주 항쟁까지 시민들은 주로 대규모 집회에 참여했습니다.

② 6월 민주 항쟁 이후에는 촛불 집회와 같은 대규모 집회와 캠페인, 1인 시위, 서명 운동, 누리 소통망 서비스(SNS)를 활용, 선거나 투표 참여, 공청회 참석, 정당이나 시민 단체 활동 등 다양한 방식으로 참여하고 있습니다. 예 태극기 달기 캠페인, 통신 요구 인하를 바라는 1인 시위, 주민 소환을 위한 서명 운동, 누리 소통망 서비스에 의견 올리기, 대통령 선거 사전 투표, 일본군 '위안부' 문제를 해결하려는 시민 단체 활동 등

③ 오늘날 시민들이 사회 공동의 문제를 해결하는 방법은 평화적인 방식으로 다양해졌고, 더 많은 시민이 사회 공동 문제 해결에 참여하여 우리 사회의 여러 가지 문제를 민주적으로 해결하고 있습니다.

자료 ④ 전두환 정부 시기의 사회 모습

• 신문과 방송이 정부를 비판하지 못하게 했습니다.
• 국민들의 알 권리를 무시했습니다.
• 정부에 반대하는 사람들을 잡아가거나 고문을 하여 죽음에 이르게 했습니다.

자료 ⑤ 대통령 직선제가 중요한 까닭

• 대통령을 국민이 직접 뽑아 독재를 할 수 없게 하기 위한 것입니다.
• 대통령을 직접 뽑으면 국민의 편에서 더 생각하는 대통령을 뽑을 수 있기 때문입니다.

▲ 제13대 대통령 선거

자료 ⑥ 6월 민주 항쟁의 과정

❶ 대학생 박종철이 경찰의 고문으로 죽음.
❷ 전두환은 국민의 요구를 무시하고 대통령 직선제를 포함하는 내용으로 헌법을 고치지 않겠다고 발표함.
❸ 대학생 이한열이 경찰이 쏜 최루탄에 쓰러짐.
❹ 6월 10일에 전국적으로 시위가 일어남.
❺ 노태우는 국민의 요구에 어쩔 수 없이 대통령 직선제를 포함한 6·29 선언을 발표함.

자료 ⑦ 지방 자치제

• 1952년에 처음 시행되었다가 5·16 군사 정변 때 폐지되었습니다.
• 주민들은 지역의 문제를 해결하기 위해 의견을 제시하고 지역 대표들은 주민들의 의견을 수렴해 여러 가지 문제를 민주적으로 해결하고 있습니다.

6 · 29 민주화 선언은 어떤 내용을 담고 있을까

6·29 민주화 선언은 대통령 직선제, 언론의 자유 보장, 지방 자치제, 지역감정 없애기 등의 내용을 담고 있습니다. 이러한 내용은 이후 헌법을 개정하거나 법을 새롭게 만들어 실천해 나갔습니다.

주민 소환제란 무엇일까

• 주민이 직접 선출한 의원이나 지방 자치 단체장이 직무를 잘 수행하지 못했을 때 주민들이 투표를 하여 그들을 자리에서 물러나게 하는 제도입니다.

• 미국, 독일, 일본 등 여러 나라에서 시행되고 있으며, 우리나라는 2007년 7월부터 지방 의회 의원과 지방 자치 단체장을 대상으로 시행하고 있습니다.

우리 주변의 공동의 문제를 해결하기 위한 참여 계획 세우기

• 해결할 문제 정리하기
• 해결 방안을 의논해 기록하기
• 해결을 위한 활동을 의논해 기록하기
• 함께 해결 활동을 할 친구들의 이름 기록하기
• 해결 활동을 실천할 구체적인 계획을 의논해 기록하기

용어 풀이

❺ **고문**(拷 칠 고 問 물을 문) 숨기고 있는 사실을 강제로 알아내기 위하여 육체적 · 정신적 고통을 주며 신문함.

❻ **간선제**(間 사이 간 選 가릴 선 制 절제할 제) 일정 수의 선거인단을 구성해 이들에게 대표자를 뽑게 하는 선거 제도

❼ **직선제**(直 곧을 직 選 가릴 선 制 절제할 제) 국민이 직접 대표를 뽑는 선거 제도

개념을 확인해요

11 1987년 대학생 ☐☐☐ 은 민주화 운동에 참여했다는 이유로 고문을 받다가 사망했습니다.

12 시민들과 학생들은 고문 금지, 책임자 처벌, 대통령 간선제를 ☐☐☐ 로 바꿀 것을 요구하며 시위를 했습니다.

13 전두환 정부는 국민의 요구를 받아들이지 않아 시위가 이어졌고 이 과정에서 대학생 ☐☐☐ 이 경찰이 쏜 최루탄에 맞아 사망했습니다.

14 ☐☐☐☐☐ 항쟁은 우리 사회 여러 분야에서 민주적인 제도를 만들고 실천해 나갈 수 있게 한 중요한 사건이었습니다.

15 1971년 제7대 대통령 선거 이후 16년 만에 제13대 대통령 선거가 ☐☐☐ 로 시행되었습니다.

16 1991년에 지방 의회 선거가 실시되었고, 1995년에 지방 의회 선거와 함께 지방 자치 단체장 선거가 치러지면서 ☐☐☐☐ 가 완전하게 자리 잡게 되었습니다.

17 6월 민주 항쟁까지 시민들은 주로 대규모 ☐☐ 에 참여해 사회 공동의 문제를 해결했습니다.

18 6월 민주 항쟁 이후 시민들은 ☐☐ 집회와 같은 대규모 집회, 1인 시위, 서명 운동 등의 방식으로 사회 공동의 문제 해결에 참여하고 있습니다.

19 ☐☐☐ 는 정책 결정 전에 관련된 사람들과 전문가의 의견을 듣는 공개 회의입니다.

20 오늘날 시민들은 사회 공동의 문제를 ☐☐ 이고 민주적인 방법으로 해결하고 있습니다.

핵심 1 4·19 혁명(1960년)

원인	이승만 정부의 독재와 3·15 부정 선거
과정	• 마산에서 3·15 부정 선거를 비판하는 시위가 일어남.(3·15 마산 의거) • 4월 19일, 전국에서 많은 시민과 학생들이 시위에 참여함. • 대학교수들이 학생들을 지지하며 정부에 항의함. • 이승만이 대통령 자리에서 물러나고, 3·15 부정 선거는 무효가 됨. • 새로운 정부가 들어섬.
의의	많은 사람의 노력과 희생을 통해 국민이 국가의 주인임을 밝히고, 독재 정권으로부터 민주주의를 지켜낸 역사적 사건임.

🦕 다음 글을 읽고, 물음에 답하시오. [1~2]

> 이승만 정부는 권력을 계속 차지하기 위해 1960년 3월 15일 정부통령 선거에서 ㉠부정 선거를 실행했고, 이를 계기로 ㉡4·19 혁명이 일어났다.

1 위 글의 밑줄 친 ㉠의 내용으로 알맞지 <u>않은</u> 것은 어느 것입니까? (　　　)

① 투표한 용지를 불에 태워 없앴다.
② 만 19세 이상만 투표하도록 했다.
③ 조작된 투표 용지를 넣은 투표함으로 바꾸었다.
④ 투표하지 않은 사람을 대신해서 다른 사람이 투표하기도 했다.
⑤ 유권자들에게 돈이나 물건을 주면서 이승만 정부에 투표하도록 했다.

2 위 ㉡의 결과로 알맞은 것을 두 가지 고르시오.
(　　,　　)

① 박정희 정부가 들어섰다.
② 3·15 부정 선거는 무효가 되었다.
③ 대통령 직선제 개헌이 이루어졌다.
④ 이승만이 대통령 자리에서 물러났다.
⑤ 군사 독재가 끝나고 우리 사회에 민주주의가 정착되었다.

핵심 2 5·16 군사 정변과 5·18 민주화 운동

✳ 5·16 군사 정변(1961년)

• 4·19 혁명 이후 박정희는 군인들을 동원해 정권을 잡았습니다.
• 대통령이 된 박정희는 유신 헌법을 제정하여 자신이 계속 대통령을 할 수 있도록 하고 독재 정치를 더욱 심하게 하였습니다.

✳ 5·18 민주화 운동의 원인과 과정(1980년)

원인	• 12·12 사태: 전두환이 중심이 된 군인들이 또 정변을 일으킴. • 군인들은 민주주의를 요구하는 국민들을 탄압함.
과정	• 광주에서 대규모 민주화 시위가 일어나자 전두환은 계엄군을 보내 폭력적으로 시위를 진압해 많은 사람이 다치거나 죽음. • 분노한 시민들은 시민군을 만들어 군인들에게 대항함.
의의	부당한 정권에 맞서 민주주의를 지키려는 시민들의 의지를 보여 줌.

3 다음에서 설명하는 인물은 누구인지 쓰시오.

> 5·16 군사 정변으로 정권을 잡고 대통령이 된 후 헌법을 바꾸어 대통령을 세 번까지 할 수 있도록 하였고, 1972년 10월에 또 헌법을 바꾸어 대통령을 할 수 있는 횟수를 제한하지 않았다.

(　　　　　　　　　)

4 1980년 광주에서 일어난 대규모 민주화 시위로, 부당한 정권에 맞서 민주주의를 지키려는 시민들의 의지를 보여 준 사건은 무엇입니까? (　　　)

① 4·19 혁명
② 12·12 사태
③ 6월 민주 항쟁
④ 5·16 군사 정변
⑤ 5·18 민주화 운동

핵심 3 6월 민주 항쟁(1987년)

배경	• 대통령이 된 전두환은 국민들의 알 권리를 막고, 민주주의를 요구하는 사람들을 탄압함. • 민주화 운동에 참여했던 대학생 박종철 고문 사망 사건이 발생함.
과정	• 시민들과 학생들은 고문 금지, 책임자 처벌, 대통령 직선제를 요구하며 시위를 했으나, 전두환 정부는 국민의 요구를 받아들이지 않음. • 이후 시위가 이어졌고 이 과정에서 대학생 이한열이 경찰이 쏜 최루탄에 맞아 사망함. • 시민들과 학생들은 전두환 정부의 독재에 반대하고 대통령 직선제를 요구하며 전국 곳곳에서 시위를 벌임. • 여당 대표 노태우는 대통령 직선제 등을 포함한 6·29 민주화 선언을 발표함.
의의	불법으로 잡은 권력을 계속 유지하기 위해 민주주의를 탄압했던 정권을 국민들이 평화적으로 막아냄.

5 6월 민주 항쟁의 원인으로 알맞은 것을 두 가지 고르시오. (,   )

① 유신 헌법 제정
② 자유당 정권의 부정부패
③ 전두환 정부의 강압 통치
④ 대통령 간선제 개헌 요구 무시
⑤ 박종철 학생 고문 사망 사건 및 은폐

6 다음 밑줄 친 부분과 관련 있는 선언은 무엇인지 쓰시오.

> 1987년 6월, 시민들과 학생들은 전두환 정부의 독재에 반대하고 대통령 직선제를 요구하며 전국 곳곳에서 시위를 벌였고, 결국 당시 여당 대표는 직선제를 포함한 민주화 요구를 받아들이겠다고 발표했다.

(   )

핵심 4 6월 민주 항쟁 이후 민주주의의 발전

✱ **6월 민주 항쟁 이후 시행된 제도**

대통령 직선제	6·29 민주화 선언에 따라 1987년 제13대 대통령 선거가 직선제로 시행됨.
지방 자치제	지역 주민이 직접 선출한 지방 의회 의원과 지방 자치 단체장이 그 지역의 일을 처리하는 지방 자치제가 정착됨.

✱ **시민들이 사회 공동의 문제 해결에 참여하는 모습**

6월 민주 항쟁까지	대규모 집회에 참여함.
6월 민주 항쟁 이후	촛불 집회와 같은 대규모 집회, 캠페인, 1인 시위, 서명 운동, 누리 소통망 서비스(SNS) 활용, 선거나 투표 참여, 공청회 참석, 정당이나 시민 단체 활동 등 다양한 방식

7 다음 ㉠, ㉡에 들어갈 알맞은 말을 쓰시오.

> 6·29 민주화 선언에 따라 1987년 제13대 대통령 선거가 ㉠ 로 시행되었고, 1952년에 처음 시행되었다가 5·16 군사 정변 때 폐지되었던 ㉡ 가 다시 부활하였다.

㉠: (   ) ㉡: (   )

8 오늘날 시민들이 사회 공동의 문제 해결에 참여하는 방식으로 알맞지 <u>않은</u> 것은 어느 것입니까?
(   )

① 선거 참여
② 서명 운동
③ 폭력 시위
④ 공청회 참석
⑤ 누리 소통망 서비스(SNS) 활동

1 우리나라 초대 대통령으로 권력을 계속 잡기 위해 헌법을 바꾸어 연이어 대통령에 선출된 사람은 누구입니까? (　　)

① 김구　　　　　② 이승만
③ 박정희　　　　④ 전두환
⑤ 김대중

중요

2 4·19 혁명의 원인이 된 사건은 어느 것입니까?
(　　)

① 5·10 총선거　　② 신탁 통치 실시
③ 3·15 마산 의거　④ 3·15 부정 선거
⑤ 박정희의 독재 정치

3 3·15 부정 선거로 선출된 이승만 정부에 항의하는 시위가 처음 일어난 지역은 어디입니까? (　　)

① 서울　　② 부산　　③ 마산
④ 광주　　⑤ 인천

주의

4 4·19 혁명의 전개 과정을 일어난 순서대로 나열하시오.

┌─────────────────────────────────────┐
│ ㉠ 이승만이 대통령 자리에서 물러났다.
│ ㉡ 대학교수들이 학생들을 지지하며 정부에 항의하였다.
│ ㉢ 마산에서 3·15 부정 선거를 비판하는 시위가 일어났다.
│ ㉣ 4월 19일 전국에서 많은 시민과 학생들이 시위에 참여하였다.
│ ㉤ 3·15 부정 선거를 앞두고 이승만 정부의 부정부패에 대항하여 대구에서 학생 시위가 일어났다.
└─────────────────────────────────────┘

(　　　　　　　　　　　)

5 다음에서 설명하는 사건은 무엇인지 쓰시오.

┌─────────────────────────────────────┐
│ 4·19 혁명 이후 국민은 민주적인 사회를 기대하고 있었다. 그러나 새로운 정부가 들어선 지 1년도 되지 않아 박정희는 군인들을 동원해 정권을 잡았다.
└─────────────────────────────────────┘

(　　　　　　　　　　　)

서술형

6 박정희 정권이 유신 헌법을 만든 까닭은 무엇인지 쓰시오.

▲ 유신 헌법 공포식

중요

7 5·18 민주화 운동에 대한 설명으로 알맞지 <u>않은</u> 것은 어느 것입니까? (　　)

① 1980년에 광주에서 일어났다.
② 광주에서 일어난 대규모 민주화 시위이다.
③ 시민들은 시민군을 만들어 군인들에게 대항했다.
④ 계엄군은 시위에 참여한 사람들을 향해 총을 쏘며 폭력적으로 진압하였다.
⑤ 전두환 정부는 당시 광주의 상황을 신문이나 방송을 통해 국민들에게 알렸다.

주의

8 5·18 민주화 운동 당시 광주 시민들이 요구한 것을 두 가지 고르시오. (　,　)

① 계엄군은 물러나라!
② 유신 헌법을 철폐하라!
③ 낡은 제도를 새롭게 고쳐라!
④ 3·15 부정 선거를 무효화하라!
⑤ 시위 중 정부와 계엄군에게 잡혀간 사람들을 풀어 달라!

9 다음과 같은 5·18 민주화 운동 기록물이 세계 기록 유산으로 등재된 까닭은 무엇인지 쓰시오.

_____

_____

_____

10 전두환 정부가 군사 정변을 일으킨 후 한 일을 두 가지 골라 기호를 쓰시오.

> ㉠ 국민들의 알 권리를 존중하였다.
> ㉡ 민주주의를 요구하는 사람들을 탄압하였다.
> ㉢ 신문과 방송이 자신들을 비판하지 못하게 하였다.

(　,　)

다음 글을 읽고, 물음에 답하시오. [11~12]

> 1987년에 민주화 운동에 참여했던 대학생 박종철이 강제로 경찰에 끌려가 고문을 받다가 사망하는 사건이 발생했다. 시민들과 학생들은 이 사실을 숨기던 정부에 고문을 금지할 것과 책임자를 처벌할 것을 요구했다.

11 위와 같은 일이 계기가 되어 일어난 사건은 무엇입니까? (　)

① 4·19 혁명　② 3·15 부정 선거
③ 6월 민주 항쟁　④ 5·16 군사 정변
⑤ 5·18 민주화 운동

12 위 11번 사건의 결과로 알맞은 것은 어느 것입니까? (　)

① 유신 헌법이 제정되었다.
② 신탁 통치가 실시되었다.
③ 6·29 민주화 선언이 발표되었다.
④ 박정희 대통령이 자리에서 물러났다.
⑤ 대통령 간선제로 개헌이 이루어졌다.

13 6·29 민주화 선언에 담겨 있는 내용이 <u>아닌</u> 것은 어느 것입니까? (　)

① 지역감정 타파
② 언론의 자유 보장
③ 지방 자치제 실시
④ 대통령 직선제 실시
⑤ 남북 정상 회담 개최

14 다음 밑줄 친 부분과 관련이 <u>없는</u> 것은 어느 것입니까? (   )

> 우리나라는 대한민국 정부 수립 이후 정치적 불안이 계속되었지만, 시민들의 민주화 운동과 시민 의식의 성장으로 정치 발전이 진행되고 있다.

① 4·19 혁명   ② 6월 민주 항쟁
③ 5·16 군사 정변   ④ 유신 반대 운동
⑤ 5·18 민주화 운동

15 다음 빈칸에 들어갈 알맞은 말은 무엇인지 쓰시오.

> 6월 민주 항쟁의 결과 6·29 민주화 선언이 발표되었고, 그에 따라 1987년 제13대 대통령 선거가 [   ]로 시행되었다.

(   )

16 6월 민주 항쟁 이후 시행된 제도는 무엇인지 쓰시오.

> 지역의 주민이 직접 선출한 지방 의회 의원과 지방 자치 단체장이 그 지역의 일을 처리하는 제도이다.

(   )

서술형

17 다음에서 설명하는 제도의 명칭과 이 제도가 우리 사회에 미친 영향은 무엇인지 쓰시오.

> 주민이 직접 선출한 의원이나 단체장이 직무를 잘 수행하지 못했을 때 주민들이 투표로 그들을 자리에서 물러나게 하는 제도이다.

(1) 명칭: (   )

(2) 영향: _____

18 다음 사진의 시민들이 사회 공동의 문제 해결에 참여하는 방식은 무엇인지 쓰시오.

(   )

19 오늘날 시민들이 사회 공동의 문제를 해결하는 방법으로 알맞지 <u>않은</u> 것은 어느 것입니까? (   )

① 태극기 달기 캠페인
② 주민 소환을 위한 서명 운동
③ 정부에 대항하는 시민군 조직
④ 통신 요금 인하를 바라는 1인 시위
⑤ 일본군 '위안부' 문제를 해결하려는 시민 단체 활동

20 다음과 같은 시민들이 다양한 방식으로 문제 해결에 참여하는 목적은 무엇입니까? (   )

> • 선거 참여   • 정당이나 시민 단체 활동
> • 서명 운동   • 각종 집회나 캠페인 참여

① 공정한 선거
② 국가 권력의 강화
③ 개인의 사생활 존중
④ 자기 집단의 이익 추구
⑤ 시민의 뜻이 실현되는 민주 사회 건설

다음 글을 읽고, 물음에 답하시오. [1~2]

이승만의 자유당 정권은 자유당의 독재와 정권 연장을 위해 유권자들에게 돈이나 물건을 주면서 이승만 정부에 투표하도록 하고, 투표한 용지를 불에 태워 없애거나 조작된 투표용지를 넣어 투표함을 바꾸는 등 부정 선거를 하였다.

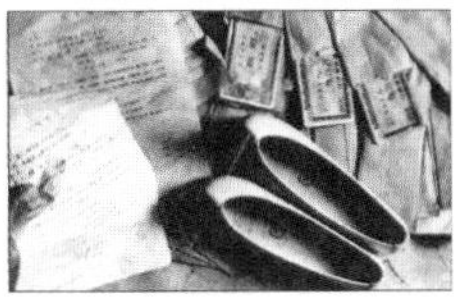

1 위에서 설명하는 사건은 무엇인지 쓰시오.

( )

2 위와 같은 사건이 원인이 되어 일어난 사건은 무엇입니까? ( )

① 4·19 혁명
② 3·15 부정 선거
③ 6월 민주 항쟁
④ 5·16 군사 정변
⑤ 5·18 민주화 운동

중요

3 4·19 혁명의 의의로 가장 알맞은 것은 어느 것입니까? ( )

① 군부 세력을 무너뜨렸다.
② 경제를 크게 성장시켰다.
③ 대통령 직선제를 정착시켰다.
④ 독재에 맞서 국민의 자유와 권리를 지켰다.
⑤ 독재 정치를 무너뜨리고 제헌 국회를 수립하였다.

4 다음에서 설명하는 사건은 무엇인지 쓰시오.

- 4·19 혁명으로 들어선 정부를 9개월 만에 붕괴시켰다.
- 4·19 혁명 이후 계속된 사회 혼란의 수습을 명분으로 내세웠다.

( )

5 다음에서 설명하는 것은 무엇인지 쓰시오.

- 1972년 11월 21일 국민 투표로 확정된 헌법이다.
- 대통령을 할 수 있는 횟수를 제한하지 않았으며, 대통령 직선제를 간선제로 바꾸었다.

( )

6 다음 빈칸에 들어갈 사람은 누구입니까? ( )

박정희 대통령이 사망한 후 국민은 민주주의 사회가 될 것이라고 기대하였지만, [ ]이 중심이 된 군인들이 또 정변을 일으켰다.

① 이승만
② 전두환
③ 김영삼
④ 김대중
⑤ 노무현

서술형

7 5·18 민주화 운동 당시 광주에서 일어났던 일들을 다른 지역 사람들이 제대로 알 수 없었던 까닭을 쓰시오.

주의

8 다음 사건에 대한 설명으로 알맞은 것은 어느 것입니까? (   )

> • 1980년에 광주에서 민주주의의 회복을 요구하며 일어난 대규모 시위이다.
> • 정부와 계엄군에게 끌려간 사람들을 풀어달라고 요구했다.

① 마산에서 시위가 처음 일어났다.
② 박정희가 권력을 장악하게 되었다.
③ 시위의 결과 6·29 민주화 선언이 발표되었다.
④ 계엄군의 무력 진압으로 수많은 사람이 희생되었다.
⑤ 김주열 학생의 시신이 발견되며 전국으로 확산되었다.

중요

9 다음 두 사건이 공통으로 추구한 목적은 무엇입니까? (   )

> • 4·19 혁명   • 5·18 민주화 운동

① 경제 발전   ② 부정 선거 무효
③ 민주주의의 발전   ④ 지방 자치제 실시
⑤ 대통령 직선제 개헌

10 다음 일이 원인이 되어 일어난 사건은 무엇인지 쓰시오.

> 간선제로 대통령이 된 전두환은 신문이나 방송 등 언론을 통제하였고, 민주주의를 요구하는 사람들을 탄압하였다.

(   )

다음은 6월 민주 항쟁의 결과 발표된 선언의 내용을 보고, 물음에 답하시오. [11~12]

> • 대통령 직선제 개헌   • 언론의 자유 보장
> • 지방 자치제 실시   • 지역감정 없애기

11 위의 내용이 모두 담긴 선언의 이름으로 알맞은 것은 무엇입니까? (   )

① 유신 헌법
② 신탁 통치
③ 독립 선언서
④ 대한 제국 선포
⑤ 6·29 민주화 선언

서술형

12 위 선언의 내용을 바탕으로 한 6월 민주 항쟁의 의의는 무엇인지 쓰시오.

_____

_____

13 다음 사건들을 시대순으로 바르게 나열하시오.

> ㉠ 4·19 혁명   ㉡ 6월 민주 항쟁
> ㉢ 3·15 부정 선거   ㉣ 5·16 군사 정변
> ㉤ 5·18 민주화 운동

(   )

 주의

14 우리나라의 민주 정치 발전 과정에 대한 설명으로 알맞은 것은 어느 것입니까? (   )

① 유신 체제에 반대하여 5·16 군사 정변이 일어났다.
② 3·15 부정 선거는 6월 민주 항쟁의 원인이 되었다.
③ 4·19 혁명은 전라남도 광주에서 일어난 민주화 운동이다.
④ 5·18 민주화 운동으로 이승만 대통령이 자리에서 물러났다.
⑤ 6·29 민주화 선언 이후 우리 사회에 민주주의가 점차 정착되었다.

15 6월 민주 항쟁 이후 직선제로 선출된 대통령이 아닌 사람은 누구입니까? (   )

① 박정희   ② 노태우
③ 김영삼   ④ 김대중
⑤ 노무현

16 지역의 주민이 직접 선출한 지방 의회 의원과 지방 자치 단체장이 그 지역의 일을 처리하는 제도는 무엇인지 쓰시오.

(   )

17 다음 빈칸에 들어갈 알맞은 말은 무엇인지 쓰시오.

> 6월 민주 항쟁까지 시민들은 주로 대규모 [   ] 에 참여하는 방식으로 사회 공동의 문제를 해결하였다.

(   )

중요

18 다음 글의 밑줄 친 부분에 해당하지 않는 것은 어느 것입니까? (   )

> 과거와 달리 오늘날에는 시민들이 사회 공동의 문제 해결에 참여하는 방법이 다양하다.

① 1인 시위를 벌인다.
② 행정 기관에 건의한다.
③ 정책을 세우고 집행한다.
④ 시민 단체를 만들어 활동한다.
⑤ 누리 소통망 서비스(SNS)에 글을 올린다.

19 다음 사진과 같이 시민들이 사회 공동의 문제 해결에 참여하는 방식은 무엇인지 쓰시오.

(   )

서술형

20 시민들이 다양한 방법으로 사회 공동의 문제 해결에 참여한 결과는 무엇인지 쓰시오.

_____

_____

1 다음 4·19 혁명의 과정을 보고, 물음에 답하시오.

4·19 혁명의 원인과 결과

원인	이승만 정부의 독재와 3·15 부정 선거 실행
결과	• 이승만이 대통령에서 물러났고, 3·15 부정 선거는 무효가 됨. • 새로운 정부가 들어섬.
의의	• 민주주의를 지키려고 노력해야 함. • 잘못된 정권은 국민이 나서서 바로잡아야 함.

ⓐ
▲ 이승만 정부가 3·15 부정 선거를 저질렀습니다.

ⓑ
▲ 이승만이 대통령 자리에서 물러났습니다.

ⓒ
▲ 4월 19일 전국에서 많은 시민과 학생들이 시위에 참여했습니다.

ⓓ
▲ 마산에서 3·15 부정 선거를 비판하는 시위가 일어났습니다.

(1) 위의 내용을 4·19 혁명의 전개 과정에 맞게 순서대로 나열하시오.

(   )

(2) 위 ⓒ에서 전국의 많은 시민과 학생들이 시위에 참여한 까닭은 무엇인지 쓰시오.

_____

2 다음 글을 읽고, 물음에 답하시오.

유신 헌법(1972년)

유신 헌법의 내용은 대통령에게 많은 권한이 집중되고, 국민의 권리를 대통령이 마음대로 제한할 수 있는 민주적이지 않은 것들이었기 때문에 많은 국민이 반대하였습니다.

> 5·16 군사 정변을 일으켜 정권을 잡고 대통령이 된 박정희는 유신 헌법을 만들어 대통령을 할 수 있는 횟수를 제한하지 않았다.

(1) 위 글을 읽고, 박정희가 유신 헌법을 만든 까닭은 무엇인지 쓰시오.

_____

(2) 박정희 정부는 유신 헌법에 반대하는 사람들에게 어떻게 하였는지 쓰시오.

_____

_____

3 다음 글을 읽고, 물음에 답하시오.

관련 핵심 개념

전두환 정부

전두환은 5·18 민주화 운동을 강제로 진압한 후 간선제로 대통령이 되었습니다. 그리고 신문과 방송이 자신들을 비판하지 못하게 하고 유리한 내용만 전하도록 하였습니다.

> 1987년에 민주화 운동에 참여했던 대학생 박종철이 강제로 경찰에 끌려가 고문을 받다가 사망하는 사건이 발생했다. 이 사실을 숨기던 정부에 고문을 금지할 것과 책임자를 처벌할 것을 요구했다.

(1) 위 글을 참고하여 전두환 정부 시기 사회의 모습을 쓰시오.

_____

(2) 위와 같은 일이 원인이 되어 일어난 민주화 운동과 그 결과를 쓰시오.

_____

_____

4 시민들이 사회 공동의 문제 해결에 참여하는 모습을 보고, 물음에 답하시오.

관련 핵심 개념

시민들이 사회 공동의 문제 해결에 참여하는 모습

• 6월 민주 항쟁 이전: 시민들은 주로 대규모 집회에 참여하는 방식으로 사회 공동의 문제를 해결하였습니다.
• 6월 민주 항쟁 이후: 시민들이 사회 공동의 문제를 해결하는 방법은 평화적인 방식으로 다양해졌고, 그에 따라 더 많은 시민이 사회 공동 문제 해결에 참여하여 우리 사회의 여러 가지 문제를 민주적으로 해결하고 있습니다.

ⓒ

▲ 서명 운동

ⓛ

▲ 누리 소통망 서비스

(1) 위 ⊙, ⓛ은 시민들이 어떤 방법으로 사회 공동의 문제 해결에 참여하는 모습인지 각각 쓰시오.

_____

_____

(2) 위 ⊙, ⓛ 외에 시민들이 사회 공동의 문제 해결에 참여하는 모습을 두 가지 쓰시오.

_____

_____

탐구 서술형 평가 2회

1 5·18 민주화 운동 당시의 모습을 보고, 다음 물음에 답하시오.

관련 핵심 개념

5·18 민주화 운동 당시 시민들과 학생들의 노력

- 계엄군이 광주에서 저지른 만행을 외부에 알리려고 노력했습니다.
- 광주 시내의 질서를 스스로 지키려고 힘 썼습니다.
- 시위에 참여한 사람들에게 무료로 음식을 나누어 주는 등 어려움에 처한 이웃들을 서로 살펴보는 등 힘든 상황을 함께 헤쳐 나가려고 노력했습니다.

▲ 광주의 시민군

▲ 시위에 참여한 사람들에게 무료로 음식을 나누어 주는 시민들

(1) 위의 5·18 민주화 운동 당시 광주 시민들이 시민군을 만든 까닭은 무엇인지 쓰시오.

_____

_____

(2) 위의 5·18 민주화 운동의 의의는 무엇인지 쓰시오.

_____

_____

2 우리나라 정치 발전 과정에서 있었던 다음 사건들을 보고, 물음에 답하시오.

관련 핵심 개념

우리나라의 민주화 운동

4·19 혁명	이승만 정부의 독재 정치에 저항한 민주화 운동
5·18 민주화 운동	전두환 군부 독재에 대한 항거 운동
6월 민주 항쟁	군사 정권에 맞서 대통령 직선제를 이끌어낸 민주화 운동

▲ 5·18 민주화 운동

▲ 4·19 혁명

▲ 6월 민주 항쟁

(1) 위 사건이 일어난 순서대로 기호를 쓰시오.

(   )

(2) 위 사건들의 공통점은 무엇인지 쓰시오.

_____

_____

3 다음 신문 기사를 읽고, 물음에 답하시오.

주민 소환제의 장점

• 지방 의회 의원과 지방 자치 단체장이 주민의 뜻에 어긋나는 일을 하지 않도록 합니다.

• 지방 자치 단체의 정책 결정과 집행 과정에서 주민의 참여 의식을 높일 수 있습니다.

□□신문	20△△년 △△월 △△일

○○시, 주민 소환 투표 실시하다

20△△년 △△월 △△일, 주민 소환 투표가 전국에서 처음으로 ○○시에서 시행되었다. ○○시가 지역 주민들이 반대하던 광역 화장장을 설치하려 하자 이에 반발한 주민들이 ○○시장과 시 의원 네 명을 대상으로 주민 소환 운동을 벌였고, 이날 이들의 소환에 찬반을 묻는 투표가 실시되었다.

주민 소환 투표는 투표권자 3분의 1 이상이 투표에 참여해야 개표가 진행되고, 개표 결과 유효 투표 중 과반수가 찬성하면 소환이 확정된다. 이번 ○○시 주민 소환 투표에서 시장과 시 의회 의장은 투표율 미달로 소환이 부결되었고, 시 의원 두 명은 소환이 확정되었다.

(1) 위 신문 기사에 나타난 제도의 이름과 그 의미를 쓰시오.

_____

_____

(2) 위 제도가 지방 자치제의 시행에 어떤 역할을 하였는지 쓰시오.

_____

4 다음 글을 읽고, 물음에 답하시오.

우리 주변의 공동의 문제를 해결하기 위한 참여 계획 세우기

• 해결할 문제 정리하기
• 해결 방안 의논해 기록하기
• 해결을 위한 활동을 의논해 기록하기
• 함께 해결 활동을 할 친구들의 이름 기록하기
• 해결 활동을 실천하는 구체적인 계획 의논해 기록하기

소영이와 친구들은 이번 토요일에 공원에서 지역 주민들이 개최하는 알뜰 장터에서 새로운 물건을 살 생각에 대한 기대가 컸다. 하지만 주말 동안 비가 온다는 예보로 장터가 취소되자 실망했다. 이에 소영이와 친구들은 비가 와도 지역 주민들이 필요한 행사를 하거나 아이들이 마음껏 운동 할 수 있는 방법이 없을까를 고민하게 되었다.

(1) 위 글에서 소영이와 친구들에게 일어난 문제와 그 문제를 해결하기 위한 방안은 무엇인지 쓰시오.

_____

(2) 위 (1)과 같은 해결 방안의 실천을 위해 참여할 수 있는 활동에는 어떤 것이 있는지 쓰시오.

_____

❷ 일상생활과 민주주의

① 민주주의의 의미와 중요성

① 정치: 사람들이 함께 살아가다 보면 여러 가지 문제가 생길 수 있는데, 이러한 문제를 원만하게 해결해 가는 과정이 정치입니다. → 정치는 가정, 학급, 지역 등의 집단 구성원 모두에게 영향을 미칩니다.

② 민주주의: 모든 국민이 나라의 주인으로서 권리를 갖고, 그 권리를 자유롭고 평등하게 행사하는 정치 제도입니다. 자료 ❶
└ 옛날에는 왕이나 신분이 높은 사람들만 국가의 일을 의논하고 결정할 수 있었습니다.

③ 민주주의의 기본 정신

인간의 존엄	모든 사람은 태어나는 순간부터 인간으로서 존엄과 가치를 존중받아야 함.
자유	국가나 다른 사람들에게 구속받지 않고 자신의 의사를 스스로 결정할 수 있는 자유를 인정받아야 하며 다른 사람의 자유를 침해해서는 안 됨.
평등	신분, 재산, 성별, 인종 등에 따라 부당하게 차별받지 않고 평등하게 대우받아야 함.

② 생활 속에서 민주주의를 실천하는 태도

관용	나와 다른 의견을 인정하고 포용하는 태도
비판적 태도	사실이나 의견의 옳고 그름을 따져 살펴보는 태도
양보와 타협	상대방에게 어떤 일을 배려하고 서로 협의하는 것

③ 민주적 의사 결정 원리

① 대화와 토론, 타협: 지역의 문제를 해결하기 위해 대표자들은 대화와 토론을 거쳐 양보와 타협으로 문제를 해결합니다.

② 다수결의 원칙: 다수의 의견이 소수의 의견보다 합리적일 것이라고 가정하고 다수의 의견을 채택하는 방법입니다. 자료 ❷
다수결의 원칙을 사용할 때는 소수의 의견도 존중하는 태도를 가져야 합니다.

④ 민주적 의사 결정 원리에 따라 문제 해결하기 자료 ❸

① 문제 확인: 학교에서 일어나는 공동의 문제를 알아봅니다.
㉘ 점심시간에 운동장을 사용하는 문제로 학년 간에 갈등을 겪고 있습니다.

② 문제 발생 원인 파악: 점심시간 운동장 사용 문제의 원인을 생각합니다.
㉘ 고학년 학생들이 점심을 먹고 난 후 항상 운동장을 차지하여 축구를 하기 때문에 저학년 학생들은 놀 수 있는 공간이 없어졌습니다.

③ 문제 해결 방안 탐색: 대응 방안을 생각합니다. ㉘ 학생 자치 회의를 열어 점심시간 운동장 사용 문제를 다른 학년 대표들과 함께 의논합니다.

④ 문제 해결 방안 결정: 다수결의 원칙으로 해결 방안을 결정합니다.

⑤ 문제 해결 방안 실천: 결정한 내용을 실천합니다.

자료 ❶ 민주 선거의 기본 원칙

• 보통 선거: 선거일을 기준으로 만 18세 이상이면 원칙적으로 누구에게나 투표권을 줍니다.

• 평등 선거: 누구나 한 표씩만 행사할 수 있습니다.

• 직접 선거: 투표는 자신이 직접 해야 합니다.

• 비밀 선거: 누구에게 투표했는지 다른 사람에게 비밀로 합니다.

자료 ❷ 다수결의 원칙

다수결이 항상 옳은 방법이라 할 수 없으므로 다수결의 원칙은 대화와 토론, 양보와 타협의 방법으로 합의에 이를 수 없을 때, 마지막 수단으로 선택해야 합니다.

다수결의 원칙을 사용할 때에는 소수의 의견도 존중하는 태도를 가져야 합니다.

▲ 선거를 통한 대표 결정

자료 ❸ 학교에서 일어나는 공동의 문제

• 점심시간에 체육관을 개방하지 않아서 불만입니다.

• 학생들이 간식을 먹고난 후, 아무 곳에나 쓰레기를 버려서 지저분합니다.

• 지각하는 학생들이 많이 있습니다.

• 식당에서 항상 저학년이 먼저 먹기 때문에 고학년들의 불만이 많습니다.

개념을 확인해요

생활 속 정치의 사례

- 가정에서: 가족회의에서 가족 여행 장소를 다수결로 결정하는 일.
- 학급에서: 학급 회의에서 우리 반 규칙을 정하는 일.
- 학교에서: 전교 어린이회에 참여한 일.
- 지역에서: 환경 보호를 위해 시민 단체에서 활동한 일.

민주주의의 꽃인 선거

오늘날에는 모든 사람이 한자리에 모여 지역의 중요한 일을 결정하기가 어렵습니다. 그래서 자신의 뜻을 전달할 대표자를 뽑아 그 사람들에게 자신의 생각을 전달하게 합니다. 국민이 자신들을 대표할 사람을 직접 뽑는 선거는 민주주의의 기본입니다.

선거 관리 위원회는 선거와 국민 투표가 공정하게 이루어지도록 관리하는 독립된 기관입니다. 부정 선거가 일어나는지를 감시하고 국민에게 선거에 관한 올바른 의식을 갖게 하는 교육을 합니다.

우리 학교의 문제점 해결해 보기

- 우리 학교에서 해결하고 싶은 문제가 무엇인지 모둠별로 이야기해 봅니다.
- 자신이 생각하는 해결 방안과 그 까닭이 무엇인지 써 봅니다.
- 모둠 친구들과 각자 생각한 해결 방안을 이야기해 보고, 각 방법의 장점과 단점을 써 봅니다.
- 모둠 친구들과 어떤 것이 가장 바람직한 해결 방안인지 토론해 봅니다.
- 만약 의견이 일치가 안 된다면 다수결의 원칙을 활용해 해결 방안을 정해 봅니다.

용어 풀이

❶ 존엄(尊 높을 존 嚴 엄할 엄) 인물이나 지위 따위가 감히 범할 수 없을 정도로 높고 엄숙함.

❷ 가치(價 값 가 値 값 치) 사물이 지니고 있는 쓸모

❸ 갈등(葛 칡 갈 藤 등나무 등) 칡과 등나무가 서로 얽히는 것과 같이, 개인이나 집단 사이에 목표나 이해관계가 달라 서로 적대시하거나 충돌함 또는 그런 상태

---

1 사람들이 함께 살아가다 보면 여러 가지 문제가 생길 수 있는데, 이러한 문제를 원만하게 해결해 가는 과정을 □□라고 합니다.

2 □□□□는 모든 국민이 나라의 주인으로서 권리를 갖고, 그 권리를 자유롭고 평등하게 행사하는 정치 제도입니다.

3 민주주의의 기본 정신은 인간의 □□과 자유, 평등입니다.

4 신분, 재산, 성별, 인종 등에 따라 부당하게 차별받지 않는 것을 □□이라고 합니다.

5 나와 다른 의견을 인정하고 포용하는 태도를 □□이라고 합니다.

6 양보와 □□은 상대방에게 어떤 일을 배려하고 서로 협의하는 것을 말합니다.

7 지역의 문제를 해결하기 위한 주민 회의에서 대표자들은 대화와 □□을 거쳐 양보와 타협으로 문제를 해결합니다.

8 □□□은 다수의 의견이 소수의 의견보다 합리적일 것이라고 가정하고 채택하는 방법입니다.

9 민주적 의사 결정 원리에 따라 문제 해결할 때 학교에서 일어나는 공동의 문제를 알아보는 것은 □□□□ 단계입니다.

10 문제를 결정할 때 서로의 의견이 합의가 안 되는 경우 다수결의 원칙으로 문제□□□□을 결정합니다.

핵심 1 민주주의의 의미

✳ 정치의 의미

| 의미 | 사람들 사이의 문제를 원만하게 해결해 가는 과정 |
| 사례 | 가족회의, 학급회의, 전교 어린이회 회장 선거, 시민 단체 활동 등 |

✳ 민주주의의 의미와 기본 정신

| 의미 | 모든 국민이 나라의 주인으로서 권리를 갖고, 그 권리를 자유롭고 평등하게 행사하는 정치 제도 |
| 기본 정신 | • 인간의 존엄: 모든 사람은 인간으로서 존엄과 가치를 지니며 존중받아야 함.
• 자유: 자신의 의사를 스스로 결정할 수 있는 자유를 인정받아야 함.
• 평등: 신분, 재산, 성별, 인종 등에 따라 부당하게 차별받지 않아야 함. |

1 다음과 같이 일상생활에서 발생하는 문제를 원만하게 해결해 가는 과정을 무엇이라고 하는지 쓰시오.

▲ 가정에서

▲ 학급에서

( )

2 다음과 같은 정치 제도를 무엇이라고 하는지 쓰시오.

• 인간의 존엄성, 자유, 평등의 기본 정신이다.
• 모든 국민의 나라의 주인으로서 권리를 갖고, 그 권리를 자유롭고 평등하게 행사하는 정치 제도이다.

( )

핵심 2 민주주의의 꽃인 선거

✳ 민주 선거의 기본 원칙

✳ 선거 관리 위원회
• 선거와 국민 투표가 공정하게 이루어지도록 관리하는 독립된 기관입니다.
• 부정 선거를 감시하고 국민에게 선거에 관한 올바른 의식을 갖게 하는 교육을 합니다.

3 민주 선거의 기본 원칙을 바르게 연결하시오.

(1) 보통 선거 •   • ㉠ 투표는 자신이 직접 해야 함.

(2) 평등 선거 •   • ㉡ 누구나 한 표씩만 행사할 수 있음.

(3) 직접 선거 •   • ㉢ 만 18세 이상이면 누구에게나 투표권을 줌.

4 공정한 선거를 위해 설치한 독립된 국가 기관은 무엇입니까? ( )

① 대법원   ② 감사원
③ 헌법 재판소   ④ 국가 인권 위원회
⑤ 선거 관리 위원회

핵심 3 민주주의의 실천

✳ 다양한 문제와 갈등을 해결하는 방법

- 대화와 토론을 바탕으로 관용과 비판적 태도, 양보와 타협하는 자세가 필요합니다.
- 함께 결정한 일은 따르고 실천해야 합니다.

✳ 민주주의를 실천하는 바람직한 태도

관용	나와 다른 의견을 인정하고 포용하는 태도
비판적 태도	사실이나 의견의 옳고 그름을 따져 살펴보는 태도
양보와 타협	상대방에게 어떤 일을 배려하고 서로 협의하는 것

5 다음 빈칸에 들어갈 알맞은 말을 쓰시오.

> 공동의 문제를 해결하는 가장 좋은 방법은 문제를 해결하는 데 참여하여 자신의 의견을 제시하고 ☐☐☐와 토론으로 의견 차이를 좁혀 가는 것이다.

(   )

6 일상생활에서 부딪히는 문제를 민주적으로 해결하는 모습을 잘못 말한 친구는 누구인지 쓰시오.

> - 유라: 나와 다른 의견은 무시해도 돼.
> - 준수: 함께 결정한 일은 잘 따라야 해.
> - 소윤: 상대방을 배려하고 서로 협의해야 해.
> - 우영: 사실이나 의견의 옳고 그름을 따져 살펴봐야 해.

(   )

핵심 4 민주적 의사 결정

✳ 민주적 의사 결정 원리

대화, 토론, 타협	지역의 문제는 대화와 토론을 거쳐 양보와 타협으로 해결함.
다수결의 원칙	• 다수의 의견이 소수의 의견보다 합리적일 것이라고 가정하고 다수의 의견을 채택하는 방법 • 소수의 의견도 존중하는 태도를 가져야 함.

✳ 민주적 의사 결정 원리에 따라 문제 해결하기

> 문제 확인 → 문제 발생 원인 파악 → 문제 해결 방안 탐색 → 문제 해결 방안 결정 → 문제 해결 방안 실천

🌸 민주적 의사 결정 원리에 따라 문제를 해결하는 과정을 보고, 물음에 답하시오. [7~8]

> 문제 확인 → 문제 발생 원인 파악 → ㉠문제 해결 방안 탐색 → ㉡문제 해결 방안 결정 → 문제 해결 방안 실천

7 위의 ㉠ 과정에서 필요한 자세가 <u>아닌</u> 것은 어느 것입니까? (   )

① 관용   ② 이기주의
③ 대화와 토론   ④ 양보와 타협
⑤ 비판적 태도

8 다음과 같이 ㉡ 과정에서 사용되는 민주적 의사 결정 원리는 무엇인지 쓰시오.

> 사람들끼리 양보와 타협이 어려울 때 쉽고 빠르게 문제를 해결할 수 있다.

(   )

1 다음은 무엇에 대한 설명인지 쓰시오.

> 사람들이 함께 살아가다 보면 여러 가지 문제가 생길 수 있다. 이러한 문제를 원만하게 해결해 가는 것이다.

(   )

주의

2 생활 속 정치의 사례에 해당하는 것을 두 가지 고르시오. (,   )

① 방과 후에 학급 대항 축구 시합을 하였다.
② 나는 쉬는 시간에 무엇을 하며 놀까 생각하였다.
③ 나은이네 집에서는 가족회의를 열어 집안일을 분담하였다.
④ 지역 주민들이 쓰레기 매립장 설치를 둘러싸고 논의 중이다.
⑤ 오늘 인터넷 검색 순위 1위는 아이돌 그룹 ○○ ○○○의 국제 연합(UN) 연설이었다.

서술형

3 다음 그림을 참고하여 생활 속에서 이루어지는 정치의 모습을 쓰시오.

4 옛날에는 누가 국가의 일을 의논하고 결정하였는지 쓰시오.

(   )

5 다음 내용과 관련 있는 정치 제도는 무엇인지 쓰시오.

> • 독재와 반대되는 개념이다.
> • 국민의, 국민에 의한, 국민을 위한 정치이다.

(   )

6 민주주의의 모습으로 알맞지 않은 것은 어느 것입니까? (   )

①
▲ 학생 자치회

②
▲ 주민 자치회

③
▲ 시민 공청회

④
▲ 장애에 대한 차별

중요

7 오른쪽 그림에 나타난 민주주의의 기본 정신은 무엇입니까? (   )

① 자유
② 평등
③ 법치주의
④ 인간의 존엄
⑤ 다수결의 원리

우리 모두는 인간으로서 소중한 가치를 지니고 있기 때문에 태어날 때부터 존중받을 권리가 있어요.

8 다음 ㉠, ㉡에서 설명하는 민주주의의 기본 정신은 무엇인지 쓰시오.

> ㉠ 남에게 얽매이거나 간섭받지 않고 자신의 바람과 의지에 따라 결정하고 행동하는 것을 말한다.
> ㉡ 신분, 재산, 성별, 인종 등에 따라 부당하게 차별받지 않고 동등하게 대우받을 권리를 말한다.

㉠: (   ) ㉡: (   )

9 다음 제도에 대한 설명으로 알맞지 <u>않은</u> 것은 어느 것입니까? (   )

> 자신의 뜻을 전달할 대표자를 뽑는 행위로 '민주주의의 꽃'이다.

① 선거를 의미한다.
② 공정하게 치러져야 한다.
③ 국민이 정치에 참여할 수 있는 중요한 수단이다.
④ 자신이 지지하는 후보가 있을 때만 참여하면 된다.
⑤ 오늘날 모든 사람이 한자리에 모여 지역의 중요한 일을 결정하기 어렵기 때문에 필요하다.

10 다음에서 설명하는 기관은 무엇인지 쓰시오.

> 선거와 국민 투표가 공정하게 이루어지도록 관리하는 독립된 기관으로, 부정 선거가 일어나는지 감시하고 국민에게 선거에 관한 올바른 의식을 갖게 하는 교육을 한다.

(   )

11 다음 그림에 나타난 민주 선거의 기본 원칙은 무엇입니까? (   )

① 보통 선거   ② 평등 선거
③ 직접 선거   ④ 비밀 선거
⑤ 제한 선거

12 학급에서 자리를 정하는 문제를 해결하는 방법으로 가장 알맞은 것은 어느 것입니까? (   )

① 학급 회장이 정해 준다.
② 담임 선생님께서 정해 준다.
③ 학급 회의를 열어 의논한다.
④ 자기가 앉고 싶은 곳에 앉는다.
⑤ 학교 홈페이지에 의견을 올린다.

13 다음은 민주주의를 실천하는 태도 중 무엇에 대한 설명입니까? (   )

> 나와 다른 의견을 인정하고 포용하는 태도이다.

① 실천   ② 관용
③ 비판적 태도   ④ 양보와 타협
⑤ 인간의 존엄

14 일상생활에서 부딪치는 다양한 문제와 갈등을 해결하려고 할 때 필요한 자세가 <u>아닌</u> 것은 어느 것입니까? (　　　)

① 관용
② 대화와 토론
③ 양보와 타협
④ 무비판적 태도
⑤ 함께 결정한 일은 따르고 실천하는 자세

15 다음과 같은 지역의 문제를 민주적으로 해결하는 방법을 보기 에서 두 가지 고르시오.

보기
ㄱ 시장의 결정에 따른다.
ㄴ 주민들이 모여 폭력 시위를 벌인다.
ㄷ 지역 대표자들이 모여 주민 회의를 연다.
ㄹ 대화와 토론을 거쳐 양보와 타협으로 문제를 해결한다.

(　　　,　　　)

중요

16 다수결의 원칙에 대한 설명으로 알맞지 <u>않은</u> 것은 어느 것입니까? (　　　)

① 소수의 의견도 존중해야 한다.
② 충분한 대화와 토론의 과정을 거쳐야 한다.
③ 모든 문제에 다수결의 원칙을 적용할 수는 없다.
④ 다수의 의견은 비판하지 말고 무조건 따라야 한다.
⑤ 공동체의 의견을 결정할 때 다수의 의견을 따르는 원리이다.

서술형

17 일상생활에서 다수결의 원칙을 사용하는 사례를 예를 들어 쓰시오.

_____

_____

18 민주적 의사 결정 원리에 해당하지 <u>않는</u> 것은 어느 것입니까? (　　　)

① 대화
② 타협
③ 다수결의 원칙
④ 소수 의견 존중
⑤ 획일적인 의사 표현

19 학급이나 학교에서 일어나는 공동의 문제가 <u>아닌</u> 것은 어느 것입니까? (　　　)

① 용돈 아껴 쓰기
② 학급 규칙 정하기
③ 청소 당번 정하기
④ 1인 1역 활동 정하기
⑤ 급식받는 순서 정하기

20 민주적 의사 결정 원리에 따라 학교의 문제를 해결하는 과정입니다. 순서대로 기호를 쓰시오.

ㄱ 문제 해결 방안 실천하기
ㄴ 문제 해결 방안 결정하기
ㄷ 문제 발생 원인 파악하기
ㄹ 문제 해결 방안 탐색하기
ㅁ 학교에서 일어나는 공동의 문제 확인하기

(　　　　　　　　　　　)

1 다음에서 설명하는 용어로 알맞은 것은 어느 것입니까? (　　)

> 좁은 의미로는 국가를 다스리는 권력을 차지하기 위한 모든 활동을 말하며, 넓은 의미로는 사회 생활을 하면서 사람들 사이의 의견 차이나 갈등을 해결하는 활동이다.

① 주권
② 법률
③ 정치
④ 민주주의
⑤ 다수결의 원칙

주의

2 생활 속에서 나타나는 정치의 사례로 알맞지 않은 것은 어느 것입니까? (　　)

① 집안일을 어떻게 나누면 좋을까?

② 텔레비전 드라마를 볼까, 책을 읽을까?

③ 우리 학교를 위해 열심히 일할 친구를 투표로 뽑아 주세요.

④ 우리 지역의 쓰레기 문제를 어떻게 해결하면 좋을까요?

3 정치에 대한 설명으로 알맞지 않은 것은 어느 것입니까? (　　)

① 사회적 갈등을 해결하는 역할을 한다.
② 모든 시민의 일상적인 삶 속에서도 나타난다.
③ 사람들 간의 문제를 원만하게 해결해 가는 것이다.
④ 학급 회의나 학생 회장 선출도 정치라고 할 수 있다.
⑤ 정치에 참여하기 위해서는 대통령이나 국회 의원이 되어야만 한다.

중요

4 다음에서 설명하는 정치 제도는 무엇인지 쓰시오.

> 모든 국민이 나라의 주인으로서 권리를 갖고, 그 권리를 자유롭고 평등하게 행사하는 정치 제도이다.

(　　　　　　　)

서술형

5 옛날에 왕이 다스리던 국가와 오늘날 민주주의 국가에서 정치가 이루어지는 모습은 어떻게 다른지 쓰시오.

_____

_____

_____

_____

6 민주주의의 의미를 잘못 이해하고 있는 친구는 누구입니까? (　　)

① 국민에 의한 지배를 실현하는 거야.
② 모든 국민이 경제적으로 평등한 거야.
③ 모든 권력이 국민으로부터 나오는 거야.
④ 권력이 소수가 아닌 다수에게 있는 거야.
⑤ 국민의, 국민에 의한, 국민을 위한 정치야.

7 다음 글에서 설명하고 있는 '이것'은 무엇인지 쓰시오.

> 이것은 민주주의의 기본 정신에 해당한다. 인간은 인종, 종교, 국적, 성별, 빈부에 관계없이 인간으로서 존중받을 권리를 가진다. 그 권리는 태어나는 순간부터 가지는 것이며, 다른 사람에게 빼앗길 수 없는 소중한 것이다.

(　　　　　　　)

1 단원

8 다음 사진에 나타난 민주주의의 기본 정신은 무엇입니까? (   )

책은 누구나 똑같이 일주일에 다섯 권씩만 빌릴 수 있어요.

① 자유
② 평등
③ 관용
④ 인간 존엄성
⑤ 다수결의 원칙

중요

9 민주주의의 기본 정신인 자유에 대한 설명으로 알맞지 <u>않은</u> 것은 어느 것입니까? (   )

① 자신의 의사를 스스로 결정한다.
② 가고 싶은 곳은 어디든 갈 수 있다.
③ 누구나 무제한적으로 누릴 수 있다.
④ 다른 사람의 자유를 침해해서는 안 된다.
⑤ 국가나 다른 사람들에게 구속받지 않는다.

10 다음 글의 밑줄 친 부분에 해당하는 활동은 무엇인지 쓰시오.

> 오늘날에는 모든 사람이 한자리에 모여 지역의 중요한 일을 결정하기가 어렵다. 그래서 자신의 뜻을 전달할 <u>대표자를 뽑아</u> 그 사람들에게 자신의 생각을 전달하게 한다.

(   )

서술형

11 선거를 '민주주의의 꽃'이라고 하는 이유는 무엇인지 쓰시오.

_____

_____

주의

12 오른쪽 그림에 나타난 민주 선거의 원칙은 무엇입니까?

(   )

누구나 한 사람이 한 표씩만 행사할 수 있어요.

① 보통 선거
② 평등 선거
③ 직접 선거
④ 비밀 선거
⑤ 간접 선거

13 선거 관리 위원회에 대한 설명으로 알맞지 <u>않은</u> 것은 어느 것입니까? (   )

① 선거와 국민 투표를 관리한다.
② 부정 선거가 일어나는지 감시한다.
③ 시청이나 도청에 소속되어 일한다.
④ 공정한 선거를 위해 설치한 기관이다.
⑤ 국민에게 선거에 관한 올바른 의식을 갖게 하는 교육을 한다.

14 학교에서 다음과 같은 제도가 운영되는 목적으로 가장 알맞은 것은 어느 것입니까? (　　　)

> • 학급 회의　　　　　• 전교 어린이회

① 고장을 널리 알리기 위해서
② 학생들의 성적 향상을 위해서
③ 학생들의 학습 활동을 돕기 위해서
④ 학생들 간의 다툼을 해결하기 위해서
⑤ 학교의 일을 민주적으로 결정하기 위해서

15 다음 빈칸에 들어갈 알맞은 말을 쓰시오.

> 공동의 문제를 해결하는 가장 좋은 방법은 문제를 해결하는 데 참여하여 자신의 의견을 제시하고 ☐☐☐와 토론으로 의견 차이를 좁혀 가는 것이다.

(　　　　　　　)

16 민주주의를 실천하는 태도 중 다음 친구의 말과 관련 있는 것은 어느 것입니까? (　　　)

> 키가 큰 친구가 시력이 좋지 않아 앞자리에 앉으면 뒤에 앉은 친구가 칠판이 잘 보이지 않을 수 있어.

① 관용　　　　　　② 실천
③ 평등　　　　　　④ 양보와 타협
⑤ 비판적 태도

17 다수의 의견이 소수의 의견보다 합리적일 것이라고 가정하고 다수의 의견을 채택하는 방법을 무엇이라고 하는지 쓰시오.

(　　　　　　　)

18 다수결의 원칙을 사용할 때 주의할 점으로 알맞지 <u>않은</u> 것은 어느 것입니까? (　　　)

① 소수의 의견은 무시해야 한다.
② 양보와 타협이 먼저 이루어져야 한다.
③ 충분한 대화와 토론의 과정을 거쳐야 한다.
④ 다수의 의견이 항상 옳은 것은 아니라는 생각을 가져야 한다.
⑤ 양보와 타협이 어려우면 다수결의 원칙으로 문제를 해결한다.

민주적 의사 결정 원리에 따라 학교의 문제를 해결하는 과정을 보고, 물음에 답하시오. [19~20]

> ㉠ 학교에서 일어나는 공동의 문제 확인하기
> ㉡ 문제 발생 원인 파악하기
> ㉢ 문제 해결 방안 탐색하기
> ㉣ 문제 해결 방안 결정하기
> ㉤ _____

19 위의 ㉣ 과정에서 합의를 이루지 못했을 때 사용하는 민주적 의사 결정 원리는 무엇인지 쓰시오.

(　　　　　　　)

서술형

20 위의 ㉤에 들어갈 알맞은 내용을 쓰시오.

1 다음 생활 속에서 이루어지는 정치의 모습을 보고, 물음에 답하시오.

> ㉠ 가정에서   ㉡ 학급에서
> ㉢ 학교에서   ㉣ 지역에서

(1) 위의 내용을 보고, 생활 속에서 이루어지는 정치의 모습을 예를 들어 쓰시오.

㉠ 가정에서	
㉡ 학급에서	
㉢ 학교에서	
㉣ 지역에서	

(2) 위 (1)의 내용을 바탕으로 정치의 의미는 무엇인지 쓰시오.

관련 핵심 개념

정치의 의미

· 좁은 의미의 정치: 국회 의원이나 대통령 등 정치인들의 활동을 의미합니다.
· 넓은 의미의 정치: 여러 의견 차이를 좁혀 바람직한 해결 방법을 찾아내는 것입니다.

2 민주주의의 기본 정신에 대한 다음 대화 내용을 읽고, 물음에 답하시오.

우리 모두는 인간으로서 소중한 가치를 지니고 있기 때문에 태어날 때부터 존중 받을 권리가 있어요.

가고 싶은 곳은 어디나 갈 수 있는 자유가 있어요.

책은 누구나 똑같이 일주일에 다섯 권씩만 빌릴 수 있어요.

(1) 위 그림에 나타난 민주주의의 기본 정신을 세 가지를 쓰시오.

---

(2) 생활 속에서 민주주의를 실천하는 모습은 무엇인지 예를 들어 쓰시오.

관련 핵심 개념

민주주의

민주주의는 자유를 존중하고 평등을 이루어 인간의 존엄성을 지켜가는 기본 정신을 바탕으로 이루어지며, 생활 속에서 문제를 해결하는 중요한 원리입니다.

3 다음 그림을 보고, 물음에 답하시오.

관련 핵심 개념

민주주의를 실천하는 바람직한 태도

• 관용: 나와 다른 의견을 인정하고 포용하는 태도

• 비판적 태도: 사실이나 의견의 옳고 그름을 따져 살펴보는 태도

• 양보와 타협: 상대방에게 어떤 일을 배려하고 서로 협의하는 것

1
단원

(1) 위 어린이 중 관용의 태도를 가지고 있는 친구는 누구인지 쓰고, 관용의 의미를 설명하시오.

_____

(2) 소윤이의 말 중 밑줄 친 부분에 들어갈 알맞은 내용을 쓰시오.

_____

4 다음 그림을 보고, 물음에 답하시오.

관련 핵심 개념

다수결의 원칙

  다수결의 원칙은 민주주의 사회에서 가장 바람직한 방법이 아니라 대화와 토론, 양보와 타협의 방법으로 합의에 이를 수 없을 때 선택하는 마지막 수단입니다.

(1) 위와 같은 경우에 사용되는 민주적 의사 결정 원리는 무엇인지 쓰시오.

(   )

(2) 위 (1)의 원리를 사용할 때 지켜야 할 일을 쓰시오.

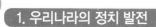

❸ 민주 정치의 원리와 국가 기관의 역할 (1)

1 국민 주권

① 주권: 국민이 한 나라의 주인으로서 나라의 중요한 일을 스스로 결정하는 권리를 말합니다.

② 우리나라 헌법에서는 주권이 국민에게 있음을 분명히 하고 있으며, 이를 실현하려고 국민의 자유와 권리를 법으로 보장하고 있습니다. **자료 ❶**

③ 국민 주권을 지키기 위한 노력
→국가가 함부로 국민의 권리를 침해할 수 없다는 것을 의미합니다.

• 우리나라 정치 발전 과정에서 국민의 주권을 지키려는 노력은 4·19 혁명, 5·18 민주화 운동, 6월 민주 항쟁 등에서 찾아볼 수 있습니다.

• 국민 주권을 지키려고 국회, 정부, 법원 등의 국가 기관이 서로 국가 권력을 나누어 행사하고 있습니다. →권력 분립

2 국회에서 하는 일 **자료 ❷**

① 국회: 국민의 대표인 국회 의원들이 나라의 중요한 일을 의논하고 결정하는 곳입니다.

② 국회 의원: 국민이 선거로 선출한 국민의 대표이며, 4년마다 선출됩니다.

③ 국회에서 하는 일
→법은 민주주의 국가에서 일어나는 문제를 해결하는 기준이 됩니다. 따라서 법을 만드는 일은 국회에서 하는 가장 중요한 일입니다.

• 법을 만드는 일을 하며, 법을 고치거나 없애기도 합니다.

• 나라의 살림에 필요한 예산을 심의하여 확정하는 일을 합니다.

• 정부에서 계획한 예산안을 살펴보고, 이미 사용한 예산이 잘 쓰였는지를 검토합니다.

• 정부가 법에 따라 일을 잘하고 있는지 확인하기 위해 국정 감사를 합니다.
공무원에게 나랏일 가운데 궁금한 점을 질문하고, 잘못된 일이 있으면 바로잡도록 요구합니다. →

3 정부에서 하는 일

① 정부

• 법에 따라 나라의 살림을 맡아 하는 곳입니다.

• 정부 조직에는 대통령을 중심으로 국무총리와 여러 개의 부, 처, 청, 그리고 위원회가 있습니다.

② 정부가 하는 일
→5년마다 국민이 직접 선출합니다.

대통령	• 외국에 대해 우리나라를 대표함. • 정부의 최고 책임자로 나라의 중요한 일을 결정함.
국무총리	• 대통령을 도와 각 부를 관리함. • 대통령이 외국을 방문하거나 특별한 이유로 일하지 못하면 대통령의 임무를 대신함.
국무 회의	• 정부의 주요 정책을 심사하고 토의하는 최고의 심의 기관 • 대통령, 국무총리, 각 부의 장관 등이 참석함.
각 부	• 장관과 차관, 그리고 많은 공무원이 국민의 안전과 행복을 위해 여러 가지 일을 하고 있음. **자료 ❸**

자료 ❶ 대한민국 헌법

제1조 제1항
대한민국은 민주공화국이다.
제1조 제2항
대한민국의 주권은 국민에게 있고, 모든 권력은 국민으로부터 나온다.

자료 ❷ 국회 의원이 할 수 있는 일 예 학교 주변의 교통안전 문제

• 초등학교 주변에 과속 방지 시설을 의무적으로 설치하게 하는 법안을 제안합니다.

• 교통안전 시설 설치를 위한 예산 편성을 요구합니다.

• 국정 감사에서 정부가 어린이 교통사고 예방을 위해 어떤 노력을 했는지 질문합니다.

▲ 국회

자료 ❸ 각 부에서 하는 일

• 행정안전부: 어린이 보호 구역 내 교통 법규 위반에 대해 단속을 강화합니다.

• 기획재정부: 학교에서 교통안전 지킴이를 채용할 수 있도록 예산을 늘립니다.

• 국토교통부: 어린이 보호 구역 내 도로와 주차 시설을 정비합니다.

• 교육부: 학생들의 안전 의식을 높이기 위한 교육을 실시합니다.

▲ 정부 세종 청사

국민은 자신의 권리를 어떻게 지킬 수 있을까

- 1972년에 대통령의 독재를 막으려고 유신 헌법에 반대하는 운동이 일어났습니다.
- 그러자 대통령은 국민의 자유와 권리를 정지할 수 있는 긴급 조치를 9차례에 걸쳐 내렸습니다.
- 이 조치로 정부는 언론을 통제하고 집회를 금지했습니다.
- 또한, 정부를 비판하는 사람들을 제대로 재판하지 않고 감옥으로 보냈습니다.
- 2010년에 피해자들은 국민의 권리 침해 여부를 가리고자 헌법 소원을 제기했습니다.
- 유신 헌법 당시에 발표된 긴급 조치 제1호는 2013년에 헌법 위반 판결을 받았습니다.

정부에서 하는 일

- 외교부: 다른 나라와 협력할 수 있는 정책을 만들고 다른 나라에 있는 우리 국민을 보호하고 지원합니다.
- 통일부: 북한과 교류하고 통일을 위해 노력합니다.
- 보건복지부: 국민의 건강을 책임집니다.
- 국토교통부: 국토를 개발하는 일을 담당합니다.
- 교육부: 국민의 교육에 관한 일을 책임집니다.
- 국방부: 나라를 지킵니다.
- 문화재청: 우리나라의 문화유산을 보호하고 관리합니다.
- 국세청: 세금을 걷는 일을 합니다.
- 국가보훈처: 나라를 위해 희생하신 분들을 도와주는 일을 합니다.
- 식품의약품안전처: 식품과 의약품 등의 안전을 책임집니다.
- 소방청: 국민의 생명과 재산을 보호합니다.

용어 풀이

1. **선출**(選 가릴 **선** 出 날 **출**) 여럿 가운데서 골라냄.
2. **예산**(豫 미리 **예** 算 셈 **산**) 필요한 비용을 미리 헤아려 계산함.
3. **심의**(審 살필 **심** 議 의논할 **의**) 어떤 일을 토의하여 적절한가를 판단하는 일
4. **국정 감사**(國 나라 **국** 政 정사 **정** 監 볼 **감** 査 조사할 **사**) 국회가 나라의 국정 전반에 관하여 감독하고 검사함

개념을 확인해요

1 단원

1. ☐☐이란 국민이 한 나라의 주인으로서 나라의 중요한 일을 스스로 결정하는 권리를 말합니다.

2. 우리 ☐☐에서는 주권이 국민에게 있음을 분명히 하고 있으며, 이를 실현하려고 국민의 자유와 권리를 법으로 보장하고 있습니다.

3. ☐☐는 국민의 대표인 국회 의원들이 나라의 중요한 일을 의논하고 결정하는 곳입니다.

4. 국회 의원은 국민이 선거로 선출한 국민의 대표이며, ☐년마다 선출됩니다.

5. 국회에서 하는 가장 중요한 일은 ☐을 만드는 것입니다.

6. 국회는 정부에서 법에 따라 일을 잘하고 있는지 확인하기 위해 ☐☐☐☐를 합니다.

7. ☐☐는 법에 따라 나라의 살림을 맡아 하는 곳입니다.

8. ☐☐☐☐는 정부의 주요 정책을 심사하고 토의하는 정부 최고 심의 기관으로 대통령, 국무총리, 각 부의 장관 등이 참석합니다.

9. ☐☐☐은 외국에 대해 우리나라를 대표하며, 정부의 최고 책임자로 나라의 중요한 일을 결정합니다.

10. 대통령을 도와 각 부를 관리하는 ☐☐☐☐는 대통령이 외국을 방문하거나 특별한 이유로 일하지 못하면 대통령의 임무를 대신합니다.

❸ 민주 정치의 원리와 국가 기관의 역할 (2)

❹ 법원에서 하는 일

① 법원: 법에 따라 재판을 하는 곳으로 재판을 통해 다툼이 생기거나 억울한 일을 당한 사람들의 문제를 해결해 줍니다. **자료 ❹**

② 법원에서 하는 일

- 사람들 사이의 다툼을 해결해 줍니다.
- 법을 지키지 않은 사람을 처벌합니다.
- 개인과 국가, 지방 자치 단체 사이에서 생긴 갈등을 해결해 줍니다.

③ 공정한 재판을 위한 제도 → 법원에서 재판할 때 법관은 다른 사람의 영향을 받지 않고 모든 사람에게 공정하게 법을 적용해야 합니다.

- 법원은 외부의 영향이나 간섭을 받지 않아야 하며, 법관은 헌법과 법률을 바탕으로 하여 양심에 따라 판결을 내려야 합니다.
- 재판을 공개하여 사람들이 판결 과정과 결과를 알 수 있도록 합니다.
- 한 사건에 세 번까지 재판을 받을 수 있는 3심 제도를 두고 있습니다.

④ 헌법 재판소에서 하는 일 **자료 ❺** → 재판할 때 증거가 부족하거나 판사가 잘못된 판단을 하여 억울한 판결을 받는 사람이 있을 수 있기 때문입니다.

- 법률이 헌법에 어긋나지 않는지 판단합니다. → 헌법 재판소에서 법률이 헌법에 어긋난다는 판결을 내리면 그 법률은 효력을 잃습니다.
- 국가 기관이 국민의 기본권을 침해했는지 판단합니다.
- 국회에서 지위가 높은 공무원들이 파면을 요구하면 이를 심판합니다.

❺ 국가의 일을 나누어 맡아 하는 까닭

① 권력 분립: 국가 기관이 권력을 나누어 가지고 서로 감시하는 민주 정치의 원리입니다. → 한 사람이나 기관이 국가의 중요한 일을 결정하는 권한을 모두 가진다면, 그 권한을 마음대로 사용하거나 잘못된 결정을 할 수도 있고, 그러면 국민의 자유와 권리는 보장되지 못할 것입니다.

② 삼권 분립

- 우리나라에서는 국민의 자유와 권리를 보장하기 위해 국가 권력을 국회(입법부), 정부 (행정부), 법원(사법부)이 나누어 맡고 있습니다. **자료 ❻**
- 한 사람이나 기관이 국가의 중요한 일을 마음대로 처리할 수 없도록 서로 견제하고 균형을 이루게 하여 국민의 자유와 권리를 지키려는 것입니다.

❻ 일상생활에서 민주 정치의 원리가 적용된 사례

① 대형 할인점이 휴무일을 정하여 쉬게 된 과정

> **1** 전통 시장 상인들은 대형 할인점의 입점을 취소해 달라고 요구했습니다.
> **2** 전통 시장을 보호해야 한다는 여론이 형성되었고, 공청회가 열렸습니다.
> **3** 정부는 대형 할인점의 규제에 신중한 태도를 취했으나 국회는 대정부 질문에서 전통 시장을 보호하는 법이 필요하다며 정부를 견제했습니다.
> **4** 국회에서는 전통 시장 상인들을 보호하는 법을 만들었고 지방 의회는 대형 할인점의 위치와 영업시간을 제한하는 조례를 제정했습니다.
> **5** 대형 할인점에서는 이 법에 반발하여 소송을 제기했으나 헌법 재판소는 전통 시장 상인들을 보호하는 이 조치가 옳다고 판결했습니다.

② 전통 시장과 대형 할인점 사이의 갈등을 국가 기관이 나서서 해결하는 과정에서 대형 할인점의 휴무일이 정해졌습니다. → 국가 기관이 하는 일은 우리 생활과 밀접하게 관련되어 있습니다.

자료 ❹ 재판에 등장하는 사람

- 판사: 재판에서 판결을 내리는 사람입니다.
- 검사: 피고인에게 죄가 있는지 없는지 수사하고, 죄가 있다고 판단한 경우 벌을 주라는 재판을 법원에 청구하는 사람입니다.
- 변호인: 피고인의 편에서 죄와 형벌이 줄어들 수 있도록 도와주는 사람입니다.
- 피고인: 범죄를 저질렀다는 의심을 받고 검사에 의하여 재판에 부쳐진 사람입니다.

자료 ❺ 헌법 재판소

- 헌법과 관련된 다툼을 해결하는 사법 기관입니다.
- 헌법 재판소에는 아홉 명의 재판관이 있으며, 중요한 결정을 내릴 때는 여섯 명 이상이 찬성을 해야 합니다.

자료 ❻ 삼권 분립

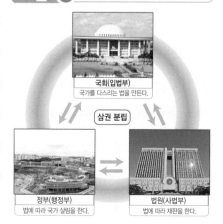

국회(입법부)
국가를 다스리는 법을 만든다.

삼권 분립

정부(행정부)
법에 따라 국가 살림을 한다.

법원(사법부)
법에 따라 재판을 한다.

🌵 신문 기사에서 삼권 분립의 사례 찾아보기
(예) 국회, 정부, 법원을 견제하는 사례)

- ㉮기사: 대통령이 대법관 후보자를 선정하고, 국회가 임명 동의안을 처리합니다.
- ㉯기사: 법원이 국회가 만든 법의 위헌 여부를 가리기 위해 헌법 재판소에 제청합니다.
- ㉰기사: 정부는 국회가 만든 법률안에 거부권을 행사할 수 있습니다.
- ㉱기사: 국회에서 정부가 나라 살림을 제대로 하는지 국정 감사를 실시합니다.

🌵 전통 시장과 대형 할인점의 갈등

20△△년 ○○동 전통 시장에서 불과 200m밖에 떨어지지 않은 곳에 대형 할인점이 들어섰습니다. 대형 할인점이 생긴 후, 전통 시장에는 사람들이 눈에 띄게 줄어들었습니다.

그러나 대형 할인점은 각종 기획 행사와 할인 행사로 북새통을 이루었습니다. 결국 이 전통 시장의 전체 매출액은 절반으로 감소했습니다. 또 대형 할인점 때문에 전통 시장과 골목 상권의 위기가 더 커지고 시장 주변의 교통 문제가 매우 심각해졌습니다. 이에 전통 시장 연합회는 전통 시장 근처에 대형 할인점의 입점을 취소해 달라고 요구했습니다.

📎 용어 풀이

❺ **공청회**(公 공평할 공 聽 들을 청 會 모일 회) 정책 결정 전에 관련된 사람들과 전문가의 의견을 듣는 공개 회의

❻ **대정부 질문**(對 대답할 대 政 정사 정 府 마을 부 質 바탕 질 問 물을 문) 국회 의원이 정부에 대해 국정의 문제점을 제기하는 제도

❼ **조례**(條 가지 조 例 법식 례) 지역의 일을 처리하려고 지방 자치 단체가 만드는 법

❽ **소송**(訴 호소할 소 訟 송사할 송) 재판으로 판결을 내려 줄 것을 법원에 요구하는 제도

11 법원은 법에 따라 ☐☐ 을 하는 곳입니다.

12 ☐☐ 에서는 사람들 사이의 다툼을 해결해 주며 법을 지키지 않은 사람을 처벌합니다.

13 법원에서 재판할 때 ☐☐ 은 다른 사람의 영향을 받지 않고 모든 사람에게 공정하게 법을 적용해야 합니다.

14 우리나라에서는 한 사건에 원칙적으로 ☐ 번까지 재판을 받을 수 있는 3심 제도를 두고 있습니다.

15 ☐☐☐☐ 는 법률이 헌법에 어긋나지 않는지 국가 기관이 국민의 기본권을 침해했는지 판단하는 기관입니다.

16 국가 기관이 권력을 나누어 가지고 서로 감시하는 민주 정치의 원리는 ☐☐☐☐ 입니다.

17 ☐☐☐☐ 은 국민의 자유와 권리를 보장하기 위해 국가 권력을 국회, 정부, 법원이 나누어 맡는 것을 말합니다.

18 국회에서 전통 시장 상인들을 보호하는 ☐ 을 만들었습니다.

19 전통 시장과 대형 할인점 사이의 갈등을 ☐☐☐☐ 이 나서서 해결하는 과정에서 대형 할인점의 휴무일이 정해졌습니다.

20 국회, 정부, 법원 등의 국가 기관은 국가의 주인인 국민의 자유와 권리를 보호하려고 국가의 일을 나누어 맡아 서로 ☐☐ 와 균형을 유지합니다.

핵심 1 국민 주권의 의미

❋ **국민 주권**

• 주권: 국민이 한 나라의 주인으로서 나라의 중요한 일을 스스로 결정하는 권리를 말합니다.

• 헌법에 나타난 국민 주권의 원리

> 제1조 제2항
> 대한민국의 주권은 국민에게 있고, 모든 권력은 국민으로부터 나온다.

• 우리 헌법에서는 주권이 국민에게 있음을 분명히 하고 있으며, 이를 실현하려고 국민의 자유와 권리를 보장하고 있습니다.

❋ **국민 주권을 지키려는 노력**

• 4·19 혁명, 5·18 민주화 운동, 6월 민주 항쟁 등에서 찾아볼 수 있습니다.

• 국회, 정부, 법원 등의 국가 기관이 서로 국가 권력을 나누어 행사하고 있습니다.

1 한 나라의 주인으로서 나라의 중요한 일을 스스로 결정할 힘을 무엇이라고 합니까? (　　　)

① 정치　　　② 주권　　　③ 자유
④ 평등　　　⑤ 민주주의

2 다음 헌법 조항을 보고, ㉠, ㉡에 들어갈 알맞은 말을 쓰시오.

> 제1조 제1항
> 대한민국은 민주공화국이다.
> 제1조 제2항
> 대한민국의 주권은 국민에게 있고, 모든 권력은 국민으로부터 나온다.

> 우리 헌법에서는 주권이 　㉠　에게 있음을 분명히 하고 있으며, 이를 실현하려고 국민의 자유와 　㉡　를 법으로 보장하고 있다.

㉠: (　　　　　　) ㉡: (　　　　　　)

핵심 2 국회, 정부에서 하는 일

❋ **국회에서 하는 일**

법	법을 만드는 일을 하며, 법을 고치거나 없애기도 함.
예산	나라의 예산을 심의하여 확정하고, 이미 사용한 예산이 잘 쓰였는지를 검토함.
정부 견제	정부에서 법에 따라 일을 잘하고 있는지 확인하려고 국정 감사를 함.

❋ **정부에서 하는 일**

하는 일	법에 따라 나라의 살림을 맡아 함.
대통령	외국에 대해 우리나라를 대표하며, 정부의 최고 책임자로 나라의 중요한 일을 결정함.
국무총리	대통령을 도와 각 부를 관리함.
국무회의	정부 최고의 심의 기관으로 대통령, 국무총리, 각 부의 장관 등이 참석함.
각 부	장관과 차관, 공무원이 국민의 안전과 행복을 위해 여러 가지 일을 함.

3 다음 내용과 관련 있는 국가 기관은 무엇인지 쓰시오.

> • 국민의 대표 기관　　　• 입법 기관

(　　　　　　　　　　)

4 정부 조직과 하는 일을 바르게 선으로 연결하시오.

(1) 대통령 　•　　　　•㉠ 정부 최고 심의 기관

(2) 국무총리 　•　　　　•㉡ 각 부를 관리

(3) 국무 회의 　•　　　　•㉢ 정부의 최고 책임자

핵심 3 │ 법원에서 하는 일

✳ 법원

하는 일	• 사람들 사이의 다툼을 해결해 줌. • 법을 지키지 않은 사람을 처벌함. • 개인과 국가, 지방 자치 단체 사이에서 생긴 갈등을 해결해 줌.
공정한 재판을 위한 제도	• 법원이 정부나 국회에서 독립되어 있으며, 법관은 헌법과 법률을 바탕으로 하여 양심에 따라 심판함. • 재판의 과정과 결과를 공개함. • 한 사건에 원칙적으로 세 번까지 재판을 받을 수 있는 3심 제도를 둠.

✳ 헌법 재판소에서 하는 일

• 법률이 헌법에 어긋나지 않는지 판단합니다.
• 국가 기관이 국민의 기본권을 침해했는지 판단합니다.
• 대통령이나 국무총리와 같이 지위가 높은 공무원들이 큰 잘못을 저질러 국회에서 파면을 요구하면 이를 심판합니다.

5 다음 빈칸에 공통으로 들어갈 말은 무엇인지 쓰시오.

> 법원은 법에 따라 [   ]을 하는 곳이다. 사람들은 다툼이 생기거나 억울한 일을 당했을 때 [   ]으로 문제를 해결한다.

(   )

6 헌법 재판소에서 하는 일을 두 가지 고르시오.

(,   )

① 헌법을 만든다.
② 국정 감사를 한다.
③ 나라의 예산을 심의하고 확정한다.
④ 법률이 헌법에 어긋나지 않는지 판단한다.
⑤ 국가 기관이 국민의 기본권을 침해했는지 판단한다.

핵심 4 │ 권력 분립의 원리

✳ 권력 분립

• 국가 기관이 권력을 나누어 가지고 서로 감시하는 민주 정치의 원리입니다.
• 삼권 분립

의미	국가 권력을 국회(입법부), 정부(행정부), 법원(사법부)이 나누어 맡는 것
필요성	한 기관이 국가의 중요한 일을 마음대로 처리할 수 없도록 하고 서로 견제하고 균형을 이루게 하여 국민의 자유와 권리를 지키기 위해서임.

7 국가 기관이 권력을 나누어 가지고 서로 감시하는 민주 정치의 원리는 무엇입니까? (   )

① 입헌주의   ② 국민 주권
③ 국민 자치   ④ 권력 분립
⑤ 지방 자치

8 다음 빈칸에 들어갈 국가 기관을 세 가지 쓰시오.

> 우리나라에서는 국민의 자유와 권리를 보장하기 위해 국가 권력을 [   ], [   ], [   ]이 나누어 맡는데, 이를 삼권 분립이라고 한다.

(   )

1 다음에서 설명하는 것은 무엇인지 쓰시오.

> • 나라의 주인인 국민 모두가 가지는 것이다.
> • 한 나라의 주인으로서 나라의 중요한 일을 스스로 결정할 힘이다.

(   )

2 다음 헌법 조항이 나타내는 민주 정치의 원리는 무엇입니까? (   )

> 제1조 제2항 대한민국의 주권은 국민에게 있고, 모든 권력은 국민으로부터 나온다.

① 다수결의 원리
② 입헌주의의 원리
③ 국민 주권의 원리
④ 국민 자치의 원리
⑤ 권력 분립의 원리

서술형

3 국민 주권을 지키기 위해 노력해야 할 일을 쓰시오.

_____

_____

4 다음에서 설명하는 국가 기관은 무엇입니까?

(   )

> 국민의 대표인 국회 의원들이 나라의 중요한 일을 의논하고 결정하는 곳이다.

① 법원
② 국회
③ 정부
④ 헌법 재판소
⑤ 선거 관리 위원회

주의

5 우리나라 국회 의원의 임기는 몇 년입니까?

(   )

① 1년
② 3년
③ 4년
④ 5년
⑤ 10년

6 다음 빈칸에 공통으로 들어갈 알맞은 말을 쓰시오.

> ☐은 민주주의 국가에서 일어나는 문제를 해결하는 기준이 된다. 따라서 ☐을 만드는 일은 국회에서 하는 가장 중요한 일이다.

(   )

서술형

7 국회에서 다음과 같은 일을 하는 까닭은 무엇인지 쓰시오.

> 국회에서는 나라의 살림에 필요한 예산을 심의하여 확정하는 일도 한다.

_____

_____

8 다음 그림에 나타난 국회에서 하는 일은 무엇입니까? ( )

정부에서는 어린이 교통 사고를 예방 하려고 어떤 노력을 하고 있습니까?

① 법을 만든다.
② 법을 고친다.
③ 국정 감사를 한다.
④ 예산을 심의·확정한다.
⑤ 이미 쓰인 예산을 검토한다.

9 정부에서 일하지 <u>않는</u> 사람은 누구입니까? ( )

① 대통령
② 국무총리
③ 감사원장
④ 국방부 장관
⑤ 헌법 재판소장

10 우리나라 대통령에 대한 설명으로 알맞지 <u>않은</u> 것은 어느 것입니까? ( )

① 임기는 5년이다.
② 국민의 선거로 선출된다.
③ 국무 회의의 의장이 된다.
④ 외국에 대해 우리나라를 대표한다.
⑤ 입법부, 행정부, 사법부를 총괄한다.

다음 우리나라 정부 조직도를 보고, 물음에 답하시오.
[11~12]

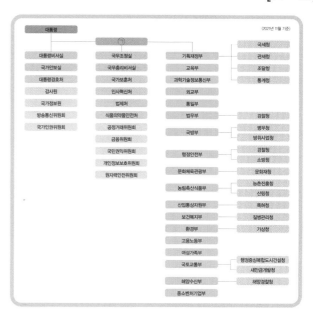

11 위와 같이 대통령을 도와 각 부를 관리하는 ㉠은 누구인지 쓰시오.

( )

12 오른쪽과 같은 일을 하는 정부 조직은 어디입니까?

( )

① 통일부
② 외교부
③ 기상청
④ 국토교통부
⑤ 보건복지부

다른 나라와 협력할 수 있는 정책을 만들고 다른 나라에 있는 우리 국민을 보호하고 지원해요.

13 다음과 같은 일을 하는 국가 기관은 어디인지 쓰시오.

• 법에 따라 재판을 하는 곳이다.
• 사람들은 다툼이 생기거나 억울한 일을 당했을 때 재판을 통해 문제를 해결한다.

( )

14 다음 그림을 보고, 법원에서 하는 일을 쓰시오.

───────────────────────

15 법원에서 공정한 재판을 하기 위한 제도가 <u>아닌</u> 것은 어느 것입니까? ( )

① 재판을 비공개로 진행한다.
② 법원이 정부나 국회에서 독립되어 있다.
③ 객관적인 증거에 의해 재판이 이루어지도록 한다.
④ 법관은 헌법과 법률을 바탕으로 하여 양심에 따라 심판한다.
⑤ 한 사건에 원칙적으로 세 번까지 재판을 받을 수 있는 3심 제도를 두고 있다.

16 다음과 같은 일을 하는 국가 기관은 무엇입니까?
( )

> 법률이 헌법에 어긋나지 않는지 또는 국가 기관이 국민의 기본권을 침해했는지를 판단한다.

① 국회
② 대법원
③ 국무회의
④ 헌법 재판소
⑤ 국가 인권 위원회

17 국가 기관이 권력을 나누어 가지고 서로 감시하는 민주 정치의 원리는 무엇인지 쓰시오.

( )

18 우리나라에서는 권력 분립이 어떻게 이루어지고 있는지 바르게 선으로 연결하시오.

(1) 국회 ・

(2) 정부 ・

(3) 법원 ・

・㉠ 법을 만든다.

・㉡ 법에 따라 재판을 한다.

・㉢ 법에 따라 국가 살림을 한다.

19 삼권 분립 제도가 필요한 이유를 보기 에서 두 가지 고르시오.

> **보기**
> ㉠ 국가의 일이 너무 많기 때문에
> ㉡ 국민의 자유와 권리를 지키기 위해서
> ㉢ 국회, 정부, 법원 간에 다툼이 자주 발생하기 때문에
> ㉣ 한 기관이 국가의 중요한 일을 마음대로 처리할 수 없도록 서로 견제하기 위해서

(,)

20 전통 시장과 대형 할인점 사이의 갈등을 해결하기 위해 다음과 같은 일을 한 국가 기관은 무엇입니까?
( )

① 법원
② 정부
③ 국회
④ 언론
⑤ 헌법 재판소

1 다음 신문 기사를 읽고, 밑줄 친 부분의 의미로 가장 알맞은 것은 어느 것입니까? (   )

> ○○씨는 폐암 말기의 힘든 몸을 이끌고 산소통을 매단 휠체어를 탄 채, 남편의 도움을 받아 대한민국 국민의 소중한 권리를 행사했다.

① 입헌주의   ② 국민 주권
③ 권력 분립   ④ 국민 복지
⑤ 국민 자치

중요

2 다음은 우리나라 헌법 조항을 나타낸 것입니다. 빈 칸에 공통으로 들어갈 알맞은 말을 쓰시오.

> 제1조 제2항 대한민국의 주권은 [   ]에게 있고, 모든 권력은 [   ]으로부터 나온다.

(   )

3 우리나라 정치 발전 과정에서 국민의 주권을 지키기 위해 노력했던 사례로 알맞지 <u>않은</u> 것은 어느 것입니까? (   )

① 4·19 혁명   ② 6월 민주 항쟁
③ 5·16 군사 정변   ④ 5·18 민주화 운동
⑤ 유신 헌법 반대 운동

4 다음과 같은 곳에서 일하는 사람은 누구입니까?
(   )

① 법관   ② 대통령
③ 국무총리   ④ 국회 의원
⑤ 각 부의 장관

5 다음 신문 기사를 읽고, 국회에서 하는 일은 무엇인지 쓰시오.

> ○○신문   20△△년 △△월 △△일
> 국회는 학교 주변에서 유해 식품 판매를 금지하기 위한 법안을 제출하였다.

_____

6 다음에서 설명하는 국회의 역할은 무엇인지 쓰시오.

> • 정부에서 법에 따라 일을 잘하고 있는지 확인하기 위해 하는 것이다.
> • 공무원에게 나랏일 가운데 궁금한 점을 질문하고, 잘못한 일이 있으면 바로잡도록 요구한다.

(   )

주의

7 학교 주변의 교통안전 문제를 해결하기 위해 국회 의원들이 할 수 있는 일을 보기 에서 두 가지 고르시오.

> **보기**
> ㉠ 학교 주변에 어린이 교통안전 시설을 설치한다.
> ㉡ 정부에 교통안전 시설 설치를 위한 예산 편성을 요구한다.
> ㉢ 어린이 보호 구역에 대한 법률을 위반한 사람에게 벌을 준다.
> ㉣ 초등학교 주변에 과속 방지 시설을 의무적으로 설치하게 하는 법안을 제안한다.

(,   )

8 정부에 대한 설명으로 알맞지 <u>않은</u> 것은 어느 것입니까? (   )

① 행정부라고도 한다.
② 국민의 안전과 생명을 지켜준다.
③ 법에 따라 나라의 살림을 맡아 한다.
④ 정부의 최고 책임자는 국무총리이다.
⑤ 국민이 편리하고 행복한 생활을 하도록 해 준다.

9 외국에 대해 우리나라를 대표하는 사람으로, 5년마다 국민이 투표로 뽑는 사람은 누구인지 쓰시오.

(   )

중요

10 다음에서 설명하는 것은 무엇인지 쓰시오.

- 정부의 주요 정책을 심사하고 토의하는 최고의 심의 기관이다.
- 대통령, 국무총리, 각 부의 장관 등이 참석한다.

(   )

11 대통령이 외국을 방문하거나 특별한 이유로 일하지 못할 때 대통령의 임무를 대신하는 사람은 누구입니까? (   )

① 법관   ② 국무총리
③ 국회 의원   ④ 교육부 장관
⑤ 헌법 재판소장

서술형

12 다음 그림은 정부에서 하는 일입니다. 정부는 국민들의 일상생활에 어떤 도움을 주는지 쓰시오.

식품과 의약품 등의 안전을 책임져요.

국민의 생명과 재산을 보호해요.

다음 그림을 보고, 물음에 답하시오. [13~14]

13 위와 같은 모습을 볼 수 있는 곳은 어디인지 쓰시오.

(   )

주의

14 위 그림의 ㉠~㉤에 해당하는 사람이 바르게 연결된 것은 어느 것입니까? (   )

① ㉠ – 판사   ② ㉡ – 검사
③ ㉢ – 변호인   ④ ㉣ – 증인
⑤ ㉤ – 피고인

15 법원에서 하는 일로 알맞은 것은 어느 것입니까?
( )

① 국정 감사
교통안전 시설 설치를 위한 예산을 꼭 편성하길 바랍니다.

② 국민의 생명과 재산을 보호해요.

③ ○○시에서는 피해자에게 수리 비용을 보상하세요.
지하철 공사 때문에 우리 집이 부서졌어요.

④ 초등학교 주변에 과속 방지 시설을 의무적으로 설치하게 하는 법을 제안합니다.

16 재판에서 최종 판결을 내리는 우리나라 최고의 법원은 무엇인지 쓰시오.

( )

 중요

17 다음과 같은 제도를 실시하는 목적으로 가장 알맞은 것은 어느 것입니까? ( )

> • 법원은 정부나 국회에서 독립되어 있으며, 법관은 헌법과 법률을 바탕으로 하여 양심에 따라 심판하게 하고 있다.
> • 한 사건에 원칙적으로 세 번까지 재판을 받을 수 있는 3심 제도를 두고 있다.

① 신속한 재판　　② 공정한 재판
③ 사법권의 강화　　④ 독재 정치 방지
⑤ 법관의 지위 향상

18 헌법 재판소에 대한 설명으로 알맞지 않은 것은 어느 것입니까? ( )

① 헌법과 관련된 다툼을 해결하는 곳이다.
② 법률이 헌법에 어긋나지 않는지 판단한다.
③ 국가 기관이 국민의 기본권을 침해했는지 판단한다.
④ 대통령이나 국무총리와 같이 지위가 높은 공무원들의 파면을 심판한다.
⑤ 아홉 명의 재판관이 있으며, 중요한 결정을 내릴 때는 아홉 명 모두가 찬성해야 한다.

다음 자료를 보고, 물음에 답하시오. [19~20]

국회(입법부)
국가를 다스리는 법을 만든다.

정부(행정부)
법에 따라 국가 살림을 한다.

법원(사법부)
법에 따라 재판을 한다.

19 위와 관련된 민주 정치의 원리에 대한 설명으로 알맞지 않은 것은 어느 것입니까? ( )

① 권력 분립의 원리이다.
② 권력 기관 간에 견제와 균형을 유지한다.
③ 입법권을 가진 국회에 권력이 집중되어 있다.
④ 국민의 자유와 권리를 보장하는 것을 목적으로 한다.
⑤ 한 기관이 국가의 중요한 일을 마음대로 처리할 수 없도록 한다.

 주의

20 위와 같이 민주 정치의 원리가 반영된 사례로 알맞지 않은 것은 어느 것입니까? ( )

① 국정 감사　　② 유신 헌법
③ 대정부 질문　　④ 대통령 탄핵
⑤ 인사 청문회

탐구 서술형 평가 1회

1 다음 우리나라 헌법 조항을 보고, 물음에 답하시오.

> 제1조 제2항
> 대한민국의 ⊙주권은 국민에게 있고, 모든 권력은 국민으로부터 나온다.

(1) 위 헌법 조항에 나타난 민주 정치의 원리와 그 의미를 쓰시오.

_____

_____

(2) 우리나라 정치 발전 과정에서 국민들이 위의 ⊙을 지키기 위해 노력했던 사례를 쓰시오.

_____

_____

관련 핵심 개념

주권

• 국민의 한 나라의 주인으로서 나라의 중요한 일을 스스로 결정하는 권리를 말합니다.
• 우리 헌법에서는 주권이 국민에게 있음을 분명히 하고 있으며, 이를 실현하려고 국민의 자유와 권리를 법으로 보장하고 있습니다.

2 국회 의원들이 학교 주변의 교통안전 문제를 해결하기 위해 일하는 모습을 보고, 물음에 답하시오.

> ⊙ 초등학교 주변에 과속 방지 시설을 의무적으로 설치하게 하는 법을 제안합니다.
> ⓒ 교통안전 시설 설치를 위한 예산을 꼭 편성하길 바랍니다.
> ⓒ 정부에서는 어린이 교통사고를 예방하려고 어떤 노력을 하고 있습니까?

(1) 위의 모습을 보고, 국회에서 하는 일은 무엇인지 쓰시오.

_____

(2) 국회에서 위의 ⓒ과 같은 일을 하는 까닭은 무엇인지 쓰시오.

_____

관련 핵심 개념

국회

국민이 선거로 선출한 대표인 국회 의원들이 나라의 중요한 일을 의논하고 결정하는 곳입니다. 국회는 나라의 법이나 예산 관련 일을 하고, 정부에서 법에 따라 일을 잘 하고 있는지 확인하는 일도 합니다.

3 다음 국무 회의 모습을 보고, 물음에 답하시오.

(1) 위의 ㉠, ㉡에 들어갈 정부 조직은 무엇인지 쓰시오.

　　㉠: (　　　　　　　　　　) ㉡: (　　　　　　　　　　)

(2) 위 국무 회의 장면을 보고, 정부에서는 어떤 일을 하는지 쓰시오.

관련 핵심 개념

정부에서 하는 일

• 정부는 법에 따라 나라의 살림을 맡아 하는 곳입니다.
• 각 부에서는 장관과 차관, 그리고 많은 공무원이 국민의 안전과 행복을 위해 여러 가지 일을 하고 있습니다.

1 단원

4 다음 법원의 재판 모습을 보고, 물음에 답하시오.

(1) 위와 같은 법원에서 하는 일은 무엇인지 쓰시오.

(2) 위에서 판사가 판결을 내릴 때 지켜야 할 일은 무엇인지 쓰시오.

관련 핵심 개념

공정한 재판을 위한 제도

• 법원이 정부나 국회에서 독립되어 있으며, 법관은 헌법과 법률을 바탕으로 하여 양심에 따라 심판하게 하고 있습니다.
• 특별한 경우를 제외하고 재판을 공개하여 사람들이 판결 과정과 결과를 알 수 있도록 합니다.
• 한 사건에 원칙적으로 세 번까지 재판을 받을 수 있는 3심 제도를 두고 있습니다.

탐구 서술형 평가 2회

1 다음 신문 기사를 읽고, 물음에 답하시오.

□□신문 　　　　　　　　　20△△년 △△월 △△일

□□□의원, 「어린이 보호 구역 내 교통안전 시설 설치 의무화 법안」 발의

유치원과 학교의 주변 도로는 어린이 보호 구역으로 지정되어 있다. 하지만, 어린이 보호 구역 내 교통사고는 끊임없이 발생하고 있다. 이를 해결하기 위해 □□□ 의원은 「어린이 보호 구역 내 교통안전 시설 설치 의무화 법안」을 발의했다. 이 법안에 따르면, 속도 제한용 안전표지, 무인 교통 단속용 장비, 과속 방지 시설 등을 어린이 보호 구역에 의무적으로 설치해야 한다.

---

(1) 위의 법안의 주요 내용은 무엇인지 쓰시오.

_____

_____

(2) 위 법안이 통과되면 우리 일상생활에 어떤 도움을 줄지 쓰시오.

_____

_____

관련 핵심 개념

국회에서 하는 일

• 법을 만드는 일을 하며, 법을 고치거나 없애기도 합니다.

• 나라의 살림에 필요한 예산을 심의하여 확정하는 일도 합니다. 정부에서 계획한 예산안을 살펴보고, 이미 사용한 예산이 잘 쓰였는지를 검토합니다.

• 정부에서 법에 따라 일을 잘하고 있는지 확인하려고 국정 감사를 합니다. 공무원에게 나랏일 가운데 궁금한 점을 질문하고, 잘못한 일이 있으면 바로잡도록 요구합니다.

2 다음 국무회의를 하는 모습을 보고, 물음에 답하시오.

(1) 오른쪽 그림에서 국무 회의를 주재하는 ㉠에 들어갈 사람과 선출하는 방식을 쓰시오.

「어린이 제품 안전 특별법」을 잘 실천할 수 있는 방안을 말씀해 주십시오.

학생들이 안전한 제품을 선택할 수 있도록 안전 교육을 실시하겠습니다.

_____

_____

(2) 오른쪽 그림의 대화를 참고하여, 교육부가 하는 일은 무엇인지 쓰시오.

_____

관련 핵심 개념

행정부에서 하는 일

• 5년마다 국민이 투표로 선출하는 대통령이 국무회의를 주재합니다.

• 국무총리와 함께 여러 개의 부, 처, 청, 그리고 위원회를 이끕니다.

• 각 부에서는 장관과 차관, 그리고 많은 공무원이 국민의 안전과 행복을 위해 여러 가지 일을 하고 있습니다.

3 다음 법원의 재판 모습을 보고, 물음에 답하시오.

피고인은 어린이 보호 구역에서 학생들의 안전에 유의하지 않았습니다.

사고를 낸 피고인에게 벌금 ○원을 선고합니다.

주변이 어두워 피고인의 차가 미처 피해 학생을 피할 수 없었습니다.

(1) 위 그림에 나타난 법원의 역할은 무엇인지 쓰시오.

_____

(2) 위와 같은 재판이 공정하게 이루어지도록 하기 위해 우리나라에서는 어떤 노력을 하고 있는지 쓰시오.

_____

_____

1
단원

관련 핵심 개념 ▶

법원에서 하는 일

• 사람들 사이의 다툼을 해결해 줍니다.

• 법을 지키지 않은 사람에게 벌을 줍니다.

• 개인과 국가, 지방 자치 단체 사이에서 생긴 갈등을 해결해 줍니다.

4 오른쪽 자료를 보고, 물음에 답하시오.

(1) 오른쪽의 ㉠~㉢에 들어갈 국가 기관은 무엇인지 쓰시오.

㉠: (　　　　　　　)

㉡: (　　　　　　　)

㉢: (　　　　　　　)

㉠
국가를 다스리는 법을 만든다.

삼권 분립

㉡
법에 따라 국가 살림을 한다.

㉢
법에 따라 재판을 한다.

(2) 위와 같이 국가 권력을 나누어 놓은 이유는 무엇인지 쓰시오.

_____

_____

관련 핵심 개념 ▶

권력 분립

국가 기관이 권력을 나누어 가지고 서로 감시하는 민주 정치의 원리입니다. 우리나라에서는 국민의 자유와 권리를 보장하기 위해 국가 권력을 국회, 정부, 법원이 나누어 맡는데, 이를 삼권 분립이라고 합니다.

다음 친구들의 대화를 읽고, 물음에 답하시오. [1~2]

> 마산 시위에 참여했던 김주열 학생의 시신이 발견되자 시민들이 분노했어.

> 맞아. 이를 계기로 시민과 학생의 시위는 더욱 확산되었지.

1 위 친구들이 대화하고 있는 사건의 원인으로 알맞은 것은 어느 것입니까? (   )

① 유신 헌법 제정
② 5·16 군사 정변
③ 6·29 민주화 선언 발표
④ 신군부 세력의 정권 장악
⑤ 이승만 정부의 독재와 부정부패

서술형

2 위 대화와 관련된 사건의 결과는 무엇인지 쓰시오.

_____

_____

3 박정희 정부 시기에 일어난 일을 보기 에서 두 가지 고르시오.

보기
㉠ 3선 개헌   ㉡ 민주주의 발전
㉢ 유신 헌법 제정   ㉣ 3·15 부정 선거

(,   )

4 광주에서 민주화 운동이 일어나자 전두환 정부는 어떻게 대응하였습니까? (   )

① 광주에 시민군을 보냈다.
② 6·29 민주화 선언을 발표하였다.
③ 전두환이 대통령 자리에서 물러났다.
④ 신문이나 방송을 통해 광주에서 일어나는 일을 알렸다.
⑤ 민주화 시위에 참여한 시민들과 학생들을 향해 총을 쏘며 무력으로 진압하였다.

5 다음 밑줄 친 '새 헌법'은 어떤 사건으로 이루어낸 결과물입니까? (   )

> 새 헌법에 따라 실시된 대통령 선거에서 노태우 후보가 대통령에 당선되었다.

① 4·19 혁명   ② 6월 민주 항쟁
③ 3·15 마산 의거   ④ 5·16 군사 정변
⑤ 5·18 민주화 운동

6 다음에서 설명하는 제도는 무엇인지 쓰시오.

> • 5·16 군사 정변 때 폐지되었다가 6·29 민주화 선언에 따라 다시 부활하였다.
> • 주민들은 지역의 문제를 해결하려고 의견을 제시하고 지역의 대표들은 주민들의 의견을 수렴해 여러 가지 문제를 민주적으로 해결한다.

(   )

7 시민들이 사회 공동의 문제 해결에 참여하는 방법으로 알맞지 않은 것은 어느 것입니까? (   )

① 대통령 선거에 참여하여 투표를 한다.
② 주민 소환을 위한 서명 운동에 참여한다.
③ 통신 요금 인하를 요구하는 1인 시위를 한다.
④ 국민들이 궁금해하는 사건에 관한 국정 감사를 한다.
⑤ 일본군 '위안부' 문제를 해결하려는 시민 단체에 가입하여 활동한다.

8 다음 빈칸에 들어갈 알맞은 말은 무엇인지 쓰시오.

> 학교에서 '우리가 함께 지켜야 할 규칙은 무엇인가?', 지역에서 '도서관을 어디에 지어야 주민들이 편리하게 이용할 수 있을까?' 등과 같은 문제들을 해결해 가는 일이 생활 속 [   ]의 한 예이다.

(   )

9 민주주의의 이념을 바르게 선으로 연결하시오.

(1)   자유   ·   · ㉠   인간이라는 이유만으로도 존중받아야 한다.

(2)   평등   ·   · ㉡   성별, 인종 등의 이유로 차별받지 않는다.

(3)   인간의 존엄   ·   · ㉢   국가나 다른 사람들에게 구속받지 않는다.

10 선거에 대한 설명으로 알맞지 <u>않은</u> 것은 어느 것입니까? (   )

① '민주주의의 꽃'이라고도 한다.
② 가장 기본적인 정치 참여 방법이다.
③ 공정한 선거를 위해 선거 관리 위원회를 두고 있다.
④ 국민이 자신들을 대표할 사람을 직접 뽑는 것이다.
⑤ 민주 선거의 기본 원칙은 보통 선거, 평등 선거, 간접 선거, 공개 선거이다.

11 다음 ㉠, ㉡에 들어갈 알맞은 말을 쓰시오.

> 공동의 문제를 해결할 때에는 나와 다른 의견을 인정하고 포용하는 [㉠]의 태도가 필요하다. 또 사실이나 의견에 대해 옳고 그름을 따져 살펴보는 [㉡] 태도를 지녀야 한다.

㉠: (   )   ㉡: (   )

12 다음과 같은 상황에서 사용되는 민주적 의사 결정 방법은 무엇인지 쓰시오.

> • 가족 여행 장소를 결정할 때
> • 대표를 뽑는 선거를 할 때
> • 학급 회의로 안건을 결정할 때

(   )

13 민주적 의사 결정 원리에 따라 공동의 문제를 해결하려고 할 때 가장 먼저 해야 할 일은 어느 것입니까? (   )

① 문제 확인하기
② 문제 해결 방안 실천하기
③ 문제 해결 방안 결정하기
④ 문제 발생 원인 파악하기
⑤ 문제 해결 방안 탐색하기

14 민주주의 국가에서 주권은 누구에게 있습니까?

(   )

① 왕   ② 국민
③ 법관   ④ 대통령
⑤ 국회 의원

1 단원

15 국회에 대한 설명으로 알맞지 <u>않은</u> 것은 어느 것입니까? (   )

① 국민의 대표 기관이다.
② 법에 따라 나라 살림을 한다.
③ 법을 만들거나 고치는 일을 한다.
④ 국정 감사 활동을 통해 행정부를 견제한다.
⑤ 국민이 직접 선출한 국회 의원으로 구성된다.

16 다음 신문 기사의 빈칸에 들어갈 국가 기관은 무엇인지 쓰시오.

○○신문	20△△년 △△월 △△일

서울 여의도 [   ] 본회의장에서 열린 본회의에서 2019년도 예산안이 확정·의결되었다.

(   )

17 정부의 조직과 구성에 대한 설명으로 알맞지 <u>않은</u> 것은 어느 것입니까? (   )

① 대통령이 정부를 지휘하고 감독한다.
② 감사원은 정부의 최고 심의 기관이다.
③ 국무총리는 대통령을 도와 각 부를 관리한다.
④ 각 부에서는 많은 공무원이 국민의 안전과 행복을 위해 일한다.
⑤ 대통령을 중심으로 국무총리와 여러 개의 부, 처, 청, 위원회가 있다.

서술형

18 다음과 같은 제도를 둔 목적은 무엇인지 쓰시오.

우리나라에서는 법원이 정부나 국회에서 독립되어 있으며, 법관은 개인적인 의견이 아니라 헌법과 법률을 바탕으로 하여 양심에 따라 심판하게 하고 있다.

_____

_____

19 헌법 재판소에서 중요한 결정을 내릴 때는 9명 재판관 중 몇 명 이상이 찬성해야 합니까? (   )

① 2명   ② 3명
③ 5명   ④ 6명
⑤ 9명

20 다음 자료에 나타난 민주 정치의 원리는 무엇인지 쓰시오.

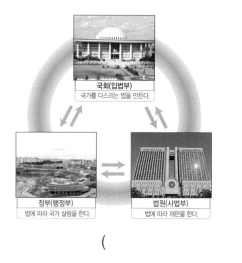

(   )

1 이승만 정부에 대한 설명으로 알맞은 것을 두 가지 고르시오. (,   )

① 4·19 혁명으로 무너졌다.
② 군인들이 군사 정변을 일으켜 수립하였다.
③ 장기 집권을 위해 유신 헌법을 제정하였다.
④ 경제 개발 계획을 추진하여 우리나라 경제를 크게 발전시켰다.
⑤ 1960년 3월 15일 정부통령 선거에서 대대적인 부정 선거를 하였다.

2 다음 내용과 관련 있는 인물은 누구인지 쓰시오.

> • 5·16 군사 정변   • 유신 헌법

(   )

3 다음에서 설명하는 민주화 운동은 무엇인지 쓰시오.

> 시민들의 선언문, 증언, 일기, 기자들의 취재 수첩, 피해자 보상 자료 등을 비롯한 많은 기록물과 사진, 영상물 등으로 구성된 기록물은 다른 나라의 민주화 운동에 영향을 준 점 등을 인정받아 2011년에 유네스코 세계 기록 유산으로 등재되었다.

(   )

4 6월 민주 항쟁의 결과로, 대통령 직선제 개헌의 내용을 담은 선언을 쓰시오.

(   )

5 시민과 학생들이 중심이 되어 전개한 민주주의 수호 노력으로 알맞지 <u>않은</u> 것은 어느 것입니까?
(   )

① 4·19 혁명   ② 5·16 군사 정변
③ 6월 민주 항쟁   ④ 5·18 민주화 운동
⑤ 유신 헌법 반대 운동

6 대통령 직선제와 지방 자치제의 시행으로 변화된 우리 사회의 모습으로 알맞은 것은 어느 것입니까?
(   )

① 민주주의가 발전하였다.
② 독재 정치가 심화되었다.
③ 국가 권력이 강화되었다.
④ 경제 성장이 급속도로 이루어졌다.
⑤ 시민들의 정치 참여가 축소되었다.

서술형

7 정보 통신 기술이 발달함에 따라 등장한, 시민들이 사회 공동의 문제 해결에 참여하는 방법을 쓰시오.

_____

_____

8 정치에 대해 <u>잘못</u> 이해하고 있는 친구는 누구인지 쓰시오.

> • **슬기**: 가족회의나 학급 회의도 정치라고 할 수 있어.
> • **지성**: 우리 생활 속에서도 정치의 모습을 찾을 수 있어.
> • **예리**: 정치는 사람들 간의 갈등을 원만하게 해결해 가는 과정이야.
> • **제니**: 정치는 대통령이나 국회 의원과 같은 정치인들만 할 수 있어.

(   )

9 민주주의와 관련이 <u>없는</u> 것은 어느 것입니까?

( )

① 독재 정치　　② 인간의 존엄
③ 자유와 평등　④ 대화와 토론
⑤ 다수결의 원칙

10 다음 사례와 관련 있는 민주주의의 기본 정신은 무엇인지 쓰시오.

민주 국가에서 선거권은 누구에게나 한 표씩 주어진다.

( )

11 다음은 민주 선거의 원칙 중 어떤 원칙에 어긋납니까? ( )

> 학급 회장 선거를 할 때 친한 친구에게 대신 투표를 부탁하였다.

① 보통 선거　　② 평등 선거
③ 직접 선거　　④ 비밀 선거
⑤ 자유 선거

12 민주주의를 실천하는 바람직한 태도로 볼 수 <u>없는</u> 것은 어느 것입니까? ( )

① 나와 다른 의견을 존중한다.
② 대화와 토론으로 의견 차이를 좁힌다.
③ 각자의 이익을 조금씩 양보하며 타협한다.
④ 사실이나 의견의 옳고 그름을 따져 살펴본다.
⑤ 함께 결정하였더라도 내 의견과 다르면 따르지 않아도 된다.

서술형

13 다수결의 원칙을 사용할 때 소수의 의견을 존중해야 하는 까닭은 무엇인지 쓰시오.

_____

_____

14 다음 국가 기관에서 하는 일이 <u>아닌</u> 것은 어느 것입니까? ( )

① 법률을 제정한다.
② 국정 감사를 실시한다.
③ 국가 예산안을 심의한다.
④ 예산이 잘 쓰였는지를 검토한다.
⑤ 법률안을 공포하거나 거부권을 행사한다.

15 우리나라의 대통령에 대한 설명으로 알맞은 것을 두 가지 고르시오. (　,　)

① 임기는 4년이다.
② 정부의 최고 책임자이다.
③ 외국에 대하여 국가를 대표한다.
④ 국회 의원의 직접 선거로 선출된다.
⑤ 사람들이 억울한 일을 당했을 때 재판을 통해 해결해 준다.

18 다음과 같은 일을 하는 국가 기관은 무엇인지 쓰시오.

> • 국가 권력이 국민의 기본권을 침해했는지 여부를 판단한다.
> • 법률이 헌법에 위반되는지 여부를 판단한다.

（　　　　　）

16 국무 회의에 참석하지 않는 사람은 누구입니까?
（　　）

① 대통령　　　　② 국무총리
③ 국회 의원　　　④ 교육부 장관
⑤ 국토교통부 장관

19 민주 정치의 기본 원리에 해당하는 것을 보기 에서 두 가지 고르시오.

> 보기
> ㉠ 독재 정치　　　　㉡ 국민 주권
> ㉢ 권력 분립　　　　㉣ 권력 융합

（　　，　　）

17 다음과 같이 갈등을 해결해 주는 국가 기관은 어디입니까? (　　)

① 국회　　　　　② 정부
③ 법원　　　　　④ 헌법 재판소
⑤ 국가 인권 위원회

20 전통 시장과 대형 할인점 사이의 갈등을 해결하기 위한 국가 기관의 노력을 바르게 연결하시오.

(1) 국회 •

• ㉠ 전통 시장 상인들을 보호하는 법을 만들었다.

(2) 정부 •

• ㉡ 전통 시장 상인들을 보호하는 조치가 옳다고 판결하였다.

(3) 법원 •

• ㉢ 대형 할인점의 규제가 기업의 영업을 방해하고 소비자에게 불편을 줄 수 있어 신중한 태도를 취하였다.

1 다음에서 설명하는 역사적 사건은 무엇입니까?
( )

> • 3·15 부정선거가 무효가 되었다.
> • 재선거가 실시되었고 새로운 정부가 세워졌다.

① 유신 체제　　　　② 4·19 혁명
③ 12·12 사태　　　　④ 5·16 군사 정변
⑤ 5·18 민주화 운동

 서술형

2 이승만 정부가 다음과 같은 일을 한 까닭은 무엇인지 쓰시오.

> • 유권자들에게 돈이나 물건을 주면서 이승만 정부에 투표하도록 하였다.
> • 투표한 용지를 불에 태워 없애거나 조작된 투표용지를 넣어 투표함을 바꾸기도 하였다.

_____

_____

3 5·16 군사 정변에 대한 설명으로 알맞은 것을 두 가지 고르시오. (,)

① 군정이 실시되었다.
② 독재 정치가 끝나게 되었다.
③ 이승만의 자유당 정권을 무너뜨렸다.
④ 박정희를 중심으로 한 군인 세력이 일으켰다.
⑤ 시민의 힘으로 권력을 교체한 시민 혁명이었다.

4 1980년 광주에서 전두환의 신군부 세력에 맞서 일어난 민주화 운동은 무엇인지 쓰시오.

( )

5 다음은 6·29 민주화 선언의 주요 내용입니다. 빈칸에 들어갈 알맞은 말은 무엇입니까? ( )

> [ ]을 국민의 손으로 직접 뽑는다.

① 대법관　　　　② 대통령
③ 국무총리　　　　④ 국회 의원
⑤ 헌법 재판소장

응용

6 다음 선생님의 질문에 대한 답변으로 알맞은 제도는 무엇입니까? ( )

> 지역의 주민이 직접 선출한 지방 의회 의원과 지방 자치 단체장들이 만약 맡은 일을 공정하게 하지 않거나 주민들의 뜻에 어긋나는 일을 한다면 어떻게 해야 할까?

① 3심제　　　　② 지방 자치제
③ 주민 소환제　　　　④ 국민 투표제
⑤ 대통령 직선제

서술형

7 다음과 같은 상황에서 시민들이 참여할 수 있는 방법을 쓰시오.

> 학교 주변에 수많은 노래방, PC방, 술집 등 유해 시설이 들어서 학생들이 피해를 입고 있다.

_____

_____

8 다음에서 정치의 역할로 알맞은 것을 고르시오.

> ㉠ 사회 질서를 어지럽힌다.
> ㉡ 대통령의 권력을 강화한다.
> ㉢ 사람들 사이의 갈등을 해결한다.

( )

9 민주주의에 대한 설명으로 알맞지 <u>않은</u> 것은 어느 것입니까? ( )

① 민주주의와 반대되는 개념은 독재이다.
② 선거는 '민주주의의 꽃'이라고 할 수 있다.
③ 기본 정신은 인간의 존엄, 자유, 평등이다.
④ 대화와 토론, 관용, 비판적 태도, 양보와 타협 등을 실천하는 태도이다.
⑤ 왕이나 신분이 높은 몇몇 사람이 정치 문제를 결정하고 나머지는 그 결정에 따른다.

10 다음에서 설명하는 민주주의의 기본 정신은 무엇입니까? ( )

> 국가나 다른 사람들에게 구속받지 않고 자신의 의사를 스스로 결정할 수 있는 권리이다.

① 평등 ② 자유 ③ 정의
④ 관용 ⑤ 타협

11 공동의 문제를 해결하려고 할 때 필요한 태도가 <u>아</u>닌 것은 어느 것입니까? ( )

① 관용 ② 실천
③ 대화와 타협 ④ 비판적 태도
⑤ 집단 이기주의

응용

12 민주 선거의 기본 원칙을 바르게 선으로 연결하시오.

(1) 보통 선거 •   • ㉠

(2) 평등 선거 •   • ㉡

(3) 직접 선거 •   • ㉢

(4) 비밀 선거 •   • ㉣

13 다음에서 설명하는 민주적 의사 결정 원리는 무엇인지 쓰시오.

> • 다수의 의견을 채택하는 방법이다.
> • 쉽고 빠르게 문제를 해결하지만 소수의 의견도 존중해야 한다.

( )

14 다음에서 설명하는 사람은 누구인지 쓰시오.

> • 국민이 뽑은 국민의 대표이다.
> • 4년 동안 나라의 중요한 일을 의논하고 결정한다.

( )

15 다음 빈칸에 들어갈 알맞은 말을 보기 에서 고르시오.

> 국회는 나라의 법을 만든다고 해서 [   ]라고 한다.

보기
㉠ 입법부   ㉡ 행정부   ㉢ 사법부

(   )

16 정부의 조직과 구성에 대한 설명으로 알맞지 않은 것을 보기 에서 고르시오.

보기
㉠ 대통령 – 정부의 최고 책임자로서 나라의 중요한 결정을 한다.
㉡ 국무총리 – 각 부처를 총괄하며, 국무 회의의 의장이 된다.
㉢ 각 부 – 여러 부서로 나뉘어 구체적인 행정 사무를 집행한다.
㉣ 국무 회의 – 대통령, 국무총리, 각 부의 장관 등이 참석하여 정부의 주요 정책을 심사하고 토의한다.

(   )

17 국무 회의에 참석하여 다음과 같은 말을 하는 사람은 누구입니까? (   )

어린이 보호 구역 내 도로와 주차 시설을 정비하겠습니다.

① 교육부 장관   ② 환경부 장관
③ 기획재정부 장관   ④ 국토교통부 장관
⑤ 문화체육관광부 장관

응용

18 법정에서 볼 수 있는 사람들과 하는 일을 바르게 선으로 연결하시오.

(1) 판사 ·   · ㉠ 판결을 내리는 사람

(2) 검사 ·   · ㉡ 피고인의 편에서 도와주는 사람

(3) 변호인 ·   · ㉢ 범죄 사실을 수사하고 재판을 청구한 사람

19 다음과 같은 일을 하는 곳은 어디입니까? (   )

> • 법을 지키지 않은 사람을 처벌한다.
> • 사람들 사이에 다툼이 생기거나 억울한 일을 당했을 때 해결해 준다.

① 정부   ② 국회
③ 법원   ④ 감사원
⑤ 헌법 재판소

20 민주주의 국가에서 국회, 정부, 법원이 국가의 일을 나누어 맡는 까닭을 두 가지 고르시오. (,   )

① 공정한 재판을 하기 위해서
② 국가에서 하는 일이 너무 많아서
③ 대통령의 권한을 강화하기 위해서
④ 국민의 자유와 권리를 지키기 위해서
⑤ 한 기관이 국가의 중요한 일을 마음대로 처리할 수 없도록 하기 위해서

이상하게도 비싼 게 더 잘 팔려

아무리 봐도 모양도 똑같고 품질도 큰 차이가 없어 보이는데 100만 원짜리 가방을 살 바보가 어디 있을까요? 10,000원짜리 가방을 고르는 게 당연하지 않겠어요? 그런데 100만 원짜리 가방을 못 사서 안달인 사람들이 있습니다.

그 이유가 궁금하지 않나요? 어째서 가방을 100만 원이나 주고 사는 사람들이 있는 것일까요?

첫 번째 이유는 남에게 잘 보이기 위해 무리를 해서 비싼 가방을 사는 것입니다. 100만 원짜리 가방을 들고 다니면 남들이 자기를 굉장한 부자로 볼 거라는 생각 때문입니다. 두 번째 이유는 비싸고 귀한 것을 가지고 있으면 자신의 가치까지 올라갈 거라는 생각 때문입니다. 세 번째 이유는 줏대 없이 남을 따라하기 때문입니다. 남들이 가진 것을 보고 덩달아 사는 것을 말합니다.

그럼 지혜로운 사람들은 어떻게 할까요? 남의 눈을 생각하기보다는 자신이 예쁘다고 생각하는 것을 삽니다. 광고에 나온 것이라고 꼭 좋은 것은 아닙니다. 유명 상표라고 꼭 훌륭한 것도 아닙니다.

"품질 좋고 예쁘면 되지, 왜 꼭 비싼 걸 사야 해?"

이렇게 말할 수 있는 사람이 지혜로운 사람입니다.

❶ 우리나라 경제 체제의 특징 (1)

❶ 가계와 기업에서 하는 일 →경제 활동의 주체입니다.

① 가계: 가정 살림을 같이하는 생활 공동체입니다.

② 가계와 기업이 하는 일

가계	• 기업의 생산 활동에 참여함. • 기업에서 만든 물건을 구입함.
기업	• 사람들에게 일자리를 제공함. • 사람들이 생활하는 데 필요한 물건을 만들어 판매하거나 서비스를 제공해 이윤을 얻음.

③ 가계와 기업의 다양한 경제 활동

• 가계는 기업에서 일하며 생산 활동에 참여한 대가로 소득을 얻고, 기업은 물건과 서비스를 생산해 시장에 공급합니다.

• 가계는 시장에서 생활에 필요한 물건과 서비스를 구매하고, 기업은 이를 통해 이윤을 얻습니다.

• 가계와 기업은 시장에서 물건과 서비스를 거래하며, 가계와 기업이 하는 일은 서로에게 도움이 됩니다. 자료 ❶

❷ 가계의 합리적 선택 방법

① 합리적 소비: 가계는 소득의 범위 안에서 적은 비용으로 가장 큰 만족을 얻도록 소비하는 것입니다.

② 합리적 선택 방법 →고려해야 할 선택 기준은 가격, 품질, 디자인 등입니다.

• 가계의 합리적 선택에서 가장 중요한 것은 만족감을 높이는 것입니다.
└•디자인과 상표의 선호도를 중요하게 생각하는 경우에는 가격이 더 비싼 물건을 선택하기도 합니다.

• 품질과 디자인이 비슷하다면 값싼 물건을 구입해 비용을 최대한 적게 들이는 방법을 선택하는 것이 좋습니다. 자료 ❷ →가격이 비싸더라도 상표, 디자인, 품질 등을 고려해 우수하다고 생각하는 것을 선택할 수도 있습니다.

③ 가치 소비: 자신이 추구하는 삶의 가치를 지키면서 합리적으로 소비하는 방법입니다. ㉎ 공정 무역 초콜릿, 친환경 대나무 빨대, 종이 빨대 등

❸ 기업의 합리적 선택 방법

① 기업의 고민 자료 ❸

• 어떤 물건을 만들어야 잘 팔릴까?

• 물건을 만드는 데 필요한 돈과 노력은 얼마나 될까?

• 이윤을 가장 많이 남기려면 어떻게 해야 할까?

② 기업의 합리적 의사 결정 방법

• 연도별 판매량, 종류별 판매 순위, 연도별 제조 회사 수, 회사별 가격과 생산 비용 등을 고려하여 물건을 생산합니다.

• 소비자가 어떤 물건을 좋아하는지 분석해 물건을 팔 방법을 생각합니다.

• 기업은 적은 비용으로 많은 이윤을 남기도록 합리적 선택을 해야 합니다.

자료 ❶ 서로 도움을 주는 가계와 기업

• 기업은 일자리를 제공하고 가계는 기업의 생산 활동에 참여합니다.

• 가계는 생산 활동의 대가로 소득을 얻습니다.

• 가계는 소득으로 필요한 물건을 구입합니다.

• 기업은 물건을 생산해 판매하거나 서비스를 제공해 이윤을 얻습니다.

자료 ❷ 텔레비전을 고르는 다양한 선택 기준

• 같은 조건이면 더 싼 텔레비전이 좋습니다.

• 같은 가격이면 다양한 기능이 있는 텔레비전을 선택합니다.

• 무상 관리 서비스를 오래 받을 수 있는 텔레비전을 고릅니다.

• 우리 집은 할아버지, 할머니가 계셔서 화면이 큰 텔레비전이 더 좋습니다.

▲ 가격

▲ 기능

자료 ❸ 기업의 합리적 선택

• 해마다 필통 판매량이 감소하고 있다면 생산량을 줄여야 합니다.

• 가장 인기가 많은 종류의 필통을 생산합니다.

• 필통을 만드는 회사가 많아지고 있다면 신제품을 개발하고 광고를 해야 합니다.

• 필통의 판매 가격이 지나치게 높으면 다른 회사 필통을 살 것이고 필통의 판매 가격이 지나치게 낮으면 많이 팔리더라도 이윤이 조금밖에 남지 않을 것이므로 적절한 가격으로 책정해야 합니다.

🌵 서로에게 도움이 되는 가계와 기업의 관계

🌵 합리적인 소비를 위해 고려해야 할 점

- 어떤 물건을 먼저 살 것인지 우선순위를 생각해 결정해 봅니다.
- 좋은 물건을 사기 위해 고려해야 할 선택 기준을 세웁니다.
- 에너지 절감형(친환경) 물건을 선택합니다.
- 선택 기준에 따라 여러 물건을 비교하고 평가해서 가장 좋은 것을 선택합니다.

🌵 기업의 기획 회의 내용

- 소비자의 욕구 분석하기: 소비자가 편리하게 사용할 수 있는 모양과 재질은 무엇일까요?
- 물건 설계하기: 우리 물건의 장단점은 무엇일까요?
- 생산 방법 선정하기: 물건을 생산하는 데 드는 비용을 어떻게 줄일 수 있을까요?
- 홍보 전략 수립하기: 물건을 어떻게 홍보하면 좋을까요?

📎 **용어 풀이**

❶ **서비스** 생산된 상품을 운반·배급하거나 생산·소비에 필요한 일을 제공함.

❷ **이윤**(利 이로울 **이** 潤 불을 **윤**) 경제 활동으로 얻게 되는 순수한 이익

❸ **시장**(市 저자 **시** 場 마당 **장**) 여러 가지 상품을 사고파는 일정한 장소

❹ **공정 무역**(公 공평할 **공** 正 바를 **정** 貿 무역할 **무** 易 바꿀 **역**) 생산자의 노동에 정당한 대가를 지불하면서 소비자에게는 좀 더 좋은 물건을 공급하는 윤리적인 무역

개념을 확인해요

2 단원

1 가정 살림을 같이하는 생활 공동체를 ☐☐ 라고 합니다.

2 ☐☐ 은 사람들에게 일자리를 제공하고, 사람들이 생활하는 데 필요한 물건을 만들어 판매하거나 서비스를 제공해 이윤을 얻습니다.

3 가계와 기업은 ☐☐ 에서 물건과 서비스를 거래합니다.

4 가계는 소득의 범위 안에서 적은 비용으로 가장 큰 만족을 얻도록 합리적으로 ☐☐ 하는 것이 필요합니다.

5 합리적인 선택을 위해서 품질과 디자인이 비슷하다면 값싼 물건을 구입해 ☐☐ 을 최대한 적게 들이는 방법을 선택하는 것이 좋습니다.

6 가계의 합리적 선택에서 가장 중요한 것은 ☐ ☐☐ 을 높이는 것입니다.

7 자신이 추구하는 가치를 지키면서 합리적으로 소비하는 ☐☐ 소비가 널리 퍼지고 있습니다.

8 ☐☐ 무역이란 생산자의 노동에 정당한 대가를 지불하면서 소비자에게는 좀 더 좋은 물건을 공급하는 윤리적인 무역을 말합니다.

9 필통을 만드는 회사가 많아지면 ☐☐☐ 을 개발하고 광고를 해야 합니다.

10 기업에서는 적은 비용으로 많은 ☐☐ 을 남기도록 합리적 선택을 해야 합니다.

❶ 우리나라 경제 체제의 특징 (2)

❹ 가계와 기업이 만나는 시장 →우리나라에서는 물건을 생산하고 소비하는 경제 활동을 시장에 자유롭게 맡겨 둡니다.

① 시장: 물건을 사고파는 곳으로 가계와 기업은 다양한 형태의 시장에서 만납니다. ㉫ 전통 시장, 대형 할인점, 텔레비전 홈 쇼핑, 인터넷 쇼핑 등

② 전통 시장, 대형 할인점, 텔레비전 홈 쇼핑, 인터넷 쇼핑의 차이점 **자료 ❹**

전통 시장과 대형 할인점	• 물건을 구입하려면 직접 가야 함. • 원하는 물건을 비교하며 살 수 있음.
텔레비전 홈 쇼핑과 인터넷 쇼핑	• 직접 시장에 갈 필요가 없음. • 언제 어디서든지 물건을 구매할 수 있지만, 물건이 광고와 다를 수 있음.

❺ 우리나라 경제 체제의 특징 →자유와 경쟁입니다.

① 우리나라 경제 체제의 특징: 개인과 기업이 경제 활동의 자유를 누리면서 자신의 이익을 얻기 위해 경쟁합니다. **자료 ❺**

자유	경쟁
• 자신의 능력과 적성에 따라 직업을 자유롭게 선택할 수 있음. • 사람들은 경제 활동으로 얻은 소득을 자유롭게 사용할 수 있음. • 이윤을 얻으려고 자유롭게 경제 활동을 할 수 있음.	• 개인은 재산과 직업을 얻으려고 다른 사람들과 경쟁함. →자신의 능력을 높이려고 노력함. • 기업은 보다 더 많은 이윤을 얻으려고 다른 기업과 경쟁함. └더 좋은 물건을 만들려고 노력함.

② 자유롭게 경쟁하는 경제 활동이 우리 생활에 주는 도움

• 자신의 재능과 능력을 더 잘 발휘할 수 있습니다.

• 소비자가 원하는 조건의 물건을 살 수 있습니다.

• 기업에게서 좋은 서비스를 받을 수 있습니다.

• 기술을 개발해 더 우수한 품질의 물건을 사용할 수 있습니다.

❻ 바람직한 경제 활동 알아보기(㉫ 음료수 가격) **자료 ❻**

① 문제 원인 확인하기 →시장 경제 체제에서는 자유롭게 경제 활동을 할 수 있지만 기업에서 공정하지 않은 행동을 하면 소비자에게 피해를 줄 수 있습니다.

② 정보 수집하기 →생각한 원인이 맞는지 인터넷, 신문 자료, 뉴스 등에서 찾아봅니다.

• 음료수를 만드는 회사가 적기 때문입니다.

• 음료수 가격을 음료수 만드는 회사가 마음대로 정하기 때문입니다.

③ 해결 대안 제시하기 →음료수를 합리적인 가격에 계속 사 먹을 수 있는 방법을 찾아봅니다.

• 합리적인 가격의 다른 음료수를 사 먹습니다.

• 음료수 가격 인상에 반대하는 의견을 음료수 회사 누리집에 올립니다.

④ 문제 해결 및 정리하기

• 정부는 기업끼리 상의해서 마음대로 가격을 올리지 못하도록 감시합니다.

• 정부는 기업이 허위·과장 광고를 하지 못하도록 감시합니다.

• 정부는 여러 회사에서 제품을 만들어 팔 수 있도록 지원합니다.

자료 ❹ 시장에서 가계와 기업이 만나는 방법

• 전통 시장과 대형 할인점: 기업은 전통 시장이나 대형 할인점에 생산품을 제공하고 가계는 시장에서 생산품을 보고 구입할 수 있습니다.

• 텔레비전 홈 쇼핑과 인터넷 쇼핑: 기업은 텔레비전 홈 쇼핑이나 인터넷 쇼핑에 생산품을 제공하고 가계는 집이나 인터넷을 활용할 수 있는 곳에서 물건을 구입할 수 있습니다.

▲ 대형 할인점　　　▲ 인터넷 쇼핑

자료 ❺ 자유와 경쟁이 주는 도움

• 소비자: 기업들의 자유로운 경쟁을 통해 만들어진 다양한 물건을 살 수 있어 더 큰 만족을 얻을 수 있습니다.

• 기업: 노력한 만큼 이윤을 많이 남길 수 있으므로 더 좋은 물건을 만들려고 기술을 개발하며 그 과정에서 우리나라 전체 경제도 발전합니다.

자료 ❻ 음료수 가격이 계속 오르면

• 가격이 너무 비싸서 좋아하는 음료수를 사 먹지 못하게 됩니다.

• 좋아하는 음료수를 사 먹으려고 더 많은 돈을 내야 합니다.

• 특정 음료수 회사만 많은 이익을 보게 됩니다.

만질 수 없는 물건을 사고 파는 시장

시장은 사려고 하는 사람과 팔려고 하는 사람이 주로 물건을 주고받으며 거래하는 곳입니다. 시장에서는 물건만 거래하는 것은 아닙니다.

▲ 사람의 노동력을 사고파는 인력 시장

▲ 주식 거래가 이루어지는 주식 시장

▲ 다른 나라의 돈을 사고파는 외환 시장

▲ 집이나 땅을 사고파는 부동산 시장

자유와 경쟁의 모습

• 구입하려는 사람들이 많기 때문에 같은 종류의 상품을 만드는 기업이 여러 개 있습니다.
• 상품을 팔고자 기업들은 다른 기업의 상품보다 더 좋은 상품을 만들거나 더 싼 상품을 만들기 위해 노력합니다.
• 기업들의 다양한 경쟁으로 우리는 원하는 품질의 상품을 사거나 기업에게서 좋은 서비스를 받을 수 있습니다.

우리 사회에서 공정하지 못한 경제 활동을 바로잡으려고 하는 노력

• 정부는 공정한 경제 활동을 할 수 있도록 공정 거래 위원회를 만듭니다.
• 시민 단체는 기업끼리 불공정하게 거래하는 것을 감시합니다.

용어 풀이

❺ 할인점(割 벨 할 引 끌 인 店 가게 점) 할인된 상품만을 전문적으로 판매하는 가게

❻ 허위(虛 빌 허 僞 거짓 위) 진실이 아닌 것을 진실인 것처럼 꾸민 것.

❼ 과장(誇 자랑할 과 張 베풀 장) 사실보다 지나치게 불려서 나타냄.

---

11 가계와 기업은 □□을 통해 만납니다.

12 □□□□과 대형 할인점은 물건을 구입할 때 직접 가서 원하는 물건을 구입할 수 있습니다.

13 텔레비전 홈 쇼핑과 □□□ 쇼핑은 직접 시장에 갈 필요는 없지만 물건이 광고와 다를 수 있습니다.

14 시장에서 물건만 거래하는 것은 아닙니다. 사람의 노동력을 사고파는 인력 시장, 다른 나라의 돈을 사고파는 □□ 시장 등이 있습니다.

15 우리나라 경제 체제의 특징은 개인과 기업이 경제 활동의 □□를 누리면서 자신의 이익을 얻으려고 경쟁하는 것입니다.

16 기업은 □□을 얻기 위해 다른 기업과 경쟁합니다.

17 경제 활동에서의 자유와 경쟁으로 □□은 자신의 재능과 능력을 더 잘 발휘할 수 있습니다.

18 음료수의 재료 가격은 내렸지만 가격이 오르는 까닭은 음료수를 만드는 회사가 음료수의 □□을 마음대로 정했기 때문입니다.

19 좋아하는 음료수를 적당한 가격에 계속 사 먹기 위해서 음료수 가격에 반대하는 의견을 음료수 회사 □□□에 올리는 방법이 있습니다.

20 경제 활동이 공정하게 이루어질 수 있도록 □□는 기업끼리 상의해서 마음대로 가격을 올리지 못하도록 감시합니다.

핵심 1 가계와 기업의 다양한 경제 활동

✳ **가계와 기업이 하는 일**

가계	•가계는 기업의 생산 활동에 참여한 대가로 소득을 얻음. •소득으로 필요한 물건을 구입함.
기업	•사람들에게 일자리를 제공함. •생산 활동으로 만든 물건을 판매하거나 서비스를 제공해 이윤을 얻음.

✳ **가계와 기업의 관계**

• 시장에서 물건과 서비스를 거래합니다.
• 가계와 기업이 하는 일은 서로에게 도움이 됩니다.

1 가계의 경제 활동에는 '가', 기업의 경제 활동에는 '기'라고 쓰시오.

(1) 사람들에게 일자리를 제공한다. (   )

(2) 소득으로 필요한 물건을 구입한다. (   )

(3) 생산 활동에 참여한 대가로 소득을 얻는다.
(   )

(4) 물건을 판매하거나 서비스를 제공해 이윤을 얻는다. (   )

2 가계와 기업의 경제 활동은 주로 어디에서 만나 이루어지는지 쓰시오.

(   )

핵심 2 가계와 기업의 합리적 선택

가계의 합리적 선택	•합리적 소비: 소득의 범위 안에서 적은 비용으로 가장 큰 만족을 얻도록 소비하는 것 •가계의 합리적 선택 방법: 만족감을 높이는 것 → 품질과 디자인이 비슷하다면 값싼 물건을 구입하고 비슷한 가격이라면 품질과 디자인이 좋은 것을 고름.
기업의 합리적 의사 결정	•기업이 물건을 생산할 때 고려할 점: 연도별 판매량, 종류별 판매 순위, 연도별 제조 회사 수, 회사별 가격과 생산 비용 등 •기업에서는 소비자가 어떤 물건을 좋아하는지 분석해 물건을 많이 팔 방법을 생각함. •기업의 합리적 선택 방법: 적은 비용으로 많은 이윤을 남기는 것

3 다음 빈칸에 들어갈 알맞은 말은 무엇입니까?
(   )

> 가계의 합리적 선택에서 가장 중요한 것은 [   ]을 높이는 것이다.

① 비용   ② 이윤
③ 소득   ④ 소비
⑤ 만족감

4 기업이 합리적 의사 결정을 하는 방법으로 알맞지 않은 것을 보기 에서 골라 기호를 쓰시오.

> **보기**
> ㉠ 소비자가 어떤 물건을 좋아하는지 분석한다.
> ㉡ 많은 비용으로 적은 이윤을 남길 수 있도록 선택한다.
> ㉢ 물건을 생산할 때 연도별 판매량, 종류별 판매 순위, 연도별 제조 회사 수, 회사별 가격과 생산 비용 등을 분석한다.

(   )

핵심 3 가계와 기업이 만나는 시장

❋ **시장**
- 물건을 사고파는 곳으로, 가계와 기업은 다양한 형태의 시장에서 만납니다.
- 우리나라는 물건을 생산하고 소비하는 경제 활동을 시장에 자유롭게 맡겨 둡니다.

▲ 전통 시장

▲ 인터넷 쇼핑

❋ **전통 시장, 대형 할인점, 텔레비전 홈 쇼핑, 인터넷 쇼핑의 차이점**

전통 시장과 대형 할인점	물건을 구입하려면 직접 가서 원하는 물건을 비교하며 살 수 있음.
텔레비전 홈 쇼핑과 인터넷 쇼핑	언제 어디서든지 물건을 구매할 수 있지만, 물건이 광고와 다를 수 있음.

5 시장에 대한 설명으로 옳은 것에 ○표 하시오.

(1) 시장에서는 손으로 만질 수 있는 물건만 거래한다. (　　　)

(2) 시장에는 여러 기업에서 만든 다양한 물건이 진열되어 있다. (　　　)

(3) 우리나라는 물건을 생산하고 소비하는 경제 활동을 시장에 자유롭게 맡겨 둔다. (　　　)

6 직접 시장에 가지 않고 물건을 사고팔 수 있는 시장을 두 가지 고르시오. (　 , 　)

① 백화점
② 인터넷 쇼핑
③ 전통 시장
④ 텔레비전 홈 쇼핑
⑤ 대형 할인점

핵심 4 우리나라 경제 체제의 특징과 경제 활동

❋ **우리나라의 경제 체제**
- 자유: 직업 활동의 자유, 직업 선택의 자유, 소득을 자유롭게 사용할 자유, 기업 활동의 자유 등입니다.
- 경쟁: 직업을 얻으려는 개인 간의 경쟁, 이윤을 얻으려는 기업 간의 경쟁 등이 있습니다.
- 개인과 기업이 경제 활동의 자유를 누리면서 자신의 이익을 얻으려고 경쟁합니다.

❋ **경제 활동의 자유와 경쟁이 주는 도움**
- 자신의 재능과 능력을 더 잘 발휘할 수 있습니다.
- 원하는 품질의 제품을 살 수 있습니다.

❋ **특정 기업에서만 물건을 만들 때의 문제점**

문제점	기업끼리 의논해서 가격을 올릴 수 있음.
해결 방안	기업끼리 상의해서 마음대로 가격을 올리지 못하도록 감시함.

7 우리나라 경제 체제의 특징으로 알맞은 것은 어느 것입니까? (　　　)

① 직업을 국가에서 정해 준다.
② 소득을 자유롭게 사용할 수 없다.
③ 이윤을 얻기 위한 경쟁은 금지한다.
④ 개인과 기업이 경제 활동의 자유를 누린다.
⑤ 기업에서 무엇을 생산하고 판매할지 국가가 정해 준다.

8 다음 빈칸에 들어갈 알맞은 말을 쓰시오.

> □□□와 시민 단체는 기업 간의 불공정한 경제 활동으로 생기는 문제를 해결하고 경제 활동이 공정하게 이루어질 수 있도록 여러 가지 노력을 한다.

(　　　　　　　)

다음 글을 읽고, 물음에 답하시오. [1~2]

현준이네 가족은 아버지와 어머니가 일해서 얻은 소득으로 생활한다. 대부분의 가정은 현준이네처럼 주로 생산 활동에 참여하는 대가로 ㉠ 을 얻어 생활에 필요한 물건을 구입하거나 서비스를 제공받는 등의 ㉡ 활동을 한다.

1 위의 ㉠, ㉡에 들어갈 알맞은 말은 무엇인지 쓰시오.

㉠: (   )   ㉡: (   )

2 현준이네 가족처럼 가정 살림을 같이하는 생활 공동체를 무엇이라고 하는지 쓰시오.

(   )

3 가계와 기업의 경제 활동에 대한 설명으로 알맞지 <u>않은</u> 것은 어느 것입니까? (   )

① 기업은 물건과 서비스를 생산해 시장에 공급한다.
② 가계는 시장에서 생활에 필요한 물건과 서비스를 구매한다.
③ 가계는 기업에서 일하며 생산 활동에 참여한 대가로 소득을 얻는다.
④ 기업은 물건을 생산하여 판매하거나 서비스를 제공해 이윤을 얻는다.
⑤ 가계의 생산과 소비 활동은 기업의 생산 및 이윤 추구와 아무런 관계가 없다.

4 합리적인 소비를 하기 위해 고려해야 할 점을 보기 에서 두 가지 골라 기호를 쓰시오.

보기
㉠ 좋은 물건을 사기 위해 고려해야 할 선택 기준을 세운다.
㉡ 우선순위를 생각해 어떤 물건을 먼저 살 것인지 결정해 본다.
㉢ 가계의 소득을 넘어서더라도 가장 큰 만족을 얻을 수 있는 것을 선택한다.
㉣ 선택 기준에 따라 여러 물건을 비교하고 평가해서 가장 비싼 것을 선택한다.

(,   )

다음 그림을 보고, 물음에 답하시오. [5~6]

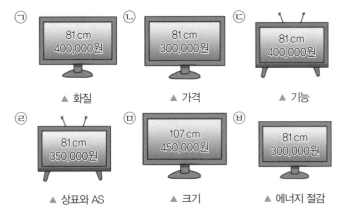

5 위의 ㉣의 텔레비전의 장점은 무엇입니까? (   )

① 크기가 크다.
② 디자인이 예쁘다.
③ 가격이 가장 저렴하다.
④ 무상 관리(A/S)를 받을 수 있다.
⑤ 화질이 좋은 최신형 텔레비전이다.

6 환경을 고려하는 소비자라면 어떤 텔레비전을 선택할지 쓰시오.

(   )

7 다음과 같은 소비 형태를 무엇이라고 합니까?
(　　　)

생산자의 노동에 정당한 대가를 지불해 생산한 공정 무역 초콜릿을 구입했어요.

① 과소비
② 과시 소비
③ 가치 소비
④ 모방 소비
⑤ 충동 소비

8 학용품 회사에서 필통을 생산하려고 할 때, 합리적 의사 결정을 위해 고려해야 할 요소가 <u>아닌</u> 것은 어느 것입니까? (　　　)

① 필통의 용도
② 연도별 필통 판매량
③ 필통 종류별 판매 순위
④ 연도별 필통 제조 회사 수
⑤ 필통을 만드는 회사별 가격과 생산 비용

9 기업 기획 회의에 참석한 직원들의 의견으로 알맞지 <u>않은</u> 것은 어느 것입니까? (　　　)

① 우리 물건의 장단점은 무엇일까요?
② 물건을 어떻게 홍보하면 좋을까요?
③ 우리 회사 직원들의 수는 얼마나 될까요?
④ 물건을 생산하는 데 드는 비용을 어떻게 줄일 수 있을까요?
⑤ 소비자가 편리하게 사용할 수 있는 모양과 재질은 무엇일까요?

10 기업의 합리적 선택이 필요한 까닭은 무엇인지 쓰시오.

_____

_____

11 다음 내용과 관련 <u>없는</u> 모습은 어느 것입니까?
(　　　)

가계와 기업은 다양한 형태의 시장에서 만난다.

①
▲ 전통 시장

②
▲ 대형 할인점

③
▲ 은행

④
▲ 인터넷 쇼핑

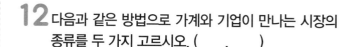

12 다음과 같은 방법으로 가계와 기업이 만나는 시장의 종류를 두 가지 고르시오. (　　 ,　　)

기업이 생산품을 제공하면 가계는 집이나 인터넷을 활용할 수 있는 곳에서 물건을 구입한다.

① 백화점
② 대형 할인점
③ 전통 시장
④ 텔레비전 홈 쇼핑
⑤ 인터넷 쇼핑

13 다음에서 설명하는 시장과 관계 깊은 것을 두 가지 고르시오. (　　 ,　　)

시장에서는 손으로 만질 수 있는 물건뿐만 아니라 눈에 보이지 않는 것도 거래한다.

① 5일장
② 백화점
③ 주식 시장
④ 외환 시장
⑤ 농수산물 도매 시장

다음은 경제 활동의 자유를 나타낸 것입니다. 물음에 답하시오. [14~15]

- 빵을 만들어 팔고 있는 사람
- 월급을 저축하려고 하는 사람
- 과자 공장을 지으려고 생각하는 사람
- 과학자와 경찰관이 되려고 열심히 공부하는 학생

14 위 내용에서 알 수 있는 경제 활동의 자유가 아닌 것은 어느 것입니까? (   )

① 직업 선택의 자유
② 직업 활동의 자유
③ 생산 활동의 자유
④ 소득을 자유롭게 사용할 자유
⑤ 가격을 마음대로 올려 받을 수 있는 자유

서술형

15 위와 같이 사람들이 자유롭게 경제 활동을 하는 까닭은 무엇인지 쓰시오.

_____

_____

16 다음 빈칸에 공통으로 들어갈 우리나라 경제 체제의 특징은 무엇인지 쓰시오.

개인은 더 좋은 일자리를 얻으려고 다른 사람과 서로 [   ]하고, 기업은 보다 더 많은 이윤을 얻으려고 다른 기업과 서로 [   ]한다.

(   )

중요

17 경제 활동에서 자유와 경쟁이 우리 생활에 주는 도움으로 알맞지 않은 것은 어느 것입니까? (   )

① 기업에게서 좋은 서비스를 받을 수 있다.
② 소비자가 원하는 조건의 물건을 살 수 있다.
③ 자신의 재능과 능력을 더 잘 발휘할 수 있다.
④ 인기 연예인이 나오는 광고를 많이 볼 수 있다.
⑤ 기술을 개발해 더 우수한 품질의 물건을 사용할 수 있다.

다음 그림을 보고, 물음에 답하시오. [18~19]

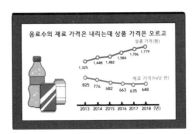

18 위와 같은 현상이 발생하는 이유로 알맞은 것은 어느 것입니까? (   )

① 음료수를 홍보하지 않기 때문이다.
② 음료수를 만드는 회사가 많기 때문이다.
③ 음료수의 맛이 점점 좋아지기 때문이다.
④ 음료수의 가격을 나라에서 마음대로 정하기 때문이다.
⑤ 음료수를 만드는 회사끼리 가격을 마음대로 올리기 때문이다.

서술형

19 위의 음료수 가격이 오르는 문제를 해결하기 위해 우리가 할 수 있는 일을 쓰시오.

_____

_____

20 기업 간의 불공정한 경제 활동으로 생기는 문제를 해결하고 경제 활동이 공정하게 이루어질 수 있도록 정부에서 만든 기관은 무엇인지 쓰시오.

(   )

2회 실력을 쌓아요

2. ❶ 우리나라 경제 체제의 특징

1 다음과 같은 일을 하는 곳은 어디입니까?

- 가계에 일자리와 소득을 제공한다.
- 사람들이 생활하는 데 필요한 물건을 생산하여 판매하거나 서비스를 제공해 이윤을 얻는다.

( )

다음 그림을 보고, 물음에 답하시오. [2~3]

2 위와 같이 사람들이 살아가는 데 필요한 물건과 생활에 편리함을 주는 서비스를 생산, 분배, 소비하는 모든 활동을 무엇이라고 하는지 쓰시오.

( )

중요

3 위 그림을 보고, 알 수 있는 사실이 <u>아닌</u> 것은 어느 것입니까? ( )

① 가계는 다양한 생산 활동에 참여한다.
② 가계와 기업이 하는 일은 서로에게 도움이 된다.
③ 가계는 생산 활동만 하고 소비 활동은 하지 않는다.
④ 가계와 기업은 시장에서 물건과 서비스를 거래한다.
⑤ 가계의 생산과 소비 활동은 기업의 생산 및 이윤 추구와 밀접한 관계가 있다.

4 합리적 소비로 볼 수 <u>없는</u> 것은 어느 것입니까?

( )

① 환경을 보호할 수 있는 물건을 선택한다.
② 우선순위를 생각해 먼저 살 물건을 정한다.
③ 적은 비용으로 가장 큰 만족을 얻도록 소비한다.
④ 품질과 디자인이 비슷하다면 비싼 물건을 구입한다.
⑤ 선택 기준에 따라 여러 물건을 비교하고 평가해서 가장 좋은 것을 선택한다.

5 운동화를 구입할 때 합리적 선택을 위해 고려해야 할 선택 기준에는 어떤 것이 있는지 두 가지 쓰시오.

( )

주의

6 가계의 합리적 선택에서 가장 중요한 것은 무엇입니까? ( )

① 이윤을 높이는 것
② 만족감을 높이는 것
③ 최대한 많이 사는 것
④ 가장 싼 제품을 사는 것
⑤ 최신 유행 제품을 사는 것

7 다음에서 설명하는 것은 무엇인지 쓰시오.

생산자의 노동에 정당한 대가를 지불하면서 소비자에게는 좀 더 좋은 물건을 공급하는 윤리적인 무역이다.

( )

8 학용품 회사 사장의 고민으로 알맞지 <u>않은</u> 것은 어느 것입니까? (　　　)

① 어떤 학용품을 만들어야 잘 팔릴까?
② 학용품의 색깔과 모양은 어떻게 디자인할까?
③ 이윤을 가장 많이 남기려면 어떻게 해야 할까?
④ 어떻게 하면 학용품 가격을 마음대로 올릴 수 있을까?
⑤ 학용품을 만드는 데 얼마만큼의 돈과 노력이 필요할까?

 서술형

9 기업이 합리적 선택을 위해 고민하는 까닭을 쓰시오.

_____

_____

 중요

10 다음 빈칸에 들어갈 알맞은 말은 무엇인지 쓰시오.

다른 기업보다 많은 [　　　]을 얻기 위해 적은 비용으로 많은 수입을 얻을 수 있도록 합리적 선택을 한다.

(　　　　　　　)

 주의

11 시장에 대한 설명으로 알맞은 것을 두 가지 고르시오. (　　,　　)

① 주로 물건을 생산하는 곳이다.
② 가계와 기업은 시장을 통해 만난다.
③ 물건을 구입하려면 직접 시장에 가야만 한다.
④ 시장에서는 손으로 만질 수 있는 물건만 판다.
⑤ 시장에서는 사려고 하는 사람과 팔려고 하는 사람이 주로 물건을 거래한다.

 서술형

12 다음과 같은 시장을 이용할 때의 장점과 단점을 각각 쓰시오.

▲ 텔레비전 홈 쇼핑　　　　▲ 인터넷 쇼핑

(1) 장점: _____

(2) 단점: _____

13 시장의 종류가 <u>다른</u> 하나는 어느 것입니까?
(　　　)

① 백화점
② 전통 시장
③ 외환 시장
④ 대형 할인점
⑤ 농수산물 도매 시장

14 우리나라 경제 체제의 특징으로 알맞지 <u>않은</u> 것은 어느 것입니까? (   )

① 직업 선택의 자유가 있다.
② 소득을 자유롭게 사용할 수 있다.
③ 자신의 이익을 얻으려고 경쟁한다.
④ 자신의 재능과 능력을 더 잘 발휘할 수 있다.
⑤ 기업이 무엇을 생산하고 판매할지 정부에서 정해 준다.

🌷 다음 그림을 보고, 물음에 답하시오. [15~16]

▲ 개인의 경제 활동　　　▲ 기업의 경제 활동

15 위 그림에서 알 수 있는 우리 경제의 특징은 무엇인지 쓰시오.

(   )

16 위 ⓒ에서 식당 주인들이 그림과 같은 행동을 하는 까닭은 무엇인지 쓰시오.

_____

17 기업이 상품을 많이 팔기 위해 노력하는 일을 두 가지 고르시오. (,   )

① 디자인을 더 예쁘게 만든다.
② 다른 기업보다 무조건 싸게 판다.
③ 팔리지 않더라도 생산량을 계속 늘린다.
④ 소비자가 좋아하는 상품을 조사해 만든다.
⑤ 품질 개선보다는 광고에 많은 돈을 지출한다.

18 음료수를 특정 회사에서만 만들 때 생길 수 있는 일은 무엇입니까? (   )

① 음료수 맛이 좋아진다.
② 음료수를 만드는 회사가 큰 손해를 본다.
③ 소비자들은 다양한 음료수를 먹을 수 있다.
④ 여러 회사에서 만들 때보다 음료수 가격이 내려간다.
⑤ 음료수를 생산하는 기업끼리 의논해서 가격을 올릴 수 있다.

19 다음 빈칸에 들어갈 알맞은 말을 쓰시오.

> 우리 경제에서 기업들은 자유롭게 경제 활동을 할 수 있지만 기업에서 공정하지 않은 행동을 하면 다른 기업이나 [   ]에게 피해를 줄 수 있다.

(   )

20 공정하지 못한 경제 활동을 바로잡으려고 정부가 하는 일이 <u>아닌</u> 것은 어느 것입니까? (   )

① 기업끼리 가격을 상의해 올릴 수 없도록 감시한다.
② 기업이 허위·과장 광고를 하지 못하도록 감시한다.
③ 여러 회사에서 제품을 만들어 팔 수 있도록 지원한다.
④ 재판을 하여 공정하지 못한 경제 활동을 한 사람에게 벌을 준다.
⑤ 특정 기업에서만 물건을 만들어 가격을 마음대로 올리지 못하도록 감시한다.

1 다음 그림을 보고, 물음에 답하시오.

(1) 위 그림에서 알 수 있는 가계와 기업의 경제 활동 모습을 쓰시오.

_____

_____

(2) 위 그림에서 알 수 있는 시장의 역할을 쓰시오.

_____

관련 핵심 개념

가계와 기업이 하는 일

가계	• 기업의 생산 활동에 참여함. • 생산 활동의 대가로 소득을 얻음. • 소득으로 필요한 물건을 구입함.
기업	생산 활동으로 만든 물건을 판매하거나 서비스를 제공해 이윤을 얻음.

2 다음 그림을 보고, 물음에 답하시오.

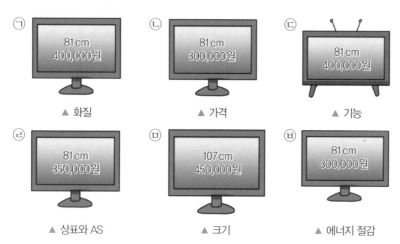

ⓒ 81 cm 400,000원 ▲ 화질

ⓛ 81 cm 300,000원 ▲ 가격

ⓒ 81 cm 400,000원 ▲ 기능

ⓔ 81 cm 350,000원 ▲ 상표와 AS

ⓜ 107 cm 450,000원 ▲ 크기

ⓗ 81 cm 300,000원 ▲ 에너지 절감

(1) 위 그림에서 ⓔ 텔레비전의 장점은 무엇인지 쓰시오.

_____

(2) 내가 텔레비전을 고른다면 가장 우선적으로 고려해야 할 기준은 무엇인지 쓰고 그 까닭도 쓰시오.

_____

_____

관련 핵심 개념

가계의 합리적 선택

가계의 합리적 선택에서 가장 중요한 것은 만족감을 높이는 것입니다. 디자인과 상표의 선호도를 중요하게 생각하는 경우에는 가격이 더 비싼 물건을 선택하기도 합니다.

3 다음은 가계와 기업이 만나는 시장입니다. 물음에 답하시오.

▲ 전통 시장

▲ 인터넷 쇼핑

(1) 위 ㉠, ㉡ 시장에서 가계와 기업이 만나는 방법이 어떻게 다른지 쓰시오.

_____

_____

_____

(2) 위 ㉠, ㉡ 시장의 장점은 무엇인지 각각 쓰시오.

_____

_____

관련 핵심 개념

시장에서 가계와 기업이 만나는 방법

• 기업은 전통 시장이나 대형 할인점에 생산품을 제공하고 가계는 시장에서 생산품을 보고 구입할 수 있습니다.

• 기업은 텔레비전 홈 쇼핑이나 인터넷 쇼핑에 생산품을 제공하고 가계는 집이나 인터넷을 활용할 수 있는 곳에서 물건을 구입할 수 있습니다.

2 단원

4 다음 그림을 보고, 물음에 답하시오.

▲ 기업의 경쟁

▲ 개인의 경쟁

(1) 위 ㉡에서 개인들이 경쟁하는 까닭은 무엇인지 쓰시오.

_____

_____

(2) 위 ㉠, ㉡에서 알 수 있는 우리나라 경제 체제의 특징을 쓰시오.

_____

_____

관련 핵심 개념

경제 활동의 자유와 경쟁

자유	직업 활동의 자유, 직업 선택의 자유, 소득을 자유롭게 사용할 자유, 기업 활동의 자유 등
경쟁	직업을 얻으려는 개인의 경쟁, 이윤을 얻으려는 기업 간의 경쟁 등

탐구 서술형 평가 2회

1 다음 글을 읽고, 물음에 답하시오.

> 자신이 추구하는 가치를 지키면서 합리적으로 소비하는 ⓐ 가 널리 퍼지고 있다. ○○ 슈즈는 한 켤레를 살 때마다 빈곤 국가에 한 켤레의 신발을 기부한다는 철학으로 사람들의 소비를 이끌어 냈다.

(1) 위 글의 ⓐ에 들어갈 알맞은 말은 무엇인지 쓰시오.

( )

(2) 우리들이 생활에서 위 ⓐ을 실천하는 사례를 쓰시오.

_____

관련 핵심 개념

가치 소비

가격이 조금 더 비싸더라도 환경이나 인권 보호 활동에 참여한다는 만족감으로 그와 관계있는 물건을 구입하는 것입니다.

2 다음 학용품 회사에서 필통을 생산하려고 조사한 자료를 보고, 물음에 답하시오.

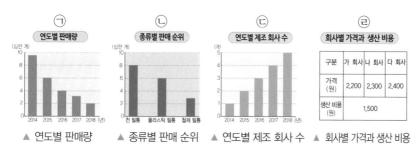

▲ 연도별 판매량 ▲ 종류별 판매 순위 ▲ 연도별 제조 회사 수 ▲ 회사별 가격과 생산 비용

(1) 위 자료를 항목별로 분석하고 그 내용을 쓰시오.

ⓐ 연도별 판매량	
ⓑ 종류별 판매 순위	
ⓒ 연도별 제조 회사 수	
ⓓ 회사별 가격과 생산 비용	

(2) 위 자료를 바탕으로 회사에서는 어떤 필통을 어떻게 생산해야 하는지 쓰시오.

_____

_____

관련 핵심 개념

기업의 합리적 의사 결정

• 기업에서는 소비자가 어떤 물건을 좋아하는지 분석해 물건을 많이 팔 방법을 생각합니다.

• 기업은 적은 비용으로 많은 이윤을 남기도록 합리적 선택을 해야 합니다.

3 자유롭게 경쟁하는 다음 경제 활동 모습을 보고, 물음에 답하시오.

ⓐ 내가 하고 싶은 일을 하면서 더 즐겁게 일할 수 있어요.

ⓒ 고객님께서 찾으시는 텔레비전입니다.

ⓑ 무료로 배달해 드리겠습니다. 파격 할인

ⓓ 기술을 개발해 새로운 물건을 만들어야겠어.

(1) 위 그림을 보고, 경제 활동에서 자유와 경쟁이 우리 생활에 주는 도움을 쓰시오.

_____

_____

(2) 위 ⓓ과 같은 기업들의 활동이 우리 경제에 미치는 영향을 쓰시오.

_____

관련 핵심 개념

경제 활동에서 자유와 경쟁이 주는 도움

• 소비자는 기업들의 자유로운 경쟁을 통해 만들어진 다양한 물건을 살 수 있어 더 큰 만족을 얻을 수 있습니다.

• 기업에서는 노력한 만큼 이윤을 많이 남길 수 있으므로 더 좋은 물건을 만들려고 기술을 개발하며 그 과정에서 우리나라 전체의 경제도 발전합니다.

2
단원

4 오른쪽 그림을 보고, 물음에 답하시오.

(1) 오른쪽 그림에서 알 수 있는 문제점은 무엇인지 쓰시오.

우리 세 회사에서만 음료수를 생산하니 가격을 올리도록 합시다.

A음료 회사 B음료 회사 C음료 회사

_____

_____

(2) 위 (1)과 같은 문제점을 해결하기 위해 정부에서 하는 일을 쓰시오.

_____

_____

관련 핵심 개념

음료수 재료의 가격이 내렸는데도 음료수의 가격이 오르는 이유

• 음료수를 만드는 회사가 적기 때문입니다.

• 음료수를 만드는 회사끼리 음료수 가격을 마음대로 올리기 때문입니다.

❷ 우리나라의 경제 성장 (1)

🟦 6·25 전쟁 이후 경제 성장 모습

① 6·25 전쟁 직후 우리나라의 경제

- 1950년대에는 다른 나라의 도움을 받아 **농업 중심의 산업 구조를 공업 중심의 산업 구조로 변화**시키려고 노력했습니다.
- 식료품 공업, 섬유 공업 등 소비재 산업이 주로 발전했습니다.

② 1960년대 경제 성장을 위한 노력 [자료 ❶] → 기업이 제품을 생산하고 운반해 수출할 수 있도록 하기 위한 것입니다.

정부의 노력	• 1962년에 경제 개발 5개년 계획을 세움. • 정유 시설, 발전소, 고속 국도, 항만 등을 많이 건설함.
민간의 노력	• 기업은 섬유, 신발, 가발, 의류 등과 같은 **경공업** 제품을 만들어 **수출**하며 성장함. ┌선진국보다 자원과 기술은 부족했지만 노동력은 풍부했기 때문입니다. • 기업은 많은 노동력이 필요한 제품을 낮은 가격으로 생산해 수출하면서 빠르게 성장할 수 있었음. → 가계의 소득도 점점 증가함.

🟦 1970년대 이후 경제 성장 모습 [자료 ❷]

① 중화학 공업을 발전시키려는 정부의 노력 → 중화학 공업은 경공업보다 많은 돈과 높은 기술력이 필요한 산업입니다.

- 1973년에 정부는 **중화학 공업** 육성 계획을 발표하고 철강, 석유 화학, 기계, 조선, 전자 등의 산업을 성장시키려고 노력했습니다.
- 높은 기술력을 갖추려고 교육 시설과 연구소 등을 설립했습니다.
- 기업에 돈을 빌려줘 각종 산업에 참여할 수 있도록 지원했습니다.
- 중화학 공업 중에서도 제품을 생산하는 데 필요한 재료를 만드는 **철강 산업과 석유 화학 산업을 빠르게 발전**시켰습니다. →제품을 만드는 데 필요한 재료를 대부분 다른 나라에서 수입해야 했기 때문입니다.

② 조선 산업의 발전: 1970년대에 현대화된 대형 조선소를 건설하면서 세계 시장에 진출하는 등 조선 산업이 크게 성장하였습니다. ┐1973년에 최초로 해외에서 주

③ 자동차, 기계, 전자 산업의 성장 문을 받아 대형 선박을 만들기 시작했으며 이후 세계에서 기술력을 인정받으면서 조선 산업은 수출을 이끄는 산업으로 성장했습니다.

- 자동차 산업은 1980년대에 제품을 수출하면서 크게 성장했습니다.
- 기계 산업, 전자 산업도 크게 발전해 정밀 기계, 기계 부품, 텔레비전 등이 주요 수출품으로 자리 잡았습니다.

④ 산업 구조가 경공업에서 중화학 공업 중심으로 바뀌면서 수출액과 국민 총소득이 빠르게 증가해 생활 수준이 향상되었습니다. [자료 ❸]

🟦 1990년대 이후 경제 성장 모습 →새로운 산업의 발달로 국제 사회에서 위상이 높아졌고 국민 개개인의 생활도 더욱 풍요롭고 편리해지고 있습니다.

1990년대 [자료 ❹]	• 1996년에 우리나라는 반도체 세계 판매량 2위를 달성하며 반도체 강국이 됨. →우리나라 기업들은 1970년대부터 반도체 연구를 시작했습니다. • 1990년대 후반부터 전국에 걸쳐 초고속 정보 통신망을 만듦.
2000년대 이후	• 고도의 기술이 필요한 첨단 산업이 발달하고 있음. ⑩ 생명 공학, 우주 항공, 신소재 산업, 로봇 산업 등 • 사람들을 즐겁고 편리하게 해 주는 서비스 산업도 빠르게 발달하고 있음. ⑩ 문화 콘텐츠 산업, 의료 서비스 산업 등

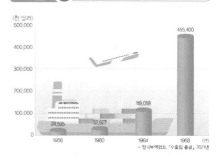

자료 ❶ 연도별 수출액(1950~1960년대)

- 1960년대 이후 경공업 제품을 생산해 해외로 많이 수출했기 때문입니다.

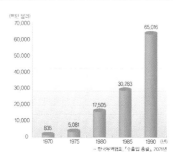

자료 ❷ 연도별 수출액(1970~1990년)

- 1975년 이후 중화학 공업 제품들이 본격적으로 수출되면서 수출액이 급격하게 증가했습니다.

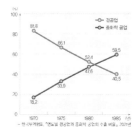

자료 ❸ 연도별 공업의 수출 비중

- 1970년에는 경공업의 비중은 80%이었으나 1985년에는 중화학 공업의 비중이 59.5%로 경공업보다 커졌습니다.

자료 ❹ 1990년대 컴퓨터 관련 산업의 발달

- 1990년대에는 개인용 컴퓨터 보급이 확대되었고 관련 산업들이 생겨나기 시작했습니다.
- 컴퓨터와 전자 제품에 들어가는 핵심 부품인 반도체의 중요성이 커졌습니다.

6·25 전쟁 직후 우리나라의 경제 상황
- 6·25 전쟁으로 산업 시설들이 대부분 파괴되었고 국토 전체가 폐허로 변했습니다.
- 파괴된 여러 시설들을 복구하고 경제적으로 자립하려고 공업 발전에 힘을 모았습니다.

1960년대 정부의 기업 지원
- 제품을 수출하는 기업들의 세금을 내려 주었습니다.
- 기업들이 다양한 나라에 여러 가지 제품들을 쉽게 수출할 수 있도록 지원했습니다.

우리나라의 국내 총생산과 1인당 국민 총소득의 변화

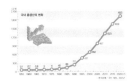 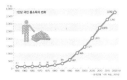

▲ 국내 총생산의 변화   ▲ 1인당 국민 총소득의 변화

- 국내 총생산: 일정 기간에 한 나라 안에서 생산된 물건과 서비스의 양을 돈으로 계산해 합한 것 → 1960년대에는 낮았던 우리나라의 국내 총생산 금액이 해마다 증가하여 2015년에는 1,500조를 넘었습니다.
- 1인당 국민 총소득: 일정 기간에 한 나라의 국민이 벌어들인 소득을 그 나라의 인구로 나눈 것 → 지난 60년간 큰 폭으로 증가했습니다.

용어 풀이
❶ 경제 개발 5개년 계획(經 지날 경 濟 건널 제 開 열 개 發 필 발 五 다섯 오 個 낱 개 年 해 년 計 셀 계 劃 그을 획) 경제 발전을 위해 1962년부터 1986년까지 5년 단위로 추진한 경제 계획
❷ 경공업(輕 가벼울 경 工 장인 공 業 업 업) 식료품, 섬유, 종이 등 비교적 가벼운 물건을 만드는 산업
❸ 중화학 공업(重 무거울 중 化 될 화 學 배울 학 工 장인 공 業 업 업) 철, 배, 자동차 등 무거운 제품이나 플라스틱, 고무 제품, 화학 섬유 제품을 생산하는 산업

2 단원

1. 우리나라는 1950년대에 다른 나라의 도움을 받아 농업 중심의 산업 구조를 □□ 중심의 산업 구조로 변화시키려고 노력했습니다.

2. 1950년대에는 생활에 필요한 물품을 만드는 식료품 공업, 섬유 공업 등 □□□ 산업이 주로 발전했습니다.

3. 1960년대에 정부가 정유 시설, 발전소, 고속 국도, 항만 등을 많이 건설한 것은 기업이 제품을 생산하고 운반해 □□할 수 있도록 하기 위한 것입니다.

4. 1960년대에 기업은 섬유, 신발, 가발, 의류 등과 같은 □□□ 제품을 만들어 수출하며 성장했습니다.

5. 1973년에 정부는 □□□ 공업 육성 계획을 발표하고 철강, 석유 화학, 기계, 조선, 전자 등의 산업을 성장시키려고 노력했습니다.

6. 1970년대에 정부는 중화학 공업 중에서도 제품을 생산하는 데 필요한 재료를 만드는 □□ 산업과 석유 화학 산업을 빠르게 발전시켰습니다.

7. □□□ 산업은 1980년대에 제품을 수출하면서 크게 성장했습니다.

8. 1996년에 우리나라는 □□□ 세계 판매량 2위를 달성하였습니다.

9. □□□□ 년대 후반부터 정부와 기업은 전국에 걸쳐 초고속 정보 통신망을 만들었습니다.

10. □□□□ 년대 이후에는 생명 공학, 로봇 산업 등의 고도의 기술이 필요한 첨단 산업과 문화 콘텐츠 산업 등이 빠르게 발달하고 있습니다.

② 우리나라의 경제 성장 (2)

4 경제 성장에 따른 사회 변화 [자료 5]

① 경제 성장에 따른 정보 통신의 변화 모습

- 1970년대에는 가격이 비싼 전화기를 구입해 사용할 만큼 형편이 넉넉하지 않은 가정이 많아 쉽게 전화기를 가질 수 없었습니다.
- 경제 성장으로 스마트폰을 구입해 사용하는 사람들이 많아지면서 이전보다 쉽고 편리하게 다른 사람과 의사소통을 할 수 있게 되었습니다.

② 오늘날 경제 성장으로 변화한 우리 사회의 모습 [자료 6]

- 해외로 여행을 떠나는 사람들이 점차 늘어나고 있습니다.
- 세계인이 모이는 다양한 국제 행사가 우리나라에서 열립니다.
- 우리나라의 대중가요, 드라마 등 문화와 관련한 상품들이 해외에서 인기를 얻으며 세계적으로 한류가 나타났습니다. → 우리 문화에 관심 있는 외국인들은 우리나라를 여행하고 한국말을 배우며 한국 문화를 즐기고 있습니다.

5 경제 성장 과정에서 나타난 문제점과 해결 노력
→ 우리나라는 짧은 기간에 크게 성장하면서 다양한 사회 문제와 위기를 겪기도 했습니다.

① 빈부 격차(경제적 양극화) 문제 [자료 7]

- 가난한 사람과 부유한 사람 사이의 소득 차이가 점점 커졌습니다.
- 정부와 시민 단체의 해결 노력

정부	• 국민 기초 생활 보장법, 장애인 복지법, 임대 주택법 등 여러 복지 정책을 법률로 정해 사회적 약자를 보호함. • 가난한 가족들에게 생계비와 양육비, 학비를 지원함.
시민 단체	저소득층, 홀로 사는 노인, 장애인 등 사회적 약자를 보호하고자 다양한 봉사 활동을 함.

→ 소득이 많지 않더라도 교육의 불평 등이 발생하지 않도록 노력합니다.

② 노사 갈등 → 경제 상황에 따라 불안한 일자리 때문에 걱정하는 사람과 원하는 일자리를 찾지 못하는 사람이 많아졌습니다.

- 근로자와 경영자 사이에 갈등이 확산되기도 합니다.
- 정부의 해결 노력
  - 기업이 안정적인 일자리를 많이 만들 수 있도록 도와줍니다.
  - 서로 대화하고 타협해 임금을 조정하도록 중재합니다.

③ 환경 오염 문제 → 경제 개발로 공기와 물, 땅 등의 환경이 오염되고 에너지 자원도 부족해졌습니다.

- 공장 매연과 자동차 배기가스로 미세 먼지가 많아졌습니다.
- 에너지를 생산하면서 오염 물질이 발생하고 있습니다.
- 정부, 기업, 시민의 해결 노력

정부	• 기업들이 친환경 제품을 생산하도록 지원함. • 시민들이 친환경 제품을 사용하도록 알림.
기업	• 친환경 제품을 개발하여 생산함. • 제품을 생산할 때 나오는 오염 물질을 줄이려고 노력함.
시민 단체	• 환경 보호 운동과 에너지 절약 캠페인에 참여함. • 일회용품을 쓰지 않고 가까운 거리는 걸어다님.

→ 전기 자동차 보급을 위한 지원 정책을 추진합니다.

[자료 5] 경제 성장으로 변화한 우리 생활 모습

▲ 1960년대 흑백텔레비전 보급 ▲ 1970년대 고속 국도 개통

▲ 1980년대 컴퓨터 보급 ▲ 1990년대 승용차 증가

▲ 2000년대 고속 철도 개통 ▲ 2010년대 인터넷 쇼핑 증가

- 누구나 쉽게 통신, 교통 수단을 이용할 수 있게 되었습니다.
- 국민 개개인의 삶이 풍족해지고 편리해졌습니다.

[자료 6] 우리 사회의 모습이 변화한 까닭

- 해외여행: 가계의 소득이 증가해 여가를 즐기려는 사람들이 늘어났기 때문입니다.
- 한류: 엔터테인먼트 산업과 방송 산업이 발달하면서 우수한 콘텐츠가 많이 만들어졌기 때문입니다.
- 국제 행사 개최: 다양한 문화와 상품을 홍보하며 경제적으로 교류할 수 있기 때문입니다.

[자료 7] 경제적 양극화의 문제

- 원하는 교육을 받을 수 있는 기회가 재산에 따라 달라집니다.
- 경제적으로 형편이 어려운 사람들은 인간다운 삶을 살지 못할 수도 있습니다.

우리 사회가 겪은 문제점과 그것을 해결하려는 노력

- 1960년대 이후 농촌 사람들이 도시로 이동해 농촌에 일손이 부족해졌습니다.
- 1994~1995년에 한강 다리와 백화점이 무너져 많은 사람이 죽거나 다쳤습니다.
- 1997년에 우리나라는 다른 나라에서 빌린 돈을 갚지 못해 외환 위기를 겪으며 경제가 어려워져 많은 회사가 문을 닫았고 실업자 수가 크게 증가했지만 국민, 기업, 정부가 함께 힘을 모아 극복했습니다.

경제적으로 어려운 사람을 돕는 까닭

- 사람들의 인권을 보호하기 위해서입니다.
- 가난한 사람에게도 경제적으로 발전할 수 있는 기회를 공평하게 제공하기 위해서입니다.

경제 성장 과정에서 나타난 문제점 해결 방안

- 친환경 제품을 사용합니다.
- 상대방의 입장을 이해하고 배려하는 마음을 가져야 합니다.
- 국가, 기업, 개인 모두가 노력해야 합니다.
- 사회적 약자를 배려해야 합니다.

용어 풀이

- ❹ **한류**(韓 한국 한 流 흐를 류) 우리나라의 영화, 드라마, 대중가요 등 우리 문화가 전 세계로 확산하는 현상
- ❺ **임대**(賃 품삯 임 貸 빌릴 대) 돈을 받고 자기의 물건을 남에게 빌려줌.
- ❻ **생계비**(生 날 생 計 셀 계 費 쓸 비) 생활하는 데 드는 비용
- ❼ **인권**(人 사람 인 權 권세 권) 인간으로서 당연히 가지는 기본적 권리

11 경제 성장으로 ☐☐☐☐을 구입해 사용하는 사람들이 많아지면서 이전보다 쉽고 편리하게 다른 사람과 의사소통을 할 수 있게 되었습니다.

12 경제가 성장하면서 해외로 ☐☐을 떠나는 사람들이 많아졌습니다.

13 오늘날 경제 성장으로 우리나라의 대중가요, 드라마 등 문화와 관련한 상품들이 해외에서 인기를 얻으며 세계적으로 ☐☐가 나타났습니다.

14 ☐☐는「국민 기초 생활 보장법」,「장애인 복지법」,「임대 주택법」등 여러 복지 정책을 법률로 정해 사회적 약자를 보호합니다.

15 ☐☐☐는 저소득층, 홀로 사는 노인, 장애인 등을 보호하고자 다양한 봉사 활동을 합니다.

16 정부는 ☐☐이 안정적인 일자리를 많이 만들 수 있도록 도와줍니다.

17 정부는 ☐☐☐을 해결하고자 근로자와 기업이 민주적으로 서로 대화하고 타협해 임금을 조정하도록 중재하기도 합니다.

18 경제 개발로 공기와 물, 땅 등의 ☐☐이 오염되었습니다.

19 정부는 환경 오염 문제를 해결하기 위해서 기업들이 ☐☐☐ 제품을 생산하도록 지원합니다.

20 정부, 기업, ☐☐들은 환경을 먼저 생각하고 보호하기 위해 다양한 노력을 하고 있습니다.

핵심 1   1960~1980년대 경제 성장 모습

1960 년대	• 1962년에 경제 개발 5개년 계획을 세움. • 정유 시설, 발전소, 고속 국도, 항만 등을 많이 건설함. • 자원과 기술은 부족하였으나 노동력이 풍부해 섬유, 신발, 가발, 의류 등과 같은 경공업 제품을 만들어 수출함.
1970 년대	• 1973년에 중화학 공업 육성 계획을 발표함. • 제품의 재료를 만드는 철강 산업과 석유 화학 산업을 빠르게 발전시킴. • 현대화된 대형 조선소를 건설하면서 조선 산업이 크게 성장함.
1980 년대	• 자동차 수출로 자동차 산업이 크게 성장함. • 기계 산업, 전자 산업도 크게 발전해 정밀 기계, 기계 부품, 텔레비전 등이 주요 수출품으로 자리잡음.

1   다음 내용에 해당하는 시기는 언제입니까? (   )

> • 정유 시설, 발전소, 고속 국도, 항만 등이 많이 건설되었다.
> • 섬유, 신발, 가발, 의류 등과 같은 경공업 제품을 만들어 수출하였다.

① 1950년대   ② 1960년대
③ 1970년대   ④ 1980년대
⑤ 1990년대

2   1970년대 우리 경제의 성장 모습으로 알맞지 <u>않은</u> 것은 어느 것입니까? (   )

① 자동차 산업이 크게 성장하였다.
② 현대화된 대형 조선소를 건설하였다.
③ 정부는 1973년에 중화학 공업 육성 계획을 발표하였다.
④ 정부는 높은 기술력을 갖추려고 교육 시설과 연구소 등을 설립했다.
⑤ 철강, 석유 화학, 기계, 조선, 전자 등의 산업을 성장시키려고 노력하였다.

핵심 2   1990년대 이후 경제 성장 모습

1990 년대	• 1996년에 우리나라는 반도체 세계 판매량 2위를 달성함. • 1990년대 후반부터 초고속 정보 통신망을 만듦. → 다양한 인터넷 기업이 생겨났으며 기존에 발달했던 산업들도 정보 통신 기술의 영향으로 더욱 발전함.
2000 년대 이후	• 생명 공학, 우주 항공, 신소재 산업, 로봇 산업과 같이 고도의 기술이 필요한 첨단 산업이 발달하고 있음. • 문화 콘텐츠 산업, 의료 서비스 산업, 관광 산업, 금융 산업 등 다양한 서비스 산업도 빠르게 발달하고 있음.

3   1990년대에 우리나라에서 크게 발전한 산업을 두 가지 고르시오. (,   )

① 가발 산업   ② 소비재 산업
③ 반도체 산업   ④ 석유 화학 산업
⑤ 정보 통신 산업

4   2000년대 이후에 발달한 산업이 <u>아닌</u> 것은 어느 것입니까? (   )

①
▲ 로봇 산업

②
▲ 신소재 산업

③
▲ 철강 산업

④
▲ 문화 콘텐츠 산업

핵심 3 경제 성장에 따른 사회 변화

✽ 경제 성장에 따른 정보 통신의 변화 모습

1970 년대	가격이 비싼 전화기를 구입해 사용할 만큼 형편이 넉넉하지 않은 가정이 많아 쉽게 전화기를 가질 수 없었음.
오늘날	스마트폰을 구입해 사용하는 사람들이 많아지면서 이전보다 쉽고 편리하게 다른 사람과 의사소통을 함.

✽ 오늘날 경제 성장으로 변화한 우리 사회의 모습

- 해외로 여행을 떠나는 사람들이 많아졌습니다.
- 세계인이 모이는 다양한 국제 행사가 우리나라에서 열리게 되었습니다.
- 우리나라의 대중가요, 드라마 등 문화와 관련한 상품들이 해외에서 인기를 얻으며 세계적으로 한류가 나타났습니다.

5 경제성장으로 변화한 사회 모습을 <u>잘못</u> 연결한 것은 어느 것입니까? (　　　)

① 1960년대 – 흑백텔레비전 보급
② 1970년대 – 고속 철도 개통
③ 1980년대 – 컴퓨터 보급
④ 1990년대 – 승용차 증가
⑤ 2010년대 – 인터넷 쇼핑 증가

6 경제 성장으로 변화한 오늘날 우리 사회의 모습으로 알맞은 것을 두 가지 고르시오. (　　,　　)

① 공중전화 보급
② 해외 여행 감소
③ 국제 행사 개최
④ 외국인 관광객 감소
⑤ 세계적인 한류 확산

핵심 4 경제 성장 과정에서 나타난 문제점과 해결 노력

문제점	해결 방안
빈부 격차	• 정부는 여러 복지 정책을 법률로 정해 사회적 약자를 보호함. • 정부는 가난한 사람들에게 생계비와 양육비, 학비를 지원함. • 시민 단체는 무료 급식소 운영 등 다양한 봉사 활동을 함.
노사 갈등	• 정부는 기업이 근로자들의 인권을 잘 보호하고 있는지 감시함. • 정부는 기업이 안정적인 일자리를 많이 만들 수 있도록 도와줌. • 정부는 근로자와 기업이 민주적으로 대화하고 타협해 임금을 조정하도록 중재하기도 함.
환경 오염	• 정부는 전기 자동차 보급을 위한 지원 정책을 추진함. • 기업은 친환경 제품을 개발함. • 시민은 환경 보호 운동과 에너지 절약 캠페인에 참여함.

7 다음과 같은 문제점의 해결 방안으로 알맞지 <u>않은</u> 것은 어느 것입니까? (　　　)

> 우리나라의 경제는 전반적으로 좋아졌지만 가난한 사람과 부유한 사람 사이의 소득 차이가 점점 커졌다.

① 전기 자동차 보급
② 시민 단체의 봉사 활동
③ 사회적 약자에 대한 배려
④ 복지 정책을 위한 여러 법률 제정
⑤ 정부의 생계비, 양육비, 학비 지원

8 경제 성장에 따른 문제점 중에서 오른쪽 사진과 관계 깊은 것은 무엇인지 쓰시오.

(　　　　　　　)

1 6·25 전쟁 직후 우리나라의 경제 모습으로 알맞지 <u>않은</u> 것은 어느 것입니까? (   )

① 산업 시설들이 대부분 파괴되었다.
② 경제적으로 자립하려고 공업 발전에 힘을 모았다.
③ 식료품 공업, 섬유 공업 등 소비재 산업이 주로 발전하였다.
④ 다른 나라의 도움을 받아 파괴된 나라를 복구하는 데 힘을 모았다.
⑤ 공업 중심의 산업 구조를 농업 중심의 산업 구조로 변화시키려고 노력하였다.

2 다음에서 설명하는 것은 무엇인지 쓰시오.

> 경제 발전을 위해 1962년부터 1986년까지 5년 단위로 추진한 경제 계획이다.

(   )

다음 사진을 보고, 물음에 답하시오. [3~4]

▲ 의류 생산

▲ 신발 생산

3 1960년대에 발달한 위와 같은 산업을 무엇이라고 하는지 쓰시오.

(   )

4 1960년대에 위와 같은 산업이 발달한 까닭은 무엇인지 쓰시오.

_____

_____

5 중화학 공업에 대한 설명으로 알맞은 것을 보기 에서 두 가지 고르시오.

> **보기**
> ㉠ 우리나라는 1990년대부터 발달하기 시작하였다.
> ㉡ 철강, 석유 화학, 기계, 조선, 전자 등의 산업이다.
> ㉢ 경공업보다 많은 돈과 높은 기술력이 필요한 산업이다.
> ㉣ 사람이 직접 손으로 생산해야 하는 부분이 많은 산업이다.

(,   )

6 1970년대 중화학 공업을 육성하기 위한 정부의 노력으로 알맞은 것을 두 가지 고르시오. (,   )

① 경제 개발 5개년 계획을 세웠다.
② 초고속 정보 통신망을 만들었다.
③ 정유 시설, 발전소, 고속 국도, 항만 등을 많이 건설했다.
④ 높은 기술력을 갖추려고 교육 시설과 연구소 등을 설립했다.
⑤ 기업에 돈을 빌려주어 각종 산업에 적극 참여할 수 있도록 지원했다.

7 다음에서 설명하는 산업은 무엇인지 쓰시오.

> 1973년에 최초로 해외에서 주문을 받아 대형 선박을 만들기 시작했으며, 이후 세계에서 기술력을 인정받으면서 수출을 이끄는 산업으로 성장할 수 있었다.

(   )

8 1980년대의 주요 수출품이 <u>아닌</u> 것은 어느 것입니까? (   )

① 자동차   ② 컴퓨터
③ 텔레비전   ④ 정밀 기계
⑤ 기계 부품

중요

9 다음 ㉠, ㉡에 들어갈 알맞은 말은 무엇인지 쓰시오.

> 우리나라의 산업 구조가 [㉠]에서 [㉡] 중심으로 바뀌면서 세계적으로 우수한 제품을 생산할 수 있게 되었다. 수출액과 국민 소득도 빠르게 증가해 사람들의 생활 수준이 크게 향상되었다.

㉠: (   ) ㉡: (   )

10 다음 퀴즈의 정답은 무엇인지 쓰시오.

나는 무엇일까요?

- 우리나라의 대표적인 수출 품목이에요.
- 컴퓨터와 다양한 전자 제품에 들어가는 핵심 부품이죠.
- 1996년에 우리나라가 세계 판매량 2위를 달성하였어요.

(   )

11 2000년대 이후 발달하기 시작한 산업이 <u>아닌</u> 것은 어느 것입니까? (   )

①
▲ 의료 서비스 산업

②
▲ 로봇 산업

③
▲ 전자 산업

④
▲ 신소재 산업

12 다음 밑줄 친 부분에 해당하는 산업이 <u>아닌</u> 것은 어느 것입니까? (   )

> 2000년대 이후부터는 첨단 산업뿐만 아니라 <u>사람들에게 즐거움을 주고 삶을 편리하게 해 주는 다양한 서비스 산업</u>도 빠르게 발달하고 있다.

① 관광 산업
② 생명 공학
③ 금융 산업
④ 문화 콘텐츠 산업
⑤ 의료 서비스 산업

주의

13 우리나라 산업 구조의 변화를 바르게 나열한 것은 어느 것입니까? (   )

① 중화학 공업 → 경공업 → 첨단 산업과 서비스업
② 중화학 공업 → 첨단 산업과 서비스업 → 경공업
③ 경공업 → 첨단 산업과 서비스업 → 중화학 공업
④ 경공업 → 중화학 공업 → 첨단 산업과 서비스업
⑤ 첨단 산업과 서비스업 → 중화학 공업 → 경공업

서술형

14 오늘날에 다음과 같은 모습이 사라진 까닭은 무엇인지 쓰시오.

_____

_____

15 다음 중 가장 최근에 일어난 일은 어느 것입니까?
( )

①
▲ 흑백텔레비전 보급

②
▲ 경부 고속 국도 개통

③
▲ 컴퓨터 보급

④
▲ 인터넷 쇼핑 증가

주의

16 경제 성장으로 달라진 오늘날 사회 모습에 해당하지 않는 것은 어느 것입니까? ( )

① 세계적으로 한류가 나타났다.
② 개인용 컴퓨터가 보급되기 시작하였다.
③ 해외로 여행을 떠나는 사람이 늘어났다.
④ 세계인이 모이는 다양한 국제 행사가 우리나라에서 열린다.
⑤ 자연재해를 겪은 나라에 구조대를 보내 돕는 나라가 되었다.

17 근로자들의 주장으로 알맞지 않은 것은 어느 것입니까? ( )

① 비정규직을 없애 주세요.
② 노인 일자리를 늘려 주세요.
③ 최고 임금을 보장해 주세요.
④ 근로 환경을 개선해 주세요.
⑤ 청년들의 일자리를 만들어 주세요.

18 노사 갈등의 해결 방안으로 알맞지 않은 것은 어느 것입니까? ( )

① 안전한 근로 환경을 만든다.
② 비정규직을 더 많이 늘린다.
③ 근로자들에게 좋은 일자리를 제공한다.
④ 중소기업을 지원하는 정책을 추진한다.
⑤ 근로자와 경영자가 민주적으로 대화하고 타협한다.

다음과 같이 경제가 성장하면서 나타난 환경 문제를 보고, 물음에 답하시오. [19~20]

서술형

19 위에서 나타난 환경 문제는 무엇인지 쓰시오.

_____

_____

_____

20 위와 같은 문제를 해결할 수 있는 방안으로 알맞은 것을 두 가지 고르시오. (,)

① 에너지를 아껴 쓴다.
② 일회용품 사용을 늘린다.
③ 정부는 경제를 더욱 발전시킨다.
④ 가까운 거리는 승용차를 타고 다닌다.
⑤ 기업은 친환경 제품을 생산하여 판매한다.

1 1950년대에 발달한 산업은 무엇입니까? (   )

① 조선 산업   ② 소비재 산업
③ 신소재 산업   ④ 정보 통신 산업
⑤ 석유 화학 산업

2 오른쪽 사진과 같은 산업이 발달했던 시기로 알맞은 것은 어느 것입니까? (   )

① 1950년대   ② 1960년대
③ 1970년대   ④ 1980년대
⑤ 1990년대

3 다음은 우리나라의 산업 구조 변화를 나타낸 것입니다. 빈칸에 들어갈 산업에 대한 설명으로 알맞은 것은 어느 것입니까? (   )

> ☐ → 중화학 공업 → 첨단 산업과 서비스업

① 많은 노동력을 필요로 한다.
② 고도로 발전된 기술을 필요로 한다.
③ 사람들을 즐겁고 편리하게 해 준다.
④ 초고속 정보 통신망이 만들어진 이후 발달하였다.
⑤ 철, 자동차, 플라스틱, 고무 제품, 화학 섬유 제품을 생산한다.

4 제품을 생산하는 데 필요한 재료를 만드는 산업으로, 다른 중화학 공업보다 빠르게 발전한 산업을 두 가지 고르시오. (,   )

① 조선 산업   ② 철강 산업
③ 전자 산업   ④ 기계 산업
⑤ 석유 화학 산업

5 중화학 공업의 발달이 우리 경제에 끼친 영향으로 알맞은 것은 어느 것입니까? (   )

① 국내 총생산이 크게 감소하였다.
② 1인당 국민 총소득이 크게 감소하였다.
③ 많은 자본을 사용하여 경제가 어려워졌다.
④ 많은 노동력이 필요한 제품을 낮은 가격으로 생산하여 수출하였다.
⑤ 세계적으로 우수한 제품을 생산할 수 있게 되어 수출액이 크게 늘어났다.

6 1980년대에 본격적으로 세계 시장에 제품을 수출하면서 크게 성장한 산업은 어느 것입니까? (   )

① 섬유 산업   ② 신발 산업
③ 로봇 산업   ④ 자동차 산업
⑤ 반도체 산업

7 반도체 산업이 발달하게 된 배경으로 알맞은 것을 두 가지 고르시오. (,   )

① 자동차 수출 증가
② 생명 공학의 발달
③ 개인용 컴퓨터 보급
④ 전자 제품의 생산 증가
⑤ 문화 콘텐츠 산업의 발달

8 다음과 같은 초고속 정보 통신망의 구축이 우리나라 산업에 끼친 영향을 쓰시오.

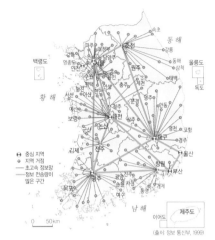

▲ 1990년대 후반 전국에 설치된 초고속 정보 통신망

_____

_____

9 다음 산업의 공통점은 무엇입니까? (   )

▲ 로봇 산업

▲ 우주 항공 산업

① 많은 노동력을 필요로 하는 산업이다.
② 고도로 발전된 기술을 필요로 하는 산업이다.
③ 사람들을 즐겁고 편리하게 해 주는 산업이다.
④ 우리나라에서는 아직 발전하지 못한 산업이다.
⑤ 제품을 생산하는 데 필요한 재료를 만드는 산업이다.

10 다음에서 설명하는 것은 무엇인지 쓰시오.

> 일정 기간에 한 나라 안에서 생산된 물건과 서비스의 양을 돈으로 계산해 합한 것으로, 1960년대 이후 큰 폭으로 증가했다.

(   )

11 다음 산업이 발달해 온 순서대로 기호를 쓰시오.

㉠

▲ 신발 생산

㉡

▲ 자동차 수출

㉢

▲ 신소재 산업

㉣

▲ 철 생산

(   )

12 다음과 같은 현상이 나타나게 된 배경으로 가장 알맞은 것은 어느 것입니까? (   )

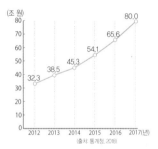

▲ 인터넷 쇼핑 증가

① 한류의 확산
② 경공업의 발달
③ 중화학 공업의 발달
④ 국내 총생산의 증가
⑤ 정보 통신 산업의 발달

13 경제가 성장하면서 달라진 사회 모습을 잘못 말한 친구는 누구입니까? (   )

① 지효: 모든 사회 문제가 다 해결되었어.
② 나연: 휴대 전화로 편리하게 연락할 수 있어.
③ 미나: 고속 철도를 타고 다른 지역에 빠르게 갈 수 있어.
④ 준수: 스마트폰으로 영화를 볼 수 있고 게임도 할 수 있어.
⑤ 민준: 전 세계 사람들이 우리나라의 음악이나 드라마를 좋아해.

14 다음 그래프와 같은 현상이 오늘날 나타나게 된 까닭을 쓰시오.

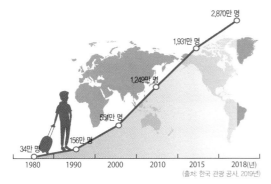

34만 명 156만 명 551만 명 1,249만 명 1,931만 명 2,870만 명
1980 1990 2000 2010 2015 2018(년)
(출처: 한국 관광 공사, 2019년)

▲ 연도별 해외 여행객 수

_____

_____

15 다음에서 설명하는 것은 무엇인지 쓰시오.

> 경제가 성장하면서 우리나라의 대중가요, 드라마 등 문화와 관련한 상품들이 해외에서 인기를 얻으면서 나타났다.

(   )

중요

16 우리나라 경제가 성장하면서 나타난 문제점으로 알맞지 <u>않은</u> 것은 어느 것입니까? (   )

① 환경 오염과 자원 부족 문제가 나타났다.
② 원하는 일자리를 찾지 못하는 사람이 많아졌다.
③ 가난한 사람과 부유한 사람 사이의 소득 격차가 커졌다.
④ 근로자와 경영자 사이에 갈등이 생기는 기업이 늘어났다.
⑤ 공업 중심으로 산업 구조가 바뀌며 도시의 인구가 줄어들었다.

17 근로자와 경영자 사이에 갈등이 생길 때 발생할 수 있는 문제가 아닌 것은 어느 것입니까? (   )

① 환경 오염이 심해진다.
② 기업의 이윤이 줄어든다.
③ 근로자들이 일자리를 잃을 수도 있다.
④ 근로자들이 임금을 받지 못할 수도 있다.
⑤ 제품이나 서비스를 지속적으로 생산하지 못하게 된다.

18 환경 오염을 해결하기 위해 기업이 할 수 있는 노력으로 알맞은 것은 어느 것입니까? (   )

① 사람들에게 일자리를 제공한다.
② 석탄 에너지의 사용량을 늘린다.
③ 친환경 제품을 생산하고 판매한다.
④ 세계인이 모이는 국제 행사를 개최한다.
⑤ 환경 보호를 위한 여러 법률을 제정한다.

19 다음과 같은 노력으로 해결할 수 있는 문제점은 어느 것입니까? (   )

> • 시민 단체의 봉사 활동
> • 정부의 생계비, 양육비, 학비 지원
> • 복지 정책을 위한 여러 법률 제정

① 고령화   ② 노사 갈등
③ 빈부 격차   ④ 환경 오염
⑤ 청년 실업

 서술형

20 노사 갈등을 해결하기 위한 정부의 노력을 쓰시오.

_____

_____

탐구 서술형 평가 1회

1 다음 그래프를 보고, 물음에 답하시오.

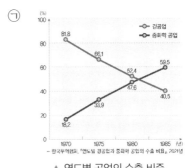

▲ 연도별 공업의 수출 비중

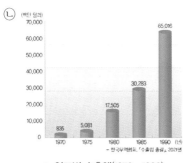

▲ 연도별 수출액(1970~1990)

(1) 위 ㉠ 그래프를 보고, 1970년대 이후 우리나라의 산업 구조는 어떻게 변화했는지 쓰시오.

(2) 위 ㉡ 그래프를 보고, 1970년대 중반 이후 우리나라의 수출액이 어떻게 변화했는지 쓰시오.

관련 핵심 개념

중화학 공업의 발달이 경제에 미친 영향

• 세계적으로 우수한 제품을 생산할 수 있게 되어 수출액이 점차 늘어났습니다.

• 해외로 많은 제품을 수출하면서 1인당 국민 총소득이 크게 증가해 생활 수준이 높아졌습니다.

2 다음 그래프를 보고, 물음에 답하시오.

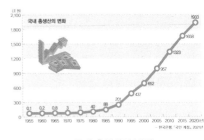

▲ 국내 총생산의 변화

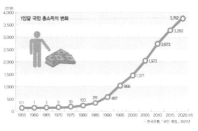

▲ 1인당 국민 총소득의 변화

(1) 우리나라의 국내 총생산과 1인당 국민 총소득은 어떻게 변화하고 있는지 쓰시오.

(2) 위의 두 자료를 통하여 알 수 있는 사실은 무엇인지 쓰시오.

관련 핵심 개념

국내 총생산과 1인당 국민 총소득

• 국내 총생산: 일정 기간에 한 나라 안에서 생산된 물건과 서비스의 양을 돈으로 계산해 합한 것입니다.

• 1인당 국민 총소득: 일정 기간에 한 나라의 국민이 벌어들인 소득을 그 나라의 인구로 나눈 것입니다.

3 다음 사진을 보고, 물음에 답하시오.

▲ 우리나라 가수의 공연

▲ 우리나라 가수의 해외 팬

(1) 위 사진을 보고, 경제 성장으로 변화한 우리 사회의 모습을 쓰시오.

_____

_____

(2) 위와 같은 현상이 나타나게 된 까닭은 무엇인지 쓰시오.

_____

_____

관련 핵심 개념

한류

우리나라의 영화, 드라마, 대중가요 등 우리 문화가 전 세계로 확산하는 현상을 말합니다.

2
단원

4 다음 경제 성장 과정에서 나타난 문제점을 보고, 물음에 답하시오.

> 경제적인 사정이 좋은 사람은 더욱 많은 돈을 벌게 되고 경제적인 사정이 나쁜 사람은 더욱 사정이 나빠지는 현상이다.

(1) 위 내용은 무엇에 대한 설명인지 쓰시오.

(   )

(2) 위와 같은 문제를 해결하기 위해 정부와 시민 단체는 어떤 노력을 하고 있는지 각각 쓰시오.

㉠ 정부: _____

_____

㉡ 시민 단체: _____

관련 핵심 개념

경제적 양극화

• 경제적인 사정이 좋은 사람은 더욱 많은 돈을 벌게 되고, 경제적인 사정이 나쁜 사람은 더욱 사정이 나빠지는 경제 현상입니다.

• 경제적 양극화가 심해지면 원하는 교육을 받을 수 있는 기회가 재산에 따라 달라지고, 경제적으로 형편이 어려운 사람들은 인간다운 삶을 살지 못할 수도 있습니다.

1
다음 사진과 같이 1970년대에 정부가 중화학 공업을 발전시키려고 노력한 일은 무엇인지 쓰시오.

▲ 한국 과학 기술 연구소 준공식

▲ 울산 석유 화학 단지 건설

관련 핵심 개념 ▶

중화학 공업 육성 정책

• 1973년에 중화학 공업 육성 계획을 발표하고 철강, 석유 화학, 기계, 조선, 전자 등의 산업을 성장시키려고 노력했습니다.

• 중화학 공업 중에서도 제품을 생산하는 데 필요한 재료를 만드는 철강 산업과 석유 화학 산업을 빠르게 발전시켰습니다.

2
우리나라의 경제 발전 과정을 나타낸 자료를 보고, 물음에 답하시오.

▲ 1950년대: 농업, 어업, 임업 중심의 산업이 발달함.

▲ 1960년대: 옷, 신발 등을 만드는 경공업이 발전해 많은 상품을 해외에 수출함.

▲ 1970년대: 산업에 필요한 다양한 철강 제품을 생산해 여러 곳에 공급하며 철강 산업이 발전함.

▲ 1980년대: 자동차를 해외에 수출하기 시작하면서 자동차, 기계 산업이 크게 발전함.

▲ 1990년대: 초고속 정보 통신망이 전국에 연결되면서 다양한 정보 통신 산업이 크게 발전함.

▲ 2000년대: 생명 공학, 우주 항공, 신소재 산업, 로봇 산업 등이 발전하고 있음.

(1) 1960년대에 중화학 공업보다 경공업이 먼저 발달한 까닭을 쓰시오.

(2) 위 자료를 보고, 우리나라의 산업 구조가 어떻게 변화해 왔는지 쓰시오.

관련 핵심 개념 ▶

우리나라 산업의 발달 과정

1950년대	식료품, 섬유 등의 소비재 산업
1960년대	섬유, 신발, 가방, 의류 등의 경공업
1970년대	철강, 석유 화학, 조선 등의 중화학 공업
1980년대	자동차, 기계, 전자 산업
1990년대	반도체 및 정보 통신 산업
2000년대 이후	생명 공학, 우주 항공, 신소재 산업, 로봇 산업 등의 첨단 산업과 문화 콘텐츠, 의료 서비스, 관광, 금융 등의 서비스 산업

3 다음 자료를 보고, 물음에 답하시오.

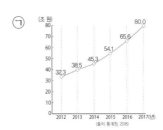
▲ 2010년대 인터넷 쇼핑 증가

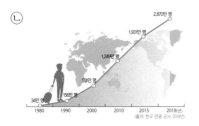
▲ 연도별 해외 여행객 수

(1) 위 ㉠, ㉡ 자료를 보고, 경제가 성장하면서 달라진 우리 사회의 모습을 쓰시오.

(2) 위 (1)번 답 외에 경제가 성장하면서 달라진 우리 사회 모습은 무엇인지 예를 들어 쓰시오.

4 다음 사진을 보고, 물음에 답하시오.

▲ 노사 갈등

▲ 근로자와 기업 경영자와의 협의

(1) 위 ㉠과 같이 근로자와 경영자 사이에 갈등이 일어나는 까닭을 쓰시오.

(2) 위의 노사 갈등을 해결하기 위해 정부가 하는 일을 쓰시오.

관련 핵심 개념

경제 성장으로 변화한 우리 생활 모습

1960년대	흑백텔레비전 보급
1970년대	고속 국도 개통
1980년대	컴퓨터 보급
1990년대	승용차 증가
2000년대	고속 철도 개통
2010년대	인터넷 쇼핑 증가

2단원

관련 핵심 개념

노사 갈등 문제

· 경제 상황에 따라 불안한 일자리 때문에 걱정하는 사람과 원하는 일자리를 찾지 못하는 사람이 많아졌습니다.
· 근로자와 경영자 사이에 갈등이 생기는 기업도 늘어났습니다.

③ 세계 속의 우리나라 경제 (1)

1 나라와 나라 사이에 경제 교류를 하는 까닭

① 무역: 나라와 나라 사이에 물건과 서비스를 사고파는 것을 말합니다.

• 수출: 다른 나라에 물건을 파는 것입니다.

• 수입: 다른 나라에서 물건을 사 오는 것입니다.

② 나라와 나라 사이에 무역을 하는 까닭 **자료 ①**

• 나라마다 자연환경과 자본, 기술 등에 차이가 있어 더 잘 생산할 수 있는 물건이나 서비스가 다르기 때문입니다. →같은 물건이라도 더 싸고 질이 좋은 것을 사거나, 생산 비용을 줄여 물건을 생산할 수 있습니다.

• 각 나라에서는 더 잘 생산할 수 있는 것을 중심으로 생산하며 이를 상호 교류하는 과정에서 경제적 이익이 발생합니다.

③ 다른 나라와의 경제 교류 모습 **자료 ②**

우리나라의 나라별 무역액 비율	• 수출액이 높은 나라: 중국, 미국, 베트남, 홍콩 등 • 수입액이 높은 나라: 중국, 일본, 미국, 독일 등
우리나라의 주요 수출품과 수입품	• 주요 수출품: 반도체, 선박 해양 구조물과 부품 등 • 주요 수입품: 원유, 반도체, 반도체 제조용 장비 등

2 다른 나라와의 경제 교류 사례

① 다른 나라와의 물건 교류: 대형 할인점에 있는 다양한 물건의 원산지❶와 생산지❷를 살펴보면 물건 중에는 다른 나라에서 만든 것, 다른 나라에서 들여온 원료를 이용해 우리나라에서 만든 것 등이 있습니다. **자료 ③**

② 다른 나라와의 서비스 교류: 우리나라는 물건뿐만 아니라 의료, 게임 등 서비스 분야에서도 세계 여러 나라와 교류합니다.

③ 서로 도움을 주고받으며 의존하는 관계 →각 나라의 특징을 살린 활발한 경제 교류로 이익을 얻기 위해서입니다.

• 우리나라의 좋은 기술과 물건은 수출하고 우리나라에 없거나 부족한 자원, 기술, 물건, 노동력 등은 수입합니다. **자료 ④**

• 자유롭게 도움을 주고받을 수 있도록 자유 무역 협정을 맺기도 합니다. └→Free Trade Agreement **자료 ⑤**

④ 서로 경쟁하는 관계

• 같은 종류의 물건을 생산하는 다른 나라와는 서로 경쟁이 발생합니다.

• 새로운 기술이 많이 필요한 휴대 전화, 전자 기기, 자동차 시장에서의 경쟁은 특히 치열합니다. →우리나라는 세계 여러 나라와 무역을 하며 경제적으로 서로 의존하고 경쟁하는 과정에서 다양한 문제를 겪고 있습니다.

3 다른 나라와의 경제 교류가 우리 경제생활에 미친 영향

① 의식주 및 여가 생활에 미친 영향

의생활	베트남, 중국 등 다양한 국가에서 만든 옷이나 신발을 착용함.
식생활	다양한 나라의 음식을 국내에서 먹을 수 있음. →다른 나라에서 수입한 열대 과일을 먹을 수 있습니다.
주생활	외국에서 수입한 가구를 사용하는 가정이 많아짐. →아파트나 주택의 내부 구조도 외국과 비슷해지고 있습니다.
여가 생활	다른 나라에서 만든 만화 영화를 영화관에서 관람할 수 있음.

자료 ① 무역을 하는 까닭

• 소비자: 같은 제품이지만 더 값싸고 질 좋은 것을 살 수 있습니다.

• 기업: 생산 비용을 줄여 제품을 생산할 수 있습니다.

자료 ② 다른 나라와의 경제 교류

• 우리나라의 나라별 무역액 비율

▲ 수출액 비율(2021)   ▲ 수입액 비율(2021)

• 우리나라의 주요 수출품과 수입품

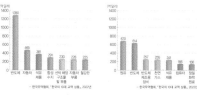

▲ 주요 수출품(2021)   ▲ 주요 수입품(2021)

자료 ③ 다른 나라와의 물건 교류

• 다른 나라에서 만든 물건: 베트남에서 만든 신발, 독일에서 만든 냄비 등이 있습니다.

• 다른 나라에서 들여온 원료로 만든 물건: 말레이시아에서 수입한 고무로 우리나라 기업이 만든 자동차 바퀴, 캐나다에서 수입한 나무로 만든 의자 등이 있습니다.

자료 ④ 각 나라가 서로 주고받는 도움

• 카타르에 철강 제품과 건설 기술을 수출하고 천연가스를 수입합니다.

• 오스트레일리아에 휴대 전화, 텔레비전을 수출하고 철광석을 수입합니다.

• 콜롬비아에 자동차를 수출하고 커피를 수입합니다.

자료 ⑤ 자유 무역 협정(FTA)

나라 간 물건이나 서비스 등의 자유로운 이동을 위해 세금, 법과 제도 등의 문제를 줄이거나 없애기로 한 약속으로 우리나라는 52개국과 FTA를 맺고 있습니다.

경제 상황이 다른 두 나라의 경제 교류

구분	○○ 나라	△△ 나라
자연환경	덥고 습하며 일년 내내 비가 내림.	사계절이 뚜렷하고 기후가 온난함.
풍족하거나 뛰어난 것	바나나, 파인애플 같은 열대 과일, 철광석, 원유, 목재, 천연고무 등의 자원과 노동력	배, 자동차, 반도체 등을 만드는 기술
부족하거나 필요한 것	휴대 전화, 자동차, 배 등을 만드는 기술	원유, 목재, 천연고무 등의 자원, 노동력
부족하거나 필요한 것을 구하는 방법	○○ 나라는 휴대 전화, 자동차, 배 등을 △△ 나라에서 수입하고, △△ 나라는 바나나, 원유, 목재, 천연고무 등을 ○○ 나라에서 수입함.	

다른 나라와의 서비스 교류 사례

- 몽골과의 의료 교류: 몽골의 의료 환경 개선에 도움이 될 것이며, 우리나라를 방문해 치료받는 몽골 환자의 수가 증가할 것입니다.
- 게임 수출: 우리나라의 컴퓨터 게임과 모바일 게임이 중국뿐 아니라 일본, 북미, 미국 지역에서도 큰 인기를 끌고 있습니다.

용어 풀이

❶ 원산지(原 근원 원 産 낳을 산 地 땅 지) 어떤 물건의 재료를 생산하는 곳

❷ 생산지(生 날 생 産 낳을 산 地 땅 지) 원산지의 재료를 얻어 가공해 어떤 물품을 만들어 내는 곳

2 단원

1 나라와 나라 사이에 물건과 서비스를 사고파는 것을 ☐☐이라고 합니다.

2 무역을 할 때 다른 나라에 물건을 파는 것을 ☐☐, 다른 나라에서 물건을 사 오는 것을 수입이라고 합니다.

3 나라마다 ☐☐☐☐과 자본, 기술 등에 차이가 있어 더 잘 생산할 수 있는 물건이나 서비스가 다릅니다.

4 각 나라에서는 더 잘 생산할 수 있는 것을 중심으로 생산하며 이를 상호 교류하는 과정에서 경제적 ☐☐이 발생합니다.

5 ☐☐☐는 어떤 물건의 재료를 생산하는 곳을 말합니다.

6 우리나라는 물건뿐만 아니라 의료, 게임, 영화 등 ☐☐☐☐ 분야에서도 세계 여러 나라와 교류합니다.

7 우리나라의 나라별 무역액 비율에서 수출액과 수입액이 가장 높은 나라는 ☐☐입니다.

8 우리나라의 주요 ☐☐품에는 원유, 반도체, 반도체 제조용 장비, 천연가스 등이 있습니다.

9 우리나라는 다른 나라와 서로 의존하며 경제적으로 ☐☐합니다.

10 다른 나라와 경제적으로 자유롭게 도움을 주고받을 수 있도록 ☐☐☐☐☐☐을 맺기도 합니다.

❸ 세계 속의 우리나라 경제 (2)

② 개인과 기업에 미친 영향 →다른 나라와의 경제 교류는 개인과 기업의 경제생활에 변화를 가져왔습니다.

개인	• 외국 기업에서 일자리를 얻는 등 경제 활동 범위가 넓어짐. • 소비자로서 전 세계의 값싸고 다양한 물건을 선택할 수 있는 기회가 늘어남.
기업	• 다른 나라와 경제 교류를 하는 과정에서 새로운 기술과 아이디어를 주고받을 수 있게 됨. →신재생 에너지 기술을 교류합니다. • 다른 나라에 공장을 세워 그 나라의 값싼 노동력을 활용해 물건을 생산하고 제조 비용과 운반 비용을 줄일 수 있게 됨.

④ 다른 나라와 경제 교류를 하면서 생기는 문제점과 해결 방안 [자료 ⑥]

① 우리나라가 다른 나라와 무역을 하면서 겪는 문제 →다른 나라에서 우리나라 철강 수입에 대한 반대가 심해지고 있어 우리나라 철강 수출이 줄어들기도 합니다.

다른 나라의 수입 제한으로 발생하는 수출 감소	다른 나라의 수입량이 정해져 있어 우리나라 농산물을 더 이상 수출할 수 없음. [자료 ⑦]
한국산 물건에 높은 관세 부과	우리나라 세탁기에 높은 관세를 매겨 가격이 올라 경쟁에서 불리함. [자료 ⑧]
수입 거부 때문에 다른 나라와 일어나는 갈등	우리나라가 다른 나라의 수산물 수입을 거부해 다른 나라와 갈등을 겪기도 함.
외국산에 의존해야 하는 물건의 수입 문제	다른 나라에서 수입해야 하는 물건에 문제가 생기면 우리나라에도 어려움이 발생함.

② 무역 관련 문제들이 발생하는 까닭 →서로 자기 나라 경제만을 보호하다 보면 다른 나라와 무역이 잘 이루어지지 않거나 새로운 무역 문제가 발생할 수 있습니다.

• 서로 자기 나라의 경제를 보호하려고 하기 때문입니다.
• 자기 나라의 산업을 더 키우기 위해서입니다.

③ 자기 나라 경제를 보호하는 까닭 →세계 여러 나라들은 무역을 하다가 불리한 점이 생기면 자기 나라 경제를 보호하려고 새로운 법이나 제도를 만들기도 합니다.

• 경쟁력이 부족한 우리나라 산업을 보호하기 위한 것입니다.
• 다른 나라 물건을 수입하면 우리나라 물건을 사지 않아 결국 공장들이 문을 닫아 실업자가 늘어나게 되기 때문입니다.
• 사람들이 값싼 수입 농산물만 먹으면 국가 유지의 기본이 되는 농업이 흔들릴 수 있기 때문입니다.
• 다른 나라에서 수입한 물건의 가격이 지나치게 낮아 우리나라 산업이 피해를 입기 때문입니다.

④ 다른 나라와의 무역 문제를 해결하는 방안

• 무역과 관련된 일을 하는 국제기구에 가입합니다. [자료 ⑨]
• 무역 문제가 발생했을 때 국제기구에 도움을 요청합니다.
• 무역에 따른 갈등이 생기지 않도록 세계 여러 나라들이 무역 문제를 함께 협상하고 합의하려는 노력을 합니다.

[자료 ⑥] 무역 관련 문제의 원인

• 다른 나라의 물건을 수입할 때 물건의 양이나 가격에 제한을 두는 까닭: 너무 많은 양을 수입하게 되면 자기 나라의 관련 산업에 문제가 생길 수 있기 때문입니다.
• 다른 나라에서 우리나라의 세탁기에 높은 관세를 매기는 까닭: 우리나라 세탁기의 가격이 너무 낮으면 자기 나라의 세탁기가 팔리지 않기 때문입니다.

[자료 ⑦] 수입 할당제

• 수입 할당제는 비자유화 품목에 수입량을 할당해서 수입 제한을 실시하는 제도입니다.
• 정부가 자주적으로 또는 상대국과의 협정에 따라 국내 산업의 보호·구제, 국제 수지의 개선이 요구되는 경우에 실시됩니다.

[자료 ⑧] 관세 장벽

관세 장벽은 수입품에 장벽과 같은 효과가 있다는 의미입니다. 제차 세계 대전 후 세계적인 공황이 일어났을 때, 여러 후진국에서 악화되어 가는 국제 수지를 극복하고 불경기로 어려워지는 국내 산업을 보호·유지하고자 채택했습니다.

[자료 ⑨] 세계 무역 기구(WTO)

나라와 나라 사이에 무역 관련 문제가 일어났을 때 공정하게 심판하기 위해 만들어진 국제기구입니다. 지구촌의 경제 질서를 유지하면서 세계 무역을 더 자유롭게 할 수 있도록 1995년 1월 시작되었습니다.

🌵 다른 나라와 서로 경제적으로 도움을 받으면서 경쟁하는 까닭

- 각 나라에서 생산되지 않는 자원들이 있기 때문입니다.
- 각 나라의 특징을 살린 활발한 경제 교류 활동으로 서로 이익을 얻을 수 있기 때문입니다.

🌵 자기 나라 경제를 보호하는 여러 가지 까닭

▲ 경쟁력이 낮은 산업 보호

▲ 국민의 실업 방지

▲ 국가의 안정적 성장

▲ 다른 나라의 불공정 거래에 대응

🌵 무역과 관련된 일을 하는 국제기구에 가입했을 때의 장단점

- 장점: 문제가 생길 때 직접적이고 공정한 도움을 받을 있다는 점입니다.
- 단점: 법원에서 재판받는 과정과 비슷해 판정 결과가 나오기까지 시간이 많이 걸린다는 점입니다.
- 판정까지 시간이 오래 걸리기 때문에 경제적 피해가 클 경우에는 긴급으로 판정받을 수 있는 기구를 설치하면 좋을 것 같습니다.

📎 용어 풀이

❸ **관세(關** 관계할 관 **稅** 세금 세**)** 국외에서 수입하는 물건에 부과하는 세금

❹ **국제기구(國** 나라 국 **際** 즈음 제 **機** 틀 기 **構** 얽을 구**)** 어떤 국제적인 목적이나 활동을 위해서 두 나라 이상의 회원국으로 구성된 조직체

❺ **협상(協** 화합할 협 **商** 장사 상**)** 어떤 목적에 부합되는 결정을 하기 위하여 여럿이 의논함

11 우리나라와 다른 나라는 서로 도움을 주고받는 동시에 세계 시장에서는 ☐☐ 합니다.

12 새로운 ☐☐ 이 많이 필요한 휴대 전화, 전자 기기, 자동차 시장에서의 경쟁은 특히 치열합니다.

13 외국 기업에서 일자리를 얻는 등 ☐☐ 의 활동 범위가 넓어졌습니다.

14 다른 나라와의 경제 교류를 통해 ☐☐☐ 로서 전 세계의 값싸고 다양한 물건을 선택할 수 있는 기회가 늘어났습니다.

15 ☐☐ 은 다른 나라와 경제 교류를 하는 과정에서 새로운 기술과 아이디어를 주고받을 수 있게 되었습니다.

16 무역을 할 때 우리나라 물건에만 높은 ☐☐ 를 매겨 우리나라 물건의 가격이 올라 경쟁에서 불리해지기도 합니다.

17 무역을 할 때 다른 나라의 ☐☐ 제한으로 수출 감소가 발생하기도 합니다.

18 세계 여러 나라들은 무역을 하다가 불리한 점이 생기면 자기 나라 ☐☐ 를 보호하려고 새로운 법이나 제도를 만들기도 합니다.

19 다른 나라 물건이 많이 수입되면 우리나라 물건을 사지 않아 공장들이 문을 닫게 되고 결국 ☐☐ 가 늘어나기 때문입니다.

20 무역 분쟁이 발생하면 세계 무역 기구와 같은 ☐ ☐☐ 에 도움을 요청합니다.

2
단원

핵심 1 무역

✳ **무역의 의미**

• 나라와 나라 사이에 물건과 서비스를 사고파는 것입니다.

• 수출과 수입

수출	다른 나라에 물건을 파는 것
수입	다른 나라에서 물건을 사 오는 것

✳ **무역이 이루어지는 까닭**

• 나라마다 자연환경과 자본, 기술 등에 차이가 있어 더 잘 생산할 수 있는 물건이나 서비스가 다르기 때문입니다.

• 각 나라에서는 더 잘 생산할 수 있는 것을 중심으로 생산하며 이를 상호 교류하는 과정에서 서로에게 경제적 이익이 발생합니다.

1 다음 용어의 뜻을 바르게 선으로 연결하시오.

(1) 무역 •

(2) 수출 •

(3) 수입 •

• ㉠ 다른 나라에 물건을 파는 것

• ㉡ 다른 나라에서 물건을 사 오는 것

• ㉢ 나라와 나라 사이에 물건과 서비스를 사고파는 것

2 다음 빈칸에 들어갈 알맞은 말은 무엇인지 쓰시오.

나라마다 자연환경과 자본, 기술 등에 차이가 있어 더 잘 생산할 수 있는 물건이나 서비스가 다르기 때문에 [   ]이 발생한다.

(   )

핵심 2 다른 나라와의 경제 교류

✳ **우리나라와 다른 나라의 경제 교류 사례**

• 물건뿐만 아니라 서비스 분야에서도 교류합니다.

• 경제 교류 모습

우리나라의 나라별 무역액 비율	• 수출액이 높은 나라: 중국, 미국, 베트남, 홍콩 등 • 수입액이 높은 나라: 중국, 일본, 미국, 독일 등
우리나라의 주요 수출품과 수입품	• 주요 수출품: 반도체, 선박 해양 구조물과 부품, 자동차, 석유 제품 등 • 주요 수입품: 원유, 반도체, 반도체 제조용 장비 등

✳ **서로 의존하며 교류하는 관계**

• 우리나라의 좋은 기술과 물건은 수출하고 우리나라에 없거나 부족한 자원, 기술, 물건, 노동력 등은 수입합니다.

• 편리하고 자유롭게 도움을 주고받을 수 있도록 자유 무역 협정을 맺기도 합니다.

3 다음 그래프는 우리나라의 나라별 무역액 비율입니다. 수출액과 수입액이 가장 높은 나라를 쓰시오.

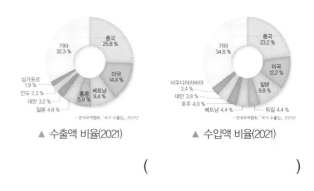

▲ 수출액 비율(2021)   ▲ 수입액 비율(2021)

(   )

4 나라 간 물건이나 서비스 등의 자유로운 이동을 위해 세금, 법과 제도 등의 문제를 줄이거나 없애기로 한 약속은 무엇인지 쓰시오.

(   )

핵심 3 우리나라와 다른 나라의 경제 관계

✳ 서로 경쟁하는 관계

- 같은 종류의 물건을 생산하는 다른 나라와는 서로 경쟁이 발생합니다.
- 새로운 기술이 많이 필요한 휴대 전화, 전자 기기, 자동차 시장에서의 경쟁은 특히 치열합니다.

▲ 휴대 전화 기술 경쟁

▲ 자동차 가격 경쟁

✳ 다른 나라와의 경제 교류가 미친 영향

- 의식주 및 여가 생활의 변화를 가져왔습니다.
- 개인과 기업에 미친 영향

개인	외국 기업에서 일자리를 얻는 등 개인의 경제 활동 범위가 넓어짐.
기업	다른 나라와 새로운 기술, 아이디어를 주고받을 수 있게 됨.

5 다음 빈칸에 공통으로 들어갈 말은 무엇인지 쓰시오.

> 우리나라는 같은 종류의 물건을 생산하는 다른 나라와 서로 [   ]이 발생하는데, 특히 휴대 전화, 전자 기기, 자동차 시장에서의 [   ]은 매우 치열하다.

(   )

6 다른 나라와의 경제 교류가 개인의 경제생활에 미친 영향을 쓰시오.

_____

_____

핵심 4 무역 문제와 해결 방안

✳ 우리나라가 무역을 하면서 겪는 문제

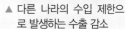

▲ 다른 나라의 수입 제한으로 발생하는 수출 감소

▲ 한국산 물건에 높은 관세 부과

▲ 수입 거부 때문에 다른 나라와 일어나는 갈등

▲ 외국산에 의존해야 하는 물건의 수입 문제

✳ 무역 문제를 해결하는 방안

- 세계 무역 기구(WTO)와 같은 무역 관련 일을 하는 국제기구에 가입합니다.
- 무역 문제가 발생했을 때 국제기구에 도움을 요청합니다.
- 무역에 따른 갈등이 생기지 않도록 세계 여러 나라들이 무역 문제를 함께 협상하고 합의합니다.

7 다음에서 설명하는 '이것'은 무엇인지 쓰시오.

> 이것은 국외에서 수입하는 물건에 부과하는 세금으로, 다른 나라 물건에 지나치게 높게 부과하여 문제가 되기도 한다.

(   )

8 무역 문제가 발생했을 때 도움을 요청할 수 있는 국제기구는 무엇입니까? (   )

① 관세청　　　　　② 유니세프
③ 유네스코　　　　④ 세계 무역 기구
⑤ 자유 무역 협정

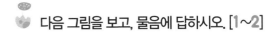

다음 그림을 보고, 물음에 답하시오. [1~2]

1 위 그림과 같이 나라와 나라 사이에 물건을 사고파는 것을 무엇이라고 하는지 쓰시오.

(   )

2 위 1번과 같은 일이 발생하는 까닭으로 알맞지 <u>않은</u> 것은 어느 것입니까? (   )

① 나라마다 자본이 다르기 때문이다.
② 나라마다 기술이 다르기 때문이다.
③ 나라마다 노동력이 다르기 때문이다.
④ 나라마다 자연환경이 다르기 때문이다.
⑤ 나라마다 더 잘 생산할 수 있는 물건이나 서비스가 같기 때문이다.

3 오른쪽 선생님의 질문에 대한 답변으로 알맞은 것을 보기 에서 골라 기호를 쓰시오.

> 각 나라에서 더 잘 생산할 수 있는 것을 전문적으로 생산하면 소비자와 기업 입장에서는 어떤 좋은 점이 있을까요?

보기

㉠ 소비자는 국내에서 생산된 것만 살 수 있다.
㉡ 기업은 물건 가격을 마음대로 올릴 수 있다.
㉢ 기업은 생산 비용을 줄여 제품을 생산할 수 있다.
㉣ 소비자는 같은 제품이지만 더 값싸고 질 좋은 것을 살 수 있다.

(,   )

4 다음 ㉠, ㉡에 들어갈 알맞은 말은 무엇인지 쓰시오.

> 무역을 할 때 다른 나라에 물건을 파는 것을 ㉠ , 다른 나라에서 물건을 사 오는 것을 ㉡ 이라고 한다.

㉠: (   ) ㉡: (   )

5 다음 그래프를 보고, 수출액과 수입액이 가장 많은 나라는 어디입니까? (   )

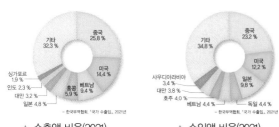

▲ 수출액 비율(2021)   ▲ 수입액 비율(2021)

① 홍콩   ② 중국   ③ 미국
④ 일본   ⑤ 베트남

6 우리나라의 주요 수출품이 <u>아닌</u> 것은 어느 것입니까? (   )

① 원유   ② 반도체   ③ 자동차
④ 석유 제품   ⑤ 자동차 부품

7 다른 나라에서 들여온 원료로 만든 물건은 어느 것입니까? (   )

① 커피
- 원산지: 브라질
- 생산지: 브라질

② 신발
- 원산지: 베트남
- 생산지: 베트남

③ 의자
- 원산지: 캐나다
- 생산지: 대한민국

④ 곰인형
- 원산지: 중국
- 생산지: 중국

2 단원

서술형

8 다음 뉴스를 읽고, 한국과 몽골의 의료 교류가 두 나라에 미칠 영향을 쓰시오.

> **'한국-몽골, 원격 의료 협력 확대'**
> 정부가 몽골과 협약을 체결해 정보 통신 기술을 활용한 의료 수출의 길을 열었습니다. 양국이 체결한 협약은 몽골의 의료 환경을 개선하는 데 도움을 줄 것으로 기대됩니다. 한국에서 치료를 받고 귀국한 몽골인 환자들은 원격으로 지속적인 치료를 받을 수 있게 됩니다.

_____

_____

서술형

9 다음 글을 읽고, 다른 나라와의 경제 교류로 달라진 의생활 모습을 쓰시오.

> 우리 반 친구들이 입고 있는 옷의 생산지를 살펴봤다. 비슷하게 생겼지만 실제로 생산지를 찾아보니 베트남, 중국 등이었다.

_____

_____

우리나라와 다른 나라의 경제 교류를 나타낸 다음 지도를 보고, 물음에 답하시오. [10~12]

10 다음과 관련 있는 나라를 앞 지도에서 찾아 쓰시오.

> • 우리나라에 커피를 수출한다.
> • 우리나라에서 자동차를 수입한다.

(   )

주의

11 앞 지도를 보고, [보기]의 물건들을 우리나라의 수출품과 수입품으로 나누어 기호를 쓰시오.

> **보기**
> ㉠ 원목   ㉡ 철광석   ㉢ 텔레비전
> ㉣ 천연가스   ㉤ 휴대 전화   ㉥ 건설 기술

(1) 수출품: (   )

(2) 수입품: (   )

12 앞의 지도를 보고, 알 수 있는 사실이 <u>아닌</u> 것은 어느 것입니까? (   )

① 우리나라에 부족한 자원은 수입한다.

② 우리나라는 다른 나라와 서로 도움을 주고받는다.

③ 우리나라는 다른 나라와 서로 의존하며 경제적으로 교류한다.

④ 우리나라의 뛰어난 제품과 기술을 수출해 다른 나라에 도움을 준다.

⑤ 우리나라는 같은 종류의 물건을 생산하는 다른 나라와 서로 경쟁한다.

중요

13 다음에서 설명하는 것은 무엇인지 쓰시오.

> 나라 간 물건이나 서비스 등의 자유로운 이동을 위해 세금, 법과 제도 등의 문제를 줄이거나 없애기로 한 약속으로, 우리나라는 52개국과 이 협정을 맺고 있다.

(   )

14 새로운 기술이 많이 필요해 최근 세계 시장에서 경쟁이 특히 치열한 분야를 쓰시오.

( )

15 다음 ㉠, ㉡에 들어갈 알맞은 말을 쓰시오.

> 다른 나라와 교류가 활발해지면서 기업들은 다른 나라에 공장을 세워 그 나라의 값싼 ㉠ 을 활용해 물건을 생산하고 제조 비용과 ㉡ 비용을 줄일 수 있게 되었다.

㉠: ( ) ㉡: ( )

 중요

16 다른 나라와의 경제 교류가 개인의 경제생활에 미친 영향으로 알맞지 <u>않은</u> 것은 어느 것입니까?

( )

① 개인의 경제 활동 범위가 좁아졌다.
② 외국 기업에서 일자리를 얻는 사람이 늘어났다.
③ 다른 나라에서 수입한 열대 과일을 먹을 수 있다.
④ 전 세계의 값싸고 다양한 물건을 선택할 수 있는 기회가 늘어났다.
⑤ 인터넷 쇼핑을 통해 외국의 상품을 직접 구매하는 사람이 늘어났다.

17 다음은 우리나라가 다른 나라와 무역을 하면서 겪는 문제점입니다. 빈칸에 들어갈 알맞은 말을 쓰시오.

> 우리나라 물건에 높은 [ ]을(를) 매겨 가격이 올라 경쟁에서 불리하다.

( )

18 다음 뉴스의 밑줄 친 부분에 해당하는 내용으로 가장 알맞은 것은 어느 것입니까? ( )

> 최근 ○○ 나라에서는 우리나라 철강 수입에 대한 반대가 심해지고 있어 많은 어려움이 예상됩니다.

① 우리나라 철강 수출이 늘어난다.
② 우리나라 철강 수출이 줄어든다.
③ 우리나라 철강 가격이 비싸진다.
④ 우리나라 제품에 보복 관세를 부과한다.
⑤ 우리나라 제철소가 모두 문을 닫아 실업자가 증가한다.

서술형

19 다음과 같이 각 나라가 자기 나라의 경제를 보호하는 까닭은 무엇인지 쓰시오.

20 다른 나라와의 무역 문제를 해결할 수 있는 방안으로 알맞지 <u>않은</u> 것은 어느 것입니까? ( )

① 높은 보복 관세를 부과한다.
② 무역과 관련된 일을 하는 국제기구에 가입한다.
③ 무역과 관련된 일을 하는 국내 기관을 설립한다.
④ 무역 문제가 발생했을 때 국제기구에 도움을 요청한다.
⑤ 세계 여러 나라와 무역 문제를 함께 협상하고 합의하려는 노력을 한다.

1 무역에 대해 잘못 말한 친구는 누구입니까? (   )

① 다른 나라에 물건을 파는 것은 수출이라고 한다.

② 다른 나라에서 물건을 사 오는 것은 수입이라고 한다.

③ 나라와 나라 사이에 물건과 서비스를 사고파는 것이다.

④ 각 나라마다 자연환경, 자원, 기술 등이 다르기 때문에 발생한다.

⑤ 수출은 나라 경제에 도움을 주지만 수입은 손해를 끼치기 때문에 수입은 하지 않아야 한다.

🌸 다음 글을 읽고, 물음에 답하시오. [2~3]

○○ 나라는 덥고 습하며 일 년 내내 비가 내려 사람들은 주로 바나나, 파인애플 등의 열대 과일을 재배한다. 철광석, 원유, 목재, 천연고무 등과 같은 자원과 노동력이 풍부하지만 휴대 전화, 자동차, 배 등을 만드는 기술이 부족하다.

△△ 나라는 사계절이 뚜렷하고 기후가 온난하다. 배, 자동차, 반도체 등을 만드는 기술은 뛰어나지만 원유, 목재, 천연고무 등의 자원은 부족하다.

서술형

2 위 글에서 ○○ 나라와 △△ 나라가 부족하거나 필요한 것을 구할 수 있는 방법을 쓰시오.

_____

_____

_____

3 다음 빈칸에 들어갈 말로 알맞지 않은 것은 어느 것입니까? (   )

나라마다 [   ] 등에 차이가 있어 더 잘 생산할 수 있는 물건이나 서비스가 다르기 때문에 무역이 발생한다.

① 자원 ② 기술 ③ 노동력
④ 국토 면적 ⑤ 자연환경

4 다음 자료를 보고, 자동차 바퀴 재료가 생산된 곳은 어디인지 쓰시오.

• 원산지: 말레이시아

• 생산지: 대한민국

(   )

5 서비스 분야에서 다른 나라와 교류하는 사례로 알맞지 않은 것은 어느 것입니까? (   )

① 게임 수출 ② 영화 수출
③ 음악 수출 ④ 곰인형 수출
⑤ 의료 기술 수출

중요

6 우리나라의 주요 무역 상대국 중 수출액과 수입액이 가장 많은 나라는 어디입니까? (   )

① 칠레 ② 독일 ③ 중국
④ 러시아 ⑤ 인도네시아

🌸 다음 그래프를 보고, 물음에 답하시오. [7~8]

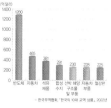

▲ 우리나라의 주요 수출품

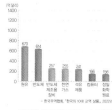

▲ 우리나라의 주요 수입품

7 우리나라의 주요 수입품이 아닌 것은 어느 것입니까? (   )

① 석탄 ② 자동차
③ 석유 제품 ④ 천연가스
⑤ 반도체 제조용 장비

8 앞의 표를 보면, 원유의 수입액이 가장 많은데도 석유 제품의 수출액이 많은 까닭은 무엇인지 쓰시오.

_____

_____

_____

9 다음 빈칸에 들어갈 알맞은 말은 무엇인지 쓰시오.

> 우리나라는 같은 종류의 물건을 생산하는 다른 나라와 세계 시장에서 서로 [   ]한다.

( )

10 다음 그림을 보고, 우리나라는 다른 나라와 어떤 경제 관계를 맺고 있는지 쓰시오.

_____

_____

현준이가 식당에서 본 식재료 원산지 안내판을 보고, 물음에 답하시오. [11~12]

음식명	품목	원산지
삼겹살	돼지고기	칠레
갈비탕	쇠고기	오스트레일리아
닭볶음탕	닭고기	브라질
고등어구이 · 조림	고등어	노르웨이
김치찌개	고춧가루	중국

11 앞 표를 보고, 음식 재료들의 원산지가 바르게 연결된 것은 어느 것입니까? ( )

① 갈비탕 - 중국
② 닭볶음탕 - 칠레
③ 김치찌개 - 브라질
④ 고등어구이 - 노르웨이
⑤ 삼겹살 - 오스트레일리아

12 앞의 표와 같이 오늘날 식재료의 원산지가 다양하게 나타나는 까닭은 무엇인지 쓰시오.

_____

_____

13 다른 나라와의 경제 교류가 우리 생활에 미친 영향에 대해 잘못 말한 친구는 누구입니까? ( )

① 민준: 어제는 태국 음식점에서 팟타이를 먹었어.
② 현지: 내가 입고 있는 옷은 중국에서 생산된 거야.
③ 송은: 우리 할머니 댁은 넓은 마당이 있는 한옥 집이야.
④ 준하: 주말에 가족과 함께 영화관에 가서 미국에서 만든 만화 영화를 봤어.
⑤ 명근: 다른 나라에서 수입한 가구나 조명 기구를 사용하는 가정이 많아졌어.

14 다음 빈칸에 들어갈 알맞은 말을 쓰시오.

> 다른 나라와 교류가 활발해지면서 외국 기업에서 일자리를 얻는 등 [   ]의 경제 활동 범위가 넓어졌다.

( )

15 다른 나라에 공장을 세워 물건을 생산할 때 얻을 수 있는 이익이 <u>아닌</u> 것은 어느 것입니까? (   )

① 제조 비용을 줄일 수 있다.
② 운반 비용을 줄일 수 있다.
③ 기업의 이윤을 늘릴 수 있다.
④ 외국의 풍부한 노동력을 활용할 수 있다.
⑤ 외국 기업의 새로운 기술이나 아이디어를 빼내 올 수 있다.

16 다음 빈칸에 들어갈 알맞은 말을 쓰시오.

> 한국-칠레 (   ) 타결 10주년
>
> 　오늘은 한국과 칠레의 (   )(이)가 타결된 지 10년이 되는 날이다. 관세가 파격적으로 줄어든 이 기간 동안 우리나라는 칠레에서 포도, 돼지고기, 구리 등을 더 많이 수입했고, 자동차, 휴대전화 등을 더 많이 수출했다.
>
> －○○ 신문－

(   )

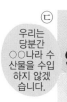 다음은 우리나라가 다른 나라와 무역을 하면서 겪는 문제점입니다. 물음에 답하시오. [17~19]

17 다음 내용과 관련 있는 그림을 찾아 기호를 쓰시오.

> 다른 나라에서 수입해야 하는 물건에 문제가 생기면 우리나라에도 어려움이 생긴다.

(   )

18 다른 나라에서 ㉡과 같은 일을 하는 까닭으로 알맞은 것은 어느 것입니까? (   )

① 우리나라 세탁기의 품질이 낮기 때문이다.
② 우리나라 세탁기가 너무 비싸기 때문이다.
③ 우리나라 세탁기를 수입할 필요가 없기 때문이다.
④ 우리나라 세탁기 가격이 너무 낮으면 자기 나라 세탁기가 팔리지 않기 때문이다.
⑤ 너무 적은 세탁기를 수입하면 자기 나라의 관련 산업에 문제가 생기기 때문이다.

19 위와 같은 무역 문제가 발생하는 이유로 알맞은 것을 두 가지 고르시오. (,   )

① 무역은 강대국에만 이익을 주기 때문이다.
② 자기 나라의 산업을 더 키우기 위해서이다.
③ 기업들이 국제 상황을 잘 모르기 때문이다.
④ 무역 분쟁을 중재할 국제기구가 없기 때문이다.
⑤ 자기 나라의 경제를 보호하려고 하기 때문이다.

20 다음에서 설명하는 국제기구는 무엇인지 쓰시오.

> • 세계 무역을 더 자유롭게 할 수 있도록 1995년 1월 만들어진 국제기구이다.
> • 나라와 나라 사이에 무역 관련 문제가 일어났을 때 공정하게 심판하는 일을 한다.

(   )

1 다음 두 나라의 상황을 보고, 물음에 답하시오.

(가) 나라	(나) 나라
• 기후가 온난하다. • 지하자원 및 원유의 대부분을 수입에 의존한다. • 휴대 전화, 텔레비전 등을 만드는 기술이 뛰어나고 반도체, 자동차, 조선 산업이 발달했다. • 주요 무역 상대국이 한정되어 있다.	• 세계에서 가장 긴 땅을 가지고 있다. • 산맥에 구리를 비롯한 광산이 많다. • 세계 1위의 포도 수출국으로 포도주가 유명하다. • 제조업이 발달하지 못해 정교한 공산품을 만들지 못한다.

(1) 위 두 나라에 풍족하거나 뛰어난 것은 무엇인지 쓰시오.

(2) 위의 두 나라의 상황을 바탕으로 무역이 발생하는 이유를 쓰시오.

관련 핵심 개념

무역의 발생 원인

> A 나라는 넓은 농토가 있기 때문에 농산물을 생산하는 데 돈이 적게 들지만, 자동차를 만드는 기술은 떨어지는 편입니다.
> B 나라는 자동차 만드는 산업이 발달해서 비교적 저렴한 가격에 자동차를 생산하지만 농산물을 생산하는 데 돈이 무척 많이 듭니다.

 A 나라와 B 나라가 무역을 한다면 A 나라는 농산물을 수출하고 그 돈으로 자동차를 사는 것이 자기 나라에서 비싸게 자동차를 생산하는 것보다 더 이익이며, B 나라 역시 자동차를 수출하고 그 돈으로 농산물을 사는 것이 이익이 될 수 있습니다.

2 다음 뉴스 기사를 읽고, 물음에 답하시오.

ㄱ

한국-몽골, 원격 의료 협력 확대

 정부가 몽골과 협약을 체결해 정보 통신 기술을 활용한 의료 수출의 길을 열었습니다. 양국이 체결한 협약은 몽골의 의료 환경을 개선하는 데 도움을 줄 것으로 기대됩니다. 한국에서 치료를 받고 귀국한 몽골인 환자들은 원격으로 지속적인 치료를 받을 수 있게 됩니다.

ㄴ

한국, 게임 수출 첫 4조 원 돌파, 중국 넘어 북미와 유럽까지 진출

 한국의 컴퓨터 게임과 모바일 게임이 주력 수출 시장인 중국뿐만 아니라 일본, 북미, 유럽 지역에서도 큰 인기를 끌면서 한국의 게임 수출액은 4조 원을 넘어설 전망이다.

 게임 산업 수출액은 방송, 영화, 음악 등을 모두 합친 문화 산업 전체 수출액의 55%에 이른다.

(1) 위 ㄱ과 ㄴ에서 우리나라가 수출하고 있는 것은 무엇인지 쓰시오.

    ㄱ: (　　　　　　　　　)　ㄴ: (　　　　　　　　　)

(2) ㄱ의 뉴스 기사에서 한국과 몽골의 의료 교류로 얻을 수 있는 좋은 점은 무엇인지 쓰시오.

관련 핵심 개념

다른 나라와의 경제 교류 사례

• 물건을 교류합니다.
• 의료 기술, 게임, 영화, 음악 등 서비스를 교류합니다.

3 다음 사진을 보고, 물음에 답하시오.

관련 핵심 개념

다른 나라와의 경제 교류가 우리 경제생활에 미친 영향

- 의식주 및 여가 생활에 변화를 가져왔습니다.
- 개인과 기업의 경제생활에 변화를 가져왔습니다.

▲ 다른 나라에서 수입한 열대 과일

▲ 인도에 있는 우리나라 기업의 자동차 공장

(1) 위 ㉠과 같이 경제 교류가 개인의 경제생활에 미친 영향을 쓰시오.

_____

(2) 위 ㉡과 같이 다른 나라에 공장을 세우면 어떤 점이 좋은지 쓰시오.

_____

4 다음 신문 기사를 읽고, 물음에 답하시오.

관련 핵심 개념

다른 나라와 무역을 하면서 생기는 문제의 해결 방안

- 무역과 관련된 일을 하는 국제기구에 가입합니다.
- 무역 문제가 발생했을 때 국제기구에 도움을 요청합니다.
- 무역에 따른 갈등이 생기지 않도록 세계 여러 나라들이 무역 문제를 함께 협상하고 합의하려는 노력을 합니다.

| ○○신문 | 20△△년 △△월 △△일 |

인도, 무역 관련 분쟁에서 미국에 패소

2011년에 인도는 태양광 발전 사업을 발표하면서 인도에서 생산된 태양 전지와 컴퓨터 시스템만을 사용하겠다고 발표했다. 이러한 정책으로 미국의 관련 물건 수출이 90% 정도 줄어들자, 2013년에 미국은 인도 정부의 차별 정책으로 손해를 봤다며 세계 무역 기구에 판정을 요청했다.

세계 무역 기구는 이 사건을 조사하고 인도가 '외국 기업과 국내 기업을 차별해서는 안 된다.'라는 세계 무역 기구의 규정을 위반했다고 판정했다.

(1) 위 신문 기사에서 인도와 미국 사이에 어떤 일이 생겼는지 쓰시오.

_____

(2) 위 기사를 바탕으로 세계 무역 기구가 하는 일을 쓰시오.

_____

탐구 서술형 평가 2회

1 다음 글을 읽고, 물음에 답하시오.

> ○○ 나라는 덥고 습하며 일년 내내 비가 내려 사람들은 주로 바나나, 파인애플 등의 열대 과일을 재배한다. 철광석, 원유, 목재, 천연고무 등과 같은 자원과 노동력이 풍부하지만 휴대 전화, 자동차, 배 등을 만드는 기술이 부족하다.
> △△ 나라는 사계절이 뚜렷하고 기후가 온난하다. 배, 자동차, 반도체 등을 만드는 기술은 뛰어나지만 원유, 목재, 천연고무 등의 자원은 부족하다.

(1) ○○ 나라와 △△ 나라가 서로 부족하거나 필요한 것을 구하려면 무엇이 필요한지 쓰시오.

(   )

(2) 위 글을 참고하여, (1)번 답이 이루어지는 까닭을 쓰시오.

_____

_____

관련 핵심 개념

무역

　나라와 나라 사이에 물건과 서비스를 사고파는 것으로, 나라마다 자연환경과 자본, 기술 등에 차이가 있어 더 잘 생산할 수 있는 물건이나 서비스가 다르기 때문에 발생합니다.

2 우리나라와 다른 나라의 경제 관계를 나타낸 지도를 보고, 물음에 답하시오.

(1) 위 지도에서 우리나라와 오스트레일리아의 경제 교류 활동을 쓰시오.

_____

_____

(2) 위 지도에서 알 수 있는 우리나라와 다른 나라의 경제 관계를 쓰시오.

_____

관련 핵심 개념

우리나라와 다른 나라의 경제 관계

· 우리나라의 좋은 기술과 물건은 수출하고 우리나라에 없거나 부족한 자원, 기술, 물건, 노동력은 수입하는 등 경제적 도움을 주고받으며 상호 의존합니다.

· 같은 종류의 물건을 생산하는 다른 나라와는 서로 경쟁합니다.

3 다음 신문 기사를 읽고, 물음에 답하시오.

○○신문　20△△년 △△월 △△일
세계 최고의 커피와 초콜릿, 콜롬비아

콜롬비아는 해발 고도가 높고 기후가 온화해 커피를 재배하는 데 적합한 조건을 갖춰 좋은 품질의 커피를 생산한다. 소량으로 생산한 품질 좋은 카카오로 만든 초콜릿은 맛과 향이 뛰어나 콜롬비아의 또 다른 자랑이다.

원유 수출국이기도 한 콜롬비아는 2016년 우리나라와 ㉠자유 무역 협정을 맺었다. 최근 한국의 자동차가 콜롬비아 국민들에게 큰 인기를 얻고 있다.

○○신문　20△△년 △△월 △△일
커피 시장과 자동차 시장의 온도 차이

우리나라의 커피 시장은 10년간 크게 성장했다. 우리나라 국민의 1인당 커피 소비량은 연간 360잔 정도로 이것은 전 국민이 매일 한 잔씩 마시는 양이다. 이러한 성장에 힘입어 서울에서 세계 바리스타 대회가 열리기도 했다.

(1) 우리나라와 콜롬비아가 밑줄 친 ㉠을 맺은 까닭은 무엇인지 쓰시오.

_____

(2) 두 나라가 커피와 관련해서 어떤 경제적 관계를 맺을 수 있는지 쓰시오.

_____

_____

4 우리나라가 무역을 하면서 겪는 문제를 보고, 물음에 답하시오.

(1) 위 ㉠과 같이 물건의 양에 제한을 두는 까닭은 무엇인지 쓰시오.

_____

(2) ㉡과 같이 높은 관세를 매기면 어떤 문제가 발생하는지 쓰시오.

_____

2 단원

1 다음 빈칸에 공통으로 들어갈 말은 무엇인지 쓰시오.

> • 가계의 생산 활동 중 소득을 얻기 위한 활동이 주로 이루어지는 곳은 [ ]이다.
> • 가계의 소비 활동 과정에서 구입한 물건들은 주로 [ ]에서 생산된 것이다.

( )

2 텔레비전을 고를 때 합리적인 선택을 하지 <u>못한</u> 사람은 누구입니까? ( )

① 수영: 같은 조건이면 더 싼 텔레비전이 좋겠어.
② 영민: 같은 품질과 디자인이라면 더 비싼 텔레비전이 좋겠어.
③ 미수: 같은 가격이면 다양한 기능이 있는 텔레비전을 선택해야지.
④ 수민: 무상 관리 서비스를 오래 받을 수 있는 텔레비전을 고르겠어.
⑤ 상진: 우리 집은 할아버지, 할머니가 계셔서 화면이 큰 텔레비전이 더 좋아.

서술형

3 다음 자료를 보고, 학용품 회사에서는 어떤 노력을 해야 하는지 쓰시오.

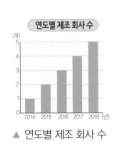

필통을 만드는 회사가 많아지면 어떻게 해야 할까요?

▲ 연도별 제조 회사 수

4 가계와 기업이 만나는 다음과 같은 곳을 통틀어 무엇이라고 하는지 쓰시오.

▲ 대형 할인점   ▲ 텔레비전 홈 쇼핑

( )

5 우리나라 경제 체제의 특징으로 알맞지 <u>않은</u> 것은 어느 것입니까? ( )

① 기업은 이윤을 얻으려고 다른 기업과 경쟁한다.
② 기업은 무엇을 생산하고 판매할지 정할 수 있다.
③ 개인은 직업을 얻으려고 다른 사람들과 경쟁한다.
④ 자신의 능력과 적성에 따라 직업을 자유롭게 선택할 수 있다.
⑤ 사람들은 경제 활동으로 얻은 소득을 자유롭게 사용할 수 없다.

6 다음 ㉠, ㉡에 들어갈 알맞은 말을 쓰시오.

> [㉠]은 자유롭게 경쟁하며 더 좋은 상품을 개발해 많은 이윤을 얻을 수 있고, [㉡]는 품질이 좋은 다양한 상품을 살 수 있어서 만족할 수 있다.

㉠: ( ) ㉡: ( )

7 음료수를 만드는 회사가 두 곳뿐일 때 발생할 수 있는 일은 어느 것입니까? ( )

① 음료수의 맛이 더 좋아진다.
② 음료수 회사의 이윤이 감소한다.
③ 음료수 시장의 경쟁이 치열해진다.
④ 음료수를 홍보하는 데 많은 돈이 든다.
⑤ 두 회사가 상의해 가격을 마음대로 올릴 수 있다.

8 1960년대에 우리나라가 다음과 같은 제품을 주로 생산한 까닭은 무엇입니까? (   )

> 섬유, 신발, 가방, 의류

① 자본이 풍부했기 때문에
② 노동력이 풍부했기 때문에
③ 초고속 정보 통신망이 만들어졌기 때문에
④ 고도로 발전된 기술을 가지고 있었기 때문에
⑤ 정부에서 중화학 공업 육성 정책을 추진하였기 때문에

9 1970년대 정부에서 육성한 산업이 <u>아닌</u> 것은 어느 것입니까? (   )

① 철강 산업
② 기계 산업
③ 조선 산업
④ 신소재 산업
⑤ 석유 화학 산업

서술형

10 다음 밑줄 친 부분에 들어갈 내용을 쓰시오.

> 우리나라의 산업 구조가 경공업에서 중화학 공업 중심으로 바뀌면서 _____

11 컴퓨터와 가전제품의 생산이 늘어남에 따라 더욱 중요해진 산업은 어느 것입니까? (   )

① 철강 산업
② 조선 산업
③ 금융 산업
④ 반도체 산업
⑤ 석유 화학 산업

12 2000년대 이후 우리나라의 경제 발전 모습에 대한 설명으로 알맞지 <u>않은</u> 것은 어느 것입니까?
(   )

① 새로운 산업의 발달로 국제 사회에서의 위상이 높아졌다.
② 경제 성장으로 국민 개개인의 생활이 더욱 풍요롭고 편리해지고 있다.
③ 많은 노동력이 필요한 제품을 낮은 가격으로 생산하여 수출하고 있다.
④ 문화 콘텐츠 산업, 의료 서비스 산업 등 다양한 서비스 산업이 발달하고 있다.
⑤ 고도로 발전된 기술을 필요로 하는 로봇 산업, 우주 항공 산업 등이 발달하고 있다.

2 단원

13 우리나라 경제 성장과 더불어 문화와 관련된 상품들이 해외에서 인기를 얻으면서 나타난 오른쪽과 같은 현상을 무엇이라고 하는지 쓰시오.

(   )

14 경제 성장 과정에서 나타난 문제점으로 알맞지 <u>않은</u> 것은 어느 것입니까? (   )

① 근로자의 최저 임금이 상승하였다.
② 공장 매연과 자동차 배기가스로 미세 먼지가 많아졌다.
③ 근로자와 경영자 사이에 갈등이 생기는 기업이 늘어났다.
④ 가난한 사람과 부유한 사람 사이의 소득 차이가 점점 커졌다.
⑤ 에너지를 생산하면서 오염 물질이 발생하고 자원도 부족해졌다.

15 다음에서 설명하는 것은 무엇인지 쓰시오.

> 나라마다 자연환경과 자본, 기술 등에 차이가 있어 더 잘 생산할 수 있는 물건이나 서비스가 다르기 때문에 발생한다.

(   )

16 다음은 우리나라의 나라별 무역액 비율을 나타낸 것입니다. 수출액 비중과 수입액 비중이 가장 높은 나라는 어디입니까? (   )

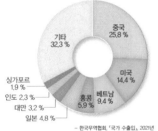

▲ 수출액 비율(2021)   ▲ 수입액 비율(2021)

① 일본   ② 미국   ③ 중국
④ 홍콩   ⑤ 베트남

17 다음에서 설명하는 것은 무엇인지 쓰시오.

> 나라 간 물건이나 서비스 등의 자유로운 이동을 위해 세금, 법과 제도 등의 문제를 줄이거나 없애기로 한 약속이다.

(   )

18 다른 나라와의 경제 교류가 개인과 기업에 미친 영향으로 알맞은 것을 보기 에서 두 가지 고르시오.

보기

> ㉠ 개인의 경제 활동 범위가 좁아졌다.
> ㉡ 기업은 외국 기업과 새로운 기술과 아이디어를 주고받을 수 있게 되었다.
> ㉢ 소비자는 전 세계의 값싸고 다양한 물건을 선택할 수 있는 기회가 늘어났다.
> ㉣ 기업은 다른 나라에 공장을 세워 물건을 생산하고 현지에서 직접 판매해 제조 비용과 운반 비용이 늘어났다.

(,   )

서술형

19 다음 그림에서 알 수 있는 우리나라가 다른 나라와 무역을 하면서 겪는 문제는 무엇인지 쓰시오.

20 무역 문제를 해결하기 위한 노력으로 알맞지 <u>않은</u> 것은 어느 것입니까? (   )

① 국제기구 가입
② 보복 관세 부과
③ 관련 국내 기관 설립
④ 세계 여러 나라와 협상
⑤ 정부 부처에서 정보를 미리 제공

1 다음과 같은 가계가 하는 일로 알맞은 것을 두 가지 고르시오. (,)

> 살림을 같이하는 생활 공동체를 가계라고 한다.

① 사람들에게 일자리를 제공한다.
② 상품을 많이 팔려고 광고를 한다.
③ 소득으로 필요한 물건을 구입한다.
④ 기업의 생산 활동에 참여한 대가로 소득을 얻는다.
⑤ 물건을 만들어 판매하거나 서비스를 제공해 이윤을 얻는다.

2 다음에서 설명하는 것은 무엇인지 쓰시오.

> 소득의 범위 내에서 적은 비용으로 가장 큰 만족을 얻는 것이다.

( )

3 기업의 합리적 선택이 필요한 까닭으로 알맞은 것은 어느 것입니까? ( )

① 많은 양을 생산하기 위해서이다.
② 가격을 마음대로 올리기 위해서이다.
③ 무조건 값이 싼 제품을 만들기 위해서이다.
④ 적은 비용으로 많은 이윤을 남기기 위해서이다.
⑤ 무엇을 얼마나 생산할지 스스로 정하기 위해서이다.

4 다음은 우리나라 경제 체제의 특징입니다. ㉠, ㉡에 들어갈 알맞은 말은 무엇인지 쓰시오.

> • 자신의 능력과 적성에 따라 [㉠]롭게 직업을 선택할 수 있다.
> • 기업은 보다 더 많은 이윤을 얻으려고 다른 기업과 서로 [㉡]한다.

㉠: ( ) ㉡: ( )

5 다음 ㉠, ㉡ 시장에 대한 설명으로 알맞지 <u>않은</u> 것은 어느 것입니까? ( )

 ㉠    ㉡

① ㉠은 전통 시장이다.
② ㉠은 시장이지만, ㉡은 시장이 아니다.
③ ㉡은 인터넷을 이용해 물건을 사고판다.
④ ㉡은 언제 어디에서나 물건을 구매할 수 있다.
⑤ ㉠은 여러 기업에서 생산한 물건을 직접 가격을 비교하며 살 수 있다.

6 기업 간의 경쟁으로 소비자가 얻을 수 있는 이익이 <u>아닌</u> 것은 어느 것입니까? ( )

① 좋은 서비스를 받을 수 있다.
② 품질 좋은 물건을 살 수 있다.
③ 가격이 저렴한 물건을 살 수 있다.
④ 원하는 조건의 물건을 살 수 있다.
⑤ 자신의 재능과 능력을 더 잘 발휘할 수 있다.

서술형

7 다음 그림을 참고하여, 공정하지 못한 경제 활동을 바로잡기 위해 정부가 하는 일은 무엇인지 쓰시오.

8 다음 빈칸에 들어갈 시설로 알맞지 <u>않은</u> 것은 어느 것입니까? (   )

> 1962년에 정부는 경제 개발 5개년 계획을 세우고, 기업이 제품을 생산하고 운반해 수출할 수 있도록 [   ] 등을 많이 건설했다.

① 항만
② 발전소
③ 조선소
④ 정유 시설
⑤ 고속 국도

9 1970년대에 정부가 중화학 공업 중에서도 철강 산업과 석유 화학 산업을 빠르게 발전시킨 까닭은 무엇입니까? (   )

① 자본이 적게 들어가기 때문이다.
② 노동력이 적게 들어가기 때문이다.
③ 별다른 기술이 필요하지 않기 때문이다.
④ 사람들의 생활에 필요한 물건을 우선 생산해야 했기 때문이다.
⑤ 제품을 생산하는 데 필요한 재료를 만드는 산업이기 때문이다.

10 다음 자료와 관련 있는 시기는 언제입니까?

(   )

▲ 자동차 수출   ▲ 컬러텔레비전 생산

① 1950년대
② 1960년대
③ 1970년대
④ 1980년대
⑤ 2000년대 이후

11 1990년대 우리나라의 경제 발전 모습을 알 수 있는 자료로 알맞지 <u>않은</u> 것은 어느 것입니까? (   )

①
 ▲ 전국에 설치된 초고속 정보 통신망

② 
 ▲ 반도체

③ 
 ▲ 울산 석유 화학 단지

④ 
 ▲ 컴퓨터

12 2000년대 이후에 발달한 서비스 산업에 해당하는 것을 두 가지 고르시오. (,   )

① 생명 공학
② 신소재 산업
③ 우주 항공 산업
④ 의료 서비스 산업
⑤ 문화 콘텐츠 산업

13 우리나라에서 다양한 국제 행사가 열리는 이유로 알맞은 것은 어느 것입니까? (   )

① 우리나라 경제가 성장했기 때문이다.
② 우리나라가 세계 최대 강대국이기 때문이다.
③ 외국인들이 우리나라를 많이 여행하기 때문이다.
④ 우리나라가 국제 사회에서 위상이 낮아졌기 때문이다.
⑤ 우리나라 사람들이 해외로 여행을 많이 떠나기 때문이다.

14 경제 성장에서 나타난 문제점 중 근로자와 경영자 사이의 문제는 무엇입니까? (   )

① 집값 상승　　　② 환경 오염
③ 노사 갈등　　　④ 노동력 부족
⑤ 경제적 양극화

서술형

15 각 나라에서 더 잘 생산할 수 있는 것을 전문적으로 생산할 경우, 소비자와 기업이 얻을 수 있는 이익은 무엇인지 쓰시오.

(1) 소비자: _____

_____

(2) 기업: _____

_____

16 우리나라의 주요 수출품을 두 가지 고르시오.
(,   )

① 원유　　　② 석탄　　　③ 반도체
④ 자동차　　　⑤ 천연가스

17 다음 ㉠, ㉡에 들어갈 알맞은 말은 무엇인지 쓰시오.

> 우리나라는 다른 나라와 서로 의존하며 경제적으로 교류한다. 우리나라의 발전된 기술과 좋은 물건을 ㉠ 하고 우리나라에 부족하거나 없는 자원, 기술, 물건, 노동력 등을 ㉡ 한다.

㉠: (   ) ㉡: (   )

서술형

18 다음 일기를 읽고, 다른 나라와의 경제 교류가 우리 생활에 미친 영향은 무엇인지 쓰시오.

> **20○○년 ○○월 ○○일**　　　　날씨: 맑음
>
> 　오늘은 태국 음식점에서 팟타이를 먹었다. 태국에 직접 가지 않고도 태국 음식의 색다른 맛을 즐길 수 있어서 신기했다. 후식으로 태국에서 수입한 열대 과일 망고도 먹었다.

_____

_____

19 다음 글의 제목으로 가장 알맞은 것은 어느 것입니까? (   )

> • 다른 나라의 수입 제한으로 발생하는 수출 감소
> • 한국산 물건에 높은 관세 부과
> • 수입 거부 때문에 다른 나라와 일어나는 갈등
> • 외국산에 의존해야 하는 물건의 수입 문제

① 무역의 의미
② 우리나라 무역의 특징
③ 우리나라와 다른 나라의 경제 관계
④ 우리나라가 무역을 해야 하는 까닭
⑤ 우리나라가 다른 나라와 무역을 하면서 겪는 문제

20 나라와 나라 사이에 무역 관련 문제가 일어났을 때 공정하게 심판하려고 만들어진 국제 기구는 무엇입니까? (   )

① 유니세프　　　② 국제 연합
③ 국제 적십자사　　　④ 세계 무역 기구
⑤ 국제 통화 기금

1 가계와 기업의 관계에 대한 설명으로 알맞지 <u>않은</u> 것은 어느 것입니까? (   )

① 가계는 기업의 생산 활동에 참여한다.
② 기업은 가계에 일자리와 소득을 제공한다.
③ 가계와 기업이 하는 일은 서로 도움이 되지 않는다.
④ 가계와 기업은 시장에서 물건과 서비스를 거래한다.
⑤ 가족들의 소비 활동에서 구입한 물건들은 주로 기업에서 생산된 것이다.

2 가계의 합리적 소비에 대한 설명으로 알맞은 것은 어느 것입니까? (   )

① 값이 비싼 것을 구입하는 것이다.
② 소득을 넘어서는 소비를 하는 것이다.
③ 유명 상표의 물건을 구입하는 것이다.
④ 적은 비용으로 많은 양의 물건을 구입하는 것이다.
⑤ 적은 비용으로 가장 큰 만족을 얻도록 소비하는 것이다.

3 다음은 회사별 필통 가격과 생산 비용을 나타낸 것입니다. 필통 가격을 3,000원으로 책정할 때 발생할 수 있는 일은 어느 것입니까? (   )

구분	가 회사	나 회사	다 회사
가격(원)	2,200원	2,300원	2,400원
생산 비용(원)		1,500원	

① 필통 광고비가 줄어들 것이다.
② 필통 판매량이 크게 늘어날 것이다.
③ 사람들이 다른 회사 필통을 살 것이다.
④ 많이 팔리더라도 이윤이 조금밖에 남지 않을 것이다.
⑤ 생산 비용보다 낮은 가격에 판매되어 기업이 손해를 볼 것이다.

4 다음 빈칸에 알맞은 말은 무엇입니까? (   )

> 우리나라는 물건을 생산하고 소비하는 경제 활동을 ☐에 자유롭게 맡겨 둔다.

① 가계   ② 기업   ③ 시장
④ 국회   ⑤ 정부

 서술형

5 오른쪽 그림을 보고, 기업 간의 경쟁이 소비자에게 주는 이익은 무엇인지 쓰시오.

응용

6 다음과 같은 현상이 나타나는 이유로 알맞은 것을 두 가지 고르시오. (,   )

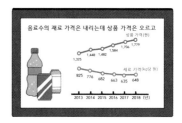

① 음료수를 만드는 회사가 적기 때문이다.
② 음료수 가격을 정부에서 정하기 때문이다.
③ 음료수 회사가 광고를 하지 않기 때문이다.
④ 음료수 회사 간에 경쟁이 치열하기 때문이다.
⑤ 음료수를 만드는 회사끼리 가격을 마음대로 올리기 때문이다.

7 우리 정부가 국가 경제를 획기적으로 발전시키려고 중화학 공업 육성 계획을 발표한 시기는 언제입니까? (   )

① 1950년대   ② 1960년대   ③ 1970년대
④ 1980년대   ⑤ 1990년대

서술형

8 다음은 1950~1960년대 우리나라의 연도별 수출액을 나타낸 것입니다. 1960년대 이후 수출액 변화 모습과 그 까닭을 쓰시오.

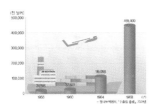

_____

_____

_____

9 1980년대에 본격적으로 세계 시장에 제품을 수출하면서 크게 성장한 산업은 어느 것입니까? (   )

① 철강 산업   ② 신발 산업
③ 조선 산업   ④ 자동차 산업
⑤ 정보 통신 산업

2000년대 이후 우리나라에서 발달하고 있는 산업을 보고, 물음에 답하시오. [10~11]

㉠

▲ 신소재 산업

㉡

▲ 의료 서비스 산업

㉢

▲ 로봇 산업

㉣
▲ 문화 콘텐츠 산업

10 고도로 발전된 기술을 필요로 하는 산업을 두 가지 고르시오.

(,   )

11 앞의 ㉣ 산업의 발달로 최근 전 세계적으로 확산하고 있는 현상은 무엇인지 쓰시오.

(   )

12 다음과 같은 문제점을 해결하기 위한 노력과 관련 <u>없는</u> 것은 어느 것입니까? (   )

> 우리나라의 경제 상황은 과거보다 크게 나아졌지만 잘사는 사람과 그렇지 못한 사람의 소득 격차는 더욱 커졌다.

① 다양한 복지 정책 시행
② 국민 기초 생활 보장법 제정
③ 시민 단체의 무료 급식소 운영
④ 전기 자동차 보급을 위한 지원 정책 추진
⑤ 가난한 사람들에게 생계비, 양육비, 학비 지원

13 다음은 세진이가 수업 시간에 필기한 내용입니다. 빈칸에 들어갈 알맞은 말은 무엇인지 쓰시오.

> 1.
> ① 의미: 나라와 나라 사이에 물건과 서비스를 사고파는 것이다.
> ② 발생 원인: 나라마다 자연환경과 자본, 기술 등에 차이가 있어 더 잘 생산할 수 있는 물건이나 서비스가 다르기 때문이다.

(   )

14 우리나라의 주요 수입품을 두 가지 고르시오.

(,   )

① 원유
② 자동차 부품
③ 반도체 제조용 장비
④ 선박 해양 구조물과 부품
⑤ 평판 디스플레이 및 센서

응용

15 다음 뉴스의 사례와 비슷한 서비스 분야에서의 교류를 두 가지 고르시오. (,)

> **한국－몽골, 원격 의료 협력 확대**
>
> 정부가 몽골과 협약을 체결해 정보 통신 기술을 활용한 의료 수출의 길을 열었습니다. 양국이 체결한 협약은 몽골의 의료 환경을 개선하는 데 도움을 줄 것으로 기대됩니다. 한국에서 치료를 받고 귀국한 몽골인 환자들은 원격으로 지속적인 치료를 받을 수 있게 됩니다.

① 음악 교류 ② 자원 교류
③ 게임 교류 ④ 물건 교류
⑤ 노동력 교류

16 다른 나라와의 경제 교류가 우리 생활에 미친 영향으로 알맞지 <u>않은</u> 것은 어느 것입니까? ( )

① 외국 기업에서 일자리를 얻는 사람이 많아졌다.
② 다른 나라에서 만든 영화를 영화관에서 관람할 수 있다.
③ 외국 음식의 재료를 구하려면 다른 나라에 직접 가야 한다.
④ 다른 나라에서 수입한 가구나 조명 기구를 사용하는 가정이 많아졌다.
⑤ 우리가 입고 있는 옷이나 신발은 베트남, 중국 등 다양한 국가에서 만든 것이다.

17 다음 빈칸에 들어갈 제품의 종류를 쓰시오.

> 같은 종류의 물건을 생산하는 다른 나라와는 서로 경쟁이 발생하는데, 특히 새로운 기술이 많이 필요한 [   ] 시장에서의 경쟁은 매우 치열하다.

( )

서술형

18 다음 지도와 같이 우리나라와 다른 나라가 서로 도움을 주고받는 까닭은 무엇인지 쓰시오.

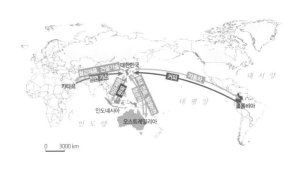

_____

19 각 나라가 자기 나라 경제를 보호하는 까닭으로 알맞지 <u>않은</u> 것은 어느 것입니까? ( )

① 국가의 안정적인 성장을 위해서
② 국민의 실업을 방지하기 위해서
③ 다른 나라와 무역을 하지 않기 위해서
④ 경쟁력이 낮은 산업을 보호하기 위해서
⑤ 다른 나라의 불공정 거래에 대응하기 위해서

20 다음 ㉠, ㉡에서 설명하는 것은 무엇인지 쓰시오.

> ㉠ 나라와 나라 사이에 무역 관련 문제가 일어났을 때 공정하게 심판하려고 만들어진 국제기구이다.
> ㉡ 나라간 물건이나 서비스 등의 자유로운 이동을 위해 세금, 법과 제도 등의 문제를 줄이거나 없애기로 한 약속이다.

㉠: ( )
㉡: ( )

100점
예상문제

사회 6-1

5~6
학년군

1회 (1단원) 120

2회 (1단원) 123

3회 (2단원) 126

4회 (2단원) 129

5회 (1~2단원) 132

6회 (1~2단원) 135

1 4·19 혁명이 일어나게 된 원인으로 알맞은 것은 어느 것입니까? ( )

① 유신 헌법을 선포하였다.
② 광주에 계엄군을 보냈다.
③ 대통령 직선제를 간선제로 바꾸었다.
④ 박정희가 군인들을 동원해 정권을 잡았다.
⑤ 이승만 정부가 3·15 부정 선거를 실행하여 선거에서 이겼다.

2 박정희가 군인들을 동원해 정권을 잡은 사건은 무엇입니까? ( )

① 6·25 전쟁   ② 4·19 혁명
③ 5·16 군사 정변   ④ 6월 민주 항쟁
⑤ 5·18 민주화 운동

3 전두환 정부가 5·18 민주화 운동을 진압한 후에 실시한 일이 아닌 것은 어느 것입니까? ( )

① 국민들의 알 권리를 막았다.
② 6·29 민주화 선언을 발표하였다.
③ 민주주의를 요구하는 사람들을 탄압했다.
④ 신문과 방송이 정부를 비판하지 못하게 하였다.
⑤ 정부에 반대하는 사람들을 잡아가거나 죽음에 이르게 했다.

4 6월 민주 항쟁에 대한 설명으로 알맞은 것은 어느 것입니까? ( )

① 마산에서 일어난 시위이다.
② 대통령을 국민이 직접 뽑게 되었다.
③ 많은 국민의 유신 헌법을 반대했다.
④ 3·15 부정 선거의 무효를 주장했다.
⑤ 계엄군은 전라남도 도청을 공격하여 시민군을 강제로 진압했다.

5 6·29 민주화 선언의 주요 내용이 아닌 것은 어느 것입니까? ( )

① 대통령 직선제   ② 지역감정 없애기
③ 유신 헌법 공포   ④ 언론의 자유 보장
⑤ 지방 자치제 시행

6 다음에서 설명하는 제도는 무엇인지 쓰시오.

> 지역의 주민이 직접 선출한 지방 의회 의원과 지방 자치 단체장이 그 지역의 일을 처리하는 제도이다.

( )

7 다음 민주주의의 발전 과정을 순서대로 기호를 쓰시오.

> ㉠ 4·19 혁명   ㉡ 6월 민주 항쟁
> ㉢ 5·18 민주화 운동   ㉣ 지방 자치제 부활

( )

8 6월 항쟁 이후 시민들이 사회 공동의 문제를 해결하는 방법으로 알맞지 <u>않은</u> 것은 어느 것입니까?
( )

① 1인 시위
② 서명 운동
③ 촛불 집회
④ 언론 통제하기
⑤ 누리 소통망 서비스 활용

9 생활 속 정치 활동의 사례로 알맞지 <u>않은</u> 것은 어느 것입니까? ( )

① 집안일은 어떻게 나누면 좋을까?
② 나는 쉬는 시간에 무엇을 하며 놀까?
③ 우리가 함께 지켜야 할 규칙은 무엇인가?
④ 우리 지역의 쓰레기 문제를 어떻게 해결하면 좋을까?
⑤ 교통 신호등을 어떻게 설치해야 주민들이 안전할 것인가?

10 다음에서 설명하는 민주주의의 기본 정신은 무엇입니까? ( )

신분, 재산, 성별, 인종 등에 따라 부당하게 차별받지 않고 대우받아야 할 권리이다.

① 자유 　　　　② 경쟁
③ 평등 　　　　④ 편견
⑤ 인간의 존엄

서술형

11 대화와 토론으로 문제가 해결이 되지 않을 때 다수결의 원칙으로 문제를 해결하면 좋은 점은 무엇인지 쓰시오.

_____

_____

12 다수결의 원칙을 사용할 때 소수의 의견을 존중해야 하는 까닭은 무엇입니까? ( )

① 소수의 의견이 항상 옳기 때문이다.
② 다수의 횡포로부터 보호하기 위해서이다.
③ 쉽고 빠르게 문제를 해결할 수 있기 때문이다.
④ 소수의 의견이 다수의 의견보다 합리적이기 때문이다.
⑤ 민주주의 사회에서 가장 바람직한 문제 해결 방법이기 때문이다.

13 학교에서 일어나는 공동의 문제를 해결하는 자세로 알맞은 것은 어느 것입니까? ( )

① 소수의 의견을 무조건 따른다.
② 민주적인 방법으로 문제 해결에 참여한다.
③ 자기가 속한 학년의 이익을 우선으로 한다.
④ 만장일치가 될 때까지 결정을 내리지 않는다.
⑤ 나와 의견이 다른 사람들의 의견은 무시한다.

14 다음 헌법에서 밑줄 친 주권의 의미를 쓰시오.

> **대한민국 헌법**
>
> 제1조 제2항
> 대한민국의 주권은 국민에게 있고, 모든 권력은 국민으로부터 나온다.

_____

_____

15 국회가 하는 일이 <u>아닌</u> 것은 무엇입니까? (   )

① 법을 만든다.
② 법에 따라 재판을 한다.
③ 법을 고치거나 없애기도 한다.
④ 예산안을 살펴보고, 이미 사용한 예산을 검토한다.
⑤ 정부에서 법에 따라 일을 잘하고 있는지 확인하는 국정 감사를 한다.

16 정부에 대한 설명으로 알맞은 것은 어느 것입니까?
(   )

① 사법부라고도 한다.
② 법을 고치거나 없애기도 한다.
③ 법에 따라 재판을 하는 곳이다.
④ 법에 따라 나라의 살림을 맡아 하는 곳이다.
⑤ 국회 의원들이 나라의 중요한 일을 의논하고 결정하는 곳이다.

17 다음과 같은 일을 하는 사람은 누구인지 쓰시오.

> • 대통령을 도와 각 부를 관리한다.
> • 대통령이 외국을 방문하거나 특별한 이유로 일하지 못하면 대통령의 임무를 대신한다.

(   )

18 다음과 같은 일을 하는 국가 기관은 어디입니까?
(   )

> • 법에 따라 재판을 한다.
> • 사람들 사이의 다툼을 해결해 준다.
> • 개인과 국가, 지방 자치 단체 사이에서 생긴 갈등을 해결해 준다.

① 국회   ② 정부   ③ 시청
④ 법원   ⑤ 선거 관리 위원회

19 우리나라에서 법원에 다음과 같은 제도를 마련해 두는 까닭은 무엇입니까? (   )

> • 정부나 국회에서 독립되어 있으며, 법관은 헌법과 법률을 바탕으로 하여 양심에 따라 심판한다.
> • 재판을 공개하여 사람들에게 판결 과정과 결과를 알려 준다.

① 비밀 재판   ② 신속한 재판
③ 공정한 재판   ④ 독창적인 재판
⑤ 권위적인 재판

20 다음과 같이 국가 권력을 국회, 정부, 법원이 나누어 맡는 것을 무엇이라고 하는지 쓰시오.

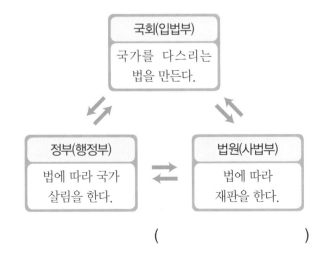

(   )

1 3·15 부정 선거가 원인이 되어 일어난 민주화 운동은 무엇입니까? (   )

① 4·19 혁명
② 5·10 총선거
③ 6월 민주 항쟁
④ 5·16 군사 정변
⑤ 5·18 민주화 운동

2 4·19 혁명의 전개 과정 중 가장 나중에 일어난 일은 어느 것입니까? (   )

① 이승만이 대통령 자리에서 물러났다.
② 대학교수들이 학생들을 지지하며 정부에 항의했다.
③ 마산에서 3·15 부정 선거를 비판하는 시위가 일어났다.
④ 4월 19일 전국에서 많은 시민과 학생들이 시위에 참여했다.
⑤ 3·15 부정 선거를 앞두고 이승만 정부의 부정부패에 대항해 대구에서 학생들이 시위가 일어났다.

3 박정희 정권이 만든 유신 헌법의 주요 내용은 어느 것입니까? (   )

① 국민들의 기본적인 권리를 보호한다.
② 지역의 대표를 지역 주민이 직접 뽑는다.
③ 대통령을 할 수 있는 횟수를 제한하지 않는다.
④ 대통령을 국민이 직접 뽑아 독재를 할 수 없게 한다.
⑤ 민주화를 요구하는 사람들의 의견을 적극적으로 받아들인다.

4 5·18 민주화 운동에 대한 설명으로 알맞은 것은 어느 것입니까? (   )

① 군사 정권이 물러나는 계기가 되었다.
② 시위 진압 과정에서 계엄군이 많이 희생되었다.
③ 박정희 정부는 유신 체제에 반대하는 사람들을 탄압하였다.
④ 광주에서 민주주의 회복을 요구하며 일어난 대규모 시위이다.
⑤ 전두환은 신문을 통해 광주에서 일어나는 일을 다른 지역으로 알렸다.

서술형

5 광주 이외의 사람들이 5·18 민주화 운동을 잘 모르고 있었던 까닭은 무엇인지 쓰시오.

_____

_____

6 6월 민주 항쟁에서 국민들이 요구한 내용은 무엇입니까? (   )

① 빈부 격차를 줄여야 한다.
② 군인들이 정권을 잡아야 한다.
③ 국민들이 직접 대통령을 뽑아야 한다.
④ 대통령의 권한을 크게 강화해야 한다.
⑤ 남북한의 평화 통일을 위해 노력해야 한다.

100점 예상 문제

7 지방 자치제에 대한 설명으로 알맞지 <u>않은</u> 것은 어느 것입니까? (   )

① 1991년에 지방 자치제가 부활했다.
② 국회에서 지역의 대표를 직접 뽑는다.
③ 주민들은 지역의 문제 해결을 위해 의견을 제시한다.
④ 지역의 대표들은 주민들의 의견을 수렴해 여러 가지 문제를 민주적으로 해결한다.
⑤ 주민이 직접 선출한 지방 의회 의원과 지방 자치 단체장이 그 지역의 일을 처리하는 제도이다.

서술형

8 다음과 같은 시민들이 참여가 공통으로 추구하는 목적은 무엇인지 쓰시오.

> • 선거 참여
> • 정당이나 시민 단체 활동
> • 각종 집회나 캠페인 참여

_____

_____

9 다음은 무엇에 대한 설명인지 쓰시오.

> 모든 국민이 나라의 주인으로서 권리를 갖고, 그 권리를 자유롭고 평등하게 행사하는 정치 제도이다.

(   )

10 민주주의의 기본 정신을 모두 고르시오.
(,   ,   )

① 편견   ② 평등   ③ 경쟁
④ 자유   ⑤ 인간의 존엄

11 민주주의를 실천하는 태도 중 관용에 대한 설명으로 바른 것은 어느 것입니까? (   )

① 소수의 의견은 무시한다.
② 나와 다른 의견을 인정하고 포용한다.
③ 함께 결정한 일은 잘 따르고 실천한다.
④ 사실이나 의견의 옳고 그름을 따져 살펴본다.
⑤ 상대방에게 어떤 일을 배려하고 서로 협의한다.

12 선거일 기준으로 만 18세 이상의 국민이면 누구나 투표 할 수 있는 선거의 기본 원칙은 무엇입니까?
(   )

① 직접 선거   ② 보통 선거
③ 비밀 선거   ④ 평등 선거
⑤ 간접 선거

13 민주적 의사 결정의 원리를 세 가지 고르시오.
(,   ,   )

① 편견과 차별   ② 대화와 타협
③ 다수결의 원칙   ④ 집단 이익 우선
⑤ 소수 의견 존중

14 다음과 같이 헌법에 국민의 주권이 명시되어 있는 것은 어떤 의미가 있는지 쓰시오.

> 대한민국의 주권은 국민에게 있고, 모든 권력은 국민으로부터 나온다.

_____

_____

15 국민의 대표인 국회 의원들이 나라의 중요한 일을 의논하고 결정하는 곳은 어디입니까? (　　　)

① 정부　　　　　　② 법원
③ 국회　　　　　　④ 시청
⑤ 선거 관리 위원회

16 정부에서 하는 일로 알맞은 것은 어느 것입니까?
(　　　)

① 법을 만들거나 없애기도 한다.
② 법에 따라 나라의 살림을 맡아 한다.
③ 법률이 헌법에 어긋나지 않는지 판단한다.
④ 나라의 살림에 필요한 예산을 심의하여 확정한다.
⑤ 사람들 사이에 다툼이 생기거나 억울한 일을 당했을 때 재판을 통해 문제를 해결한다.

17 다음과 같은 일을 하는 국가 기관은 어디인지 쓰시오.

> • 법에 따라 재판을 한다.
> • 사람들 사이의 다툼을 해결해 준다.
> • 법을 지키지 않은 사람에게 벌을 준다.
> • 개인과 국가, 지방 자치 단체 사이에서 생긴 갈등을 해결해 준다.

(　　　　　　　　)

18 다음에서 설명하는 곳은 어디입니까? (　　　)

> • 법률이 헌법에 어긋나지 않는지, 국가 기관이 국민의 기본권을 침해했는지를 판단한다.
> • 대통령과 같이 지위가 높은 공무원들이 큰 잘못을 저질러 국회에서 파면을 요구하면 이를 심판하는 일을 한다.

① 정부　　　　　　② 국회
③ 입법부　　　　　④ 선거 관리 위원회
⑤ 헌법 재판소

19 권력 분립에 대한 설명으로 알맞은 것은 어느 것입니까? (　　　)

① 오늘날에는 시행되고 있지 않다.
② 나랏일을 편리하게 처리하기 위해서이다.
③ 대통령이 나라의 주인으로서 권리를 갖는다.
④ 국가 기관이 권력을 나누어 가지고 서로 감시한다.
⑤ 한 기관이 국가의 중요한 일을 마음대로 처리할 수 있다.

20 국회, 정부, 법원이 국가의 일을 나누어 맡는 까닭은 무엇입니까? (　　　)

① 국가의 일을 빠르게 처리하기 위해서
② 국민의 자유와 권리를 제한하기 위해서
③ 국민으로부터 세금을 많이 거두기 위해서
④ 국가 권력이 어느 한 곳으로 집중되도록 하기 위해서
⑤ 국가 권력이 어느 한 곳으로 집중되지 않도록 서로 견제하고 균형을 이루게 하기 위해서

1 가정 살림을 같이하는 생활 공동체를 무엇이라고 합니까? (　　　)

① 시장　　② 이웃　　③ 개인
④ 학교　　⑤ 가계

2 경제 활동에서 가계와 기업이 하는 일은 무엇인지 기호를 쓰시오.

> ㉠ 사람들에게 일자리를 제공한다.
> ㉡ 서비스를 제공해 이윤을 얻는다.
> ㉢ 시장에서 생활에 필요한 물건을 구매한다.
> ㉣ 생산 활동에 참여한 대가로 소득을 얻는다.
> ㉤ 사람들이 생활하는 데 필요한 물건을 만들어 판다.

(1) 가계: (　　　　　　　　　)
(2) 기업: (　　　　　　　　　)

3 다음 그림을 보고, 가계의 합리적 선택에서 먼저 고려한 것은 무엇입니까? (　　　)

81 cm 350,000원　81 cm 400,000원
가격이 조금 더 비싸더라도 다양한 기능이 있는 텔레비전을 선택해야지.

① 가격　　② 품질
③ 광고　　④ 기능
⑤ 무상 수리

4 시장에 대한 설명으로 알맞지 <u>않은</u> 것은 어느 것입니까? (　　　)

① 사고파는 물건이 많은 곳이다.
② 가계와 기업이 만나 경제 활동이 이루어지는 곳이다.
③ 가계는 시장에서 필요한 물건을 더 싸게 사려고 노력한다.
④ 인력 시장, 주식 시장은 눈에 보이는 물건을 사고파는 시장이다.
⑤ 텔레비전 홈 쇼핑과 인터넷 쇼핑을 이용해 언제 어디에서든지 물건을 구매할 수 있다.

5 다음 시장의 공통점으로 알맞은 것은 어느 것입니까? (　　　)

> • 인력 시장　　• 주식 시장
> • 외환 시장　　• 부동산 시장

① 옛날 사람들이 이용하였던 시장이다.
② 손으로 만질 수 있는 물건을 거래한다.
③ 가계와 기업이 물건을 사고파는 곳이다.
④ 언제 어디에서든지 물건을 구매할 수 있다.
⑤ 눈에 보이지 않거나 만질 수 없는 물건을 사고파는 시장이다.

서술형

6 기업의 합리적 선택이 필요한 까닭은 무엇인지 쓰시오.

7 경제 활동의 자유와 경쟁이 우리 생활에 주는 도움을 세 가지 고르시오. (, ,)

① 좋은 서비스를 받을 수 있다.
② 원하는 조건의 물건을 살 수 있다.
③ 최신 기술을 개발하여 이윤을 적게 남긴다.
④ 자신의 재능과 능력을 더 잘 발휘할 수 있다.
⑤ 국가 전체의 경제 발전에 도움이 되지 못한다.

8 1950년대 우리나라의 경제 발전 모습이 <u>아닌</u> 것은 어느 것입니까? (   )

① 식료품 공업, 섬유 공업 등이 발전했다.
② 전국에 초고속 정보 통신망을 만들었다.
③ 생활에 필요한 물건을 만드는 산업이 주로 발전했다.
④ 6·25 전쟁으로 산업 시설이 대부분 파괴되어 경제가 어려웠다.
⑤ 농업 중심의 산업 구조를 공업 중심의 산업 구조로 변화시키려고 노력했다.

9 1960년대 경제 성장을 위한 정부의 노력으로 알맞지 <u>않은</u> 것은 어느 것입니까? (   )

① 경제 개발 5개년 계획을 세웠다.
② 중화학 공업 육성 계획을 발표했다.
③ 수출을 많이 하는 기업은 세금을 낮춰 주었다.
④ 제품이 원활하게 운반되고 수출될 수 있도록 도로와 항만을 건설했다.
⑤ 기업들이 다양한 나라에 여러 가지 제품들을 쉽게 수출할 수 있도록 지원했다.

서술형

10 1960년대에 다음과 같은 경공업이 발달한 까닭은 무엇인지 쓰시오.

> 섬유, 신발, 가방, 의류

_____

_____

100점 예상 문제

11 1970년대 이후 우리나라의 경제가 성장할 수 있었던 까닭은 무엇입니까? (   )

① 경공업 육성 계획을 발표했기 때문이다.
② 해외에서 우수한 인력을 들여왔기 때문이다.
③ 경공업 제품을 생산해 해외로 많이 수출했기 때문이다.
④ 사람이 직접 손으로 생산해야 하는 산업이 발달했기 때문이다.
⑤ 경공업에서 중화학 공업 중심의 산업 구조로 바뀌었기 때문이다.

12 2000년대 이후에 발달한 산업이 <u>아닌</u> 것은 어느 것입니까? (   )

① 생명 공학   ② 철강 산업
③ 신소재 산업   ④ 의료 서비스 산업
⑤ 문화 콘텐츠 산업

13 경제가 성장하면서 변화한 우리나라의 생활 모습으로 알맞지 <u>않은</u> 것은 어느 것입니까? ( )

① 촌락으로 이사를 가는 사람들이 늘어났다.
② 해외 여행을 떠나는 사람들이 점차 늘어나고 있다.
③ 자연재해를 겪은 나라에 구조대를 보내 돕는 나라가 되었다.
④ 세계인이 모이는 다양한 국제 행사가 우리나라에서 열리게 되었다.
⑤ 문화와 관련한 상품들이 해외에서 인기를 얻으며 세계적으로 한류가 나타났다.

14 경제 성장 과정에서 나타난 문제점을 두 가지 고르시오.

> ㉠ 사람들의 생활 수준이 높아졌다.
> ㉡ 경제 개발로 환경이 깨끗해졌다.
> ㉢ 1인당 국민 총소득이 증가하였다.
> ㉣ 기업과 근로자가 서로 대립하게 되었다.
> ㉤ 잘사는 사람과 그렇지 못한 사람의 소득 격차가 더욱 커졌다.

(,)

15 나라와 나라 사이에 무역이 이루어지는 까닭으로 알맞지 <u>않은</u> 것은 어느 것입니까? ( )

① 자원의 차이   ② 신체의 차이
③ 자본의 차이   ④ 기술의 차이
⑤ 자연환경의 차이

16 다음과 관계있는 것을 알맞게 선으로 연결하시오.

(1) 생산지 •   • ㉠ 어떤 물건의 재료를 생산하는 곳

(2) 원산지 •   • ㉡ 재료를 들여와 가공해서 어떤 물품을 만들어 내는 곳

17 다음 그래프를 보고, 우리나라와 수출액과 수입액 비율이 가장 높은 나라는 어디인지 쓰시오.

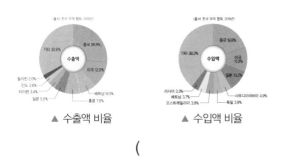

▲ 수출액 비율   ▲ 수입액 비율

( )

서술형

18 다른 나라와 서로 경제적으로 도움을 주고받으면서 경쟁하는 까닭은 무엇인지 쓰시오.

_____

_____

19 우리나라와 다른 나라 사이에 발생한 무역 문제로 알맞지 <u>않은</u> 것은 어느 것입니까? ( )

① 자유 무역 협정
② 한국산 물건에 높은 관세 부과
③ 외국산에 의존해야 하는 물건의 수입 문제
④ 수입 거부 때문에 다른 나라와 일어나는 갈등
⑤ 다른 나라의 수입 제한으로 발생하는 수출 감소

20 다른 나라와 무역을 하면서 발생하는 문제점을 해결하는 방법으로 알맞은 것은 어느 것입니까? ( )

① 노동의 대가를 공정하게 지불하지 않는다.
② 자기 나라 경제만을 보호하기 위해 노력한다.
③ 나라 간에 수입은 적게 하고 수출을 많이 한다.
④ 무역과 관련된 일을 하는 국제기구를 탈퇴한다.
⑤ 무역에 따른 갈등이 생기지 않도록 여러 나라가 모여 협의한다.

1 가계 구성원이 하는 일로 알맞은 것은 어느 것입니까?
( )

① 서비스를 제공하고 돈을 번다.
② 기업의 생산 활동에 참여한다.
③ 사람들에게 일자리를 제공한다.
④ 일을 한 사람들에게 급여를 준다.
⑤ 상품을 많이 팔려고 광고를 한다.

2 합리적인 소비를 하기 위해 고려해야 할 점으로 알맞지 않은 것은 어느 것입니까? ( )

① 환경을 고려해 선택한다.
② 친구가 산 물건을 그대로 따라서 산다.
③ 어떤 물건을 먼저 살지 우선순위를 정한다.
④ 선택 기준에 따라 여러 물건을 비교하고 평가한다.
⑤ 좋은 물건을 사기 위해 고려해야 할 선택 기준을 세운다.

서술형

3 다음 그래프를 보고 학용품을 만드는 회사에서는 어떻게 해야 하는지 쓰시오.

필통을 만드는 회사가 많아지면 어떻게 해야 할까요?

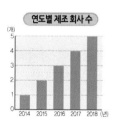

연도별 제조 회사 수

(개)
2014 2015 2016 2017 2018 (년)

4 기업에서 하는 일이 아닌 것은 어느 것입니까?
( )

① 사람들에게 일자리를 제공한다.
② 서비스를 제공해 이윤을 얻는다.
③ 상품을 많이 팔려고 광고를 한다.
④ 생산 활동에 참여한 대가로 소득을 얻는다.
⑤ 사람들이 생활하는 데 필요한 물건을 만들어 판다.

5 기업이 합리적인 선택을 하지 않았을 때 생길 수 있는 일은 무엇입니까? ( )

① 기업의 이미지가 좋아진다.
② 우리나라 제품의 경쟁력이 높아진다.
③ 적은 비용으로 많은 이윤을 남길 수 있다.
④ 물건을 생산하는 데 드는 비용이 줄어든다.
⑤ 다른 기업과의 경쟁에서 밀려 손해를 볼 수 있다.

6 다음에서 설명하는 장소는 어디인지 쓰시오.

> • 물건을 사고파는 곳이다.
> • 가계와 기업이 만나 경제 활동이 이루어지는 곳이다.

( )

7 정부와 시민 단체에서 기업 간의 불공정한 경제 활동으로 생기는 문제를 해결하기 위해 노력하는 일로 알맞지 않은 것은 어느 것입니까? ( )

① 허위·과장 광고를 하지 못하도록 감시한다.
② 가계와 기업이 직접 사고파는 것을 금지한다.
③ 여러 회사에서 제품을 만들어 팔 수 있도록 도와준다.
④ 공정한 경쟁 활동을 할 수 있도록 공정 거래 위원회를 만든다.
⑤ 기업끼리 상의해서 가격을 마음대로 올릴 수 없도록 감시한다.

100점
예상
문제

8 1960년대에 섬유나 신발 산업이 발달하게 된 까닭은 무엇입니까? (   )

① 노동력이 풍부했기 때문이다.
② 기계를 많이 사용했기 때문이다.
③ 친환경 제품에 관심이 많았기 때문이다.
④ 중화학 공업 육성 계획을 발표했기 때문이다.
⑤ 선진국보다 자원과 기술이 뛰어났기 때문이다.

서술형

9 다음 그래프와 같이 1970년대 이후 우리나라의 경제가 성장할 수 있었던 까닭은 무엇인지 쓰시오.

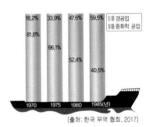
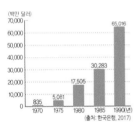

▲ 연도별 경공업과 중화학 공업의 수출 비중

▲ 연도별 수출액

_____

_____

10 1980년대에 본격적으로 세계 시장에 제품을 수출하면서 크게 성장한 산업은 무엇입니까? (   )

① 섬유 산업   ② 로봇 산업
③ 반도체 산업   ④ 자동차 산업
⑤ 정보 통신 산업

11 1990년대에 반도체 산업이 발전하게 된 까닭은 무엇입니까? (   )

① 도로와 항만을 건설했기 때문이다.
② 대형 조선소를 건설하였기 때문이다.
③ 많은 고속 국도가 만들어졌기 때문이다.
④ 기술은 부족하지만 노동력이 풍부했기 때문이다.
⑤ 개인용 컴퓨터와 가전제품의 사용이 늘어났기 때문이다.

12 경제 성장으로 변화한 생활의 모습이 바르게 짝지어진 것은 어느 것입니까? (   )

① 1960년대-컴퓨터 보급
② 1970년대-고속 국도 개통
③ 1980년대-승용차 증가
④ 1990년대-흑백텔레비전 보급
⑤ 2000년대-인터넷 쇼핑 증가

13 경제적 양극화 문제를 해결하는 방법으로 알맞지 않은 것은 어느 것입니까? (   )

① 정부의 생계비 지원
② 양육비 및 학비 지원
③ 시민 단체의 봉사 활동
④ 복지 정책을 위한 여러 법률 제정
⑤ 국제 통화 기금(IMF) 구제 금융 요청

14 노사 갈등을 해결하기 위한 노력으로 알맞지 <u>않은</u> 것은 어느 것입니까? (   )

① 일자리를 늘린다.
② 국가, 기업, 개인 모두가 노력해야 한다.
③ 근로자와 기업가가 대화를 통해 갈등을 해결한다.
④ 시민 단체에서 사회적 약자를 위한 봉사 활동을 한다.
⑤ 상대방의 입장을 이해하고 배려하는 마음을 가져야 한다.

15 나라 사이에 물건과 서비스를 사고파는 것을 무엇이라고 합니까? (   )

① 교환   ② 무역
③ 판매   ④ 교류
⑤ 경제 활동

서술형

16 나라와 나라 사이에 무역을 하는 까닭은 무엇인지 쓰시오.

_____

_____

17 다른 나라와의 경제 교류가 우리 생활에 미친 영향으로 알맞지 <u>않은</u> 것은 어느 것입니까? (   )

① 다양한 나라에서 만든 옷을 입는다.
② 다양한 나라의 음식을 국내에서 먹는다.
③ 다른 나라를 방문하여 박물관을 관람한다.
④ 다른 나라에서 만든 영화를 영화관에서 관람할 수 있다.
⑤ 다른 나라에서 수입한 가구나 조명 기구를 사용하는 가정이 많아졌다.

서술형

18 다음과 같이 우리나라가 다른 나라와 무역을 하면서 여러 가지 문제들이 왜 발생하는지 쓰시오.

> • 한국산 물건에 높은 관세 부과
> • 외국산에 의존해야 하는 물건의 수입 문제
> • 수입 거부 때문에 다른 나라와 일어나는 갈등
> • 다른 나라의 수입 제한으로 발생하는 수출 감소

_____

_____

19 세계 여러 나라가 자기 나라 경제를 보호하는 까닭으로 알맞지 <u>않은</u> 것은 어느 것입니까? (   )

① 국민의 실업 방지
② 국가의 안정적 성장
③ 자유로운 무역 활동
④ 경쟁력이 낮은 산업 보호
⑤ 다른 나라의 불공정 거래에 대응

20 다른 나라와 무역을 하면서 발생하는 문제점을 해결하는 방법을 두 가지 고르시오.

> ㉠ 외국산 물건에 높은 관세를 부과한다.
> ㉡ 자기 나라 경제만을 보호하기 위해 노력한다.
> ㉢ 나라 간에 수입은 적게 하고 수출을 많이 한다.
> ㉣ 무역과 관련된 일을 하는 국제기구에 가입한다.
> ㉤ 무역에 따른 갈등이 생기지 않도록 여러 나라가 모여 협상한다.

(,   )

1 4·19 혁명의 결과로 알맞은 것은 어느 것입니까?
( )

① 지방 자치제가 실시되었다.
② 6·29 민주화 선언이 발표되었다.
③ 이승만이 대통령 자리에서 물러났다.
④ 군사 정권이 물러나는 계기가 되었다.
⑤ 박정희가 군인들을 동원해 정권을 잡았다.

2 다음 ㉠에 들어갈 민주주의의 발전 과정은 무엇입니까? ( )

> 4·19 혁명 → 5·18 민주화 운동 → 6월 민주 항쟁 →
> ㉠

① 5·10 총선거
② 유신 헌법 선포
③ 신탁 통치 반대
④ 지방 자치 제도 실시
⑤ 미군과 소련의 군정 실시

3 다음과 같은 배경으로 인해 일어난 민주화 운동은 무엇인지 쓰시오.

> 전두환은 5·18 민주화 운동을 강제로 진압한 후 간선제로 대통령이 되었다. 전두환 정부는 신문과 방송을 통제해 정부를 비판하는 내용을 내보내지 않고 유리한 내용만 전하도록 했다. 정부는 국민들의 알 권리를 막았으며, 민주주의를 요구하는 사람들을 탄압했다.

( )

4 사회 문제 해결에 참여하는 방식 중에서 정보 통신 기술을 이용한 것은 어느 것입니까? ( )

① 1인 시위하기
② 정당에 가입하기
③ 선거나 투표에 참여하기
④ 정당이나 시민 단체에 가입하기
⑤ 누리 소통망 서비스(SNS)에 의견 올리기

5 선거를 민주주의의 꽃이라고 표현하는 까닭은 무엇인지 쓰시오.

_____

_____

6 민주주의를 실천하는 태도 중 ㉠, ㉡에서 설명하는 것은 무엇인지 쓰시오.

> ㉠ 나와 다른 의견을 인정하고 포용하는 태도이다.
> ㉡ 사실이나 의견의 옳고 그름을 따져 살펴보는 태도이다.

㉠: ( ) ㉡: ( )

7 다수결의 원칙에 대한 설명으로 알맞지 <u>않은</u> 것은 어느 것입니까? ( )

① 다수결의 원칙을 사용할 때 소수의 의견도 존중해야 한다.
② 양보와 타협이 어려울 때 쉽고 빠르게 문제를 해결할 수 있다.
③ 소수의 사람 역시 다수결의 원칙을 통해 결정된 사항을 따라야 한다.
④ 다수의 의견이 항상 옳기 때문에 다수결의 원칙으로 문제를 해결해야 한다.
⑤ 다수의 의견이 소수의 의견보다 합리적일 것이라고 가정하고 다수의 의견을 채택하는 방법이다.

8 국회에서 하는 일로 알맞지 <u>않은</u> 것은 어느 것입니까? (　　　)

① 국정 감사를 한다.
② 법을 만드는 일을 한다.
③ 법을 고치거나 없애기도 한다.
④ 법을 지키지 않은 사람에게 벌을 준다.
⑤ 예산안을 살펴보고 결정하며, 이미 쓰인 예산을 검토한다.

9 정부에 대한 설명으로 알맞은 것은 어느 것입니까? (　　　)

① 입법부라고도 한다.
② 법에 따라 재판을 한다.
③ 법에 따라 나라의 살림을 맡아 하는 곳이다.
④ 법에 따라 옳고 그름을 따져 사람들 간에 발생하는 갈등을 해결해 준다.
⑤ 국민의 대표인 국회 의원들이 나라의 중요한 일을 의논하고 결정하는 곳이다.

10 다음 국가 기관과 관계있는 것을 선으로 연결하시오.

(1) 정부 ・　　・㉠ 법에 따라 재판을 한다.

(2) 법원 ・　　・㉡ 국가를 다스리는 법을 만든다.

(3) 국회 ・　　・㉢ 법에 따라 국가의 살림을 한다.

11 다음과 같은 이유로 우리나라에서 실시하고 있는 것은 무엇인지 쓰시오.

• 국가 기관들이 서로 견제하도록 하기 위해서이다.
• 국민의 자유와 권리가 보장되도록 하기 위해서이다.
• 국가 권력이 어느 한 곳으로 집중되지 못하도록 하기 위해서이다.

(　　　　　　　)

12 기업의 합리적 선택이 필요한 까닭은 무엇입니까?
(　　　)

① 물건을 적게 팔기 위해서이다.
② 가장 큰 만족감을 얻기 위해서이다.
③ 허위·과장 광고를 하기 위해서이다.
④ 기업의 이윤을 극대화하기 위해서이다.
⑤ 여러 회사에서 제품을 만들어 팔 수 있도록 도와주기 위해서이다.

13 시장에 대한 설명으로 알맞은 것을 두 가지 고르시오. (　　,　　)

① 가계와 기업이 만난다.
② 물건을 사고파는 곳이다.
③ 눈에 보이는 거래만 이루어진다.
④ 물건을 구입하려면 직접 시장에 가야만 한다.
⑤ 전통 시장은 오늘날 새롭게 등장한 시장이다.

14 경제 활동의 자유와 경쟁이 우리 생활에 주는 도움으로 알맞지 <u>않은</u> 것은 어느 것입니까? (　　　)

① 좋은 서비스를 받을 수 있다.
② 원하는 조건의 물건을 살 수 있다.
③ 소비자들은 비싼 가격에 물건을 살 수 있다.
④ 자신의 재능과 능력을 더 잘 발휘할 수 있다.
⑤ 기술을 개발해 더 우수한 품질의 물건을 사용할 수 있다.

15 1960년대에 섬유, 신발 등과 같은 경공업이 발달한 까닭은 무엇인지 쓰시오.

▲ 의류 생산

▲ 신발 생산

_____

_____

16 다음과 관계있는 것을 알맞게 선으로 연결하시오.

(1) 1970년대 • 　　　 • ㉠ 정보 통신 산업

(2) 1980년대 • 　　　 • ㉡ 첨단 산업

(3) 1990년대 • 　　　 • ㉢ 철강, 조선 산업

(4) 2000년대 • 　　　 • ㉣ 자동차 산업

17 다음 그래프에 대한 설명으로 알맞은 것은 어느 것입니까? (　　　)

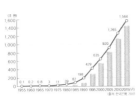
▲ 국내 총생산의 변화

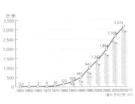
▲ 1인당 국민 총소득의 변화

① 그래프의 세로축은 연도를 나타낸다.
② 우리나라의 경제가 어려워지고 있다.
③ 국민 한 명이 벌어들인 총소득이 감소하고 있다.
④ 국내 총생산과 1인당 국민 총소득이 큰 폭으로 증가했다.
⑤ 1인당 국민 총소득은 일정 기간에 한 나라 안에서 생산된 물건과 서비스의 양을 돈으로 계산해 합한 것이다.

18 나라 사이에 무역이 이루어지는 까닭으로 알맞지 <u>않</u>은 것은 어느 것입니까? (　　　)

① 기술이 다르기 때문이다.
② 외모가 다르기 때문이다.
③ 자원이 다르기 때문이다.
④ 자본이 다르기 때문이다.
⑤ 자연환경이 다르기 때문이다.

19 다음 ㉠, ㉡에 들어갈 알맞은 말을 쓰시오.

무역을 할 때 다른 나라에 물건을 파는 것은 ㉠ , 다른 나라에서 물건을 사 오는 것은 ㉡ 이라고 한다.

㉠: (　　　　　　) ㉡: (　　　　　　)

20 우리나라가 다른 나라와 무역을 하면서 발생하는 문제들을 찾아보는 방법을 두 가지 고르시오.
(　　,　　)

① 인터넷을 이용한다.
② 지구본을 살펴본다.
③ 다른 나라에 가서 봉사 활동을 한다.
④ 정당이나 시민 단체에 가입하여 활동한다.
⑤ 무역 문제를 다룬 텔레비전이나 신문 기사를 찾아본다.

1 4·19 혁명이 일어나게 된 원인으로 알맞은 것은 어느 것입니까? (   )

① 6·25 전쟁이 일어났다.
② 광주에서 민주화 운동이 일어났다.
③ 박정희 정권의 유신 헌법을 만들었다.
④ 이승만 정부가 부정한 방법으로 선거에서 이겼다.
⑤ 전두환이 중심이 된 군인들이 정변을 일으켜 정권을 장악하였다.

2 우리나라의 민주주의가 발전하는 데 역할을 한 사건을 세 가지 고르시오. (,   ,   )

① 4·19 혁명
② 6월 민주 항쟁
③ 유신 헌법 공포
④ 5·16 군사 정변
⑤ 5·18 민주화 운동

3 오늘날 시민들이 사회 공동의 문제 해결에 참여한 결과를 잘못 말한 것은 어느 것입니까? (   )

① 평화적인 방식으로 다양해졌다.
② 더 많은 시민이 정치에 참여하게 되었다.
③ 우리 사회의 문제들이 원만하게 해결되었다.
④ 많은 사람이 사회 공동의 문제에 무관심해졌다.
⑤ 우리 사회의 여러 가지 문제를 민주적으로 해결하고 있다.

4 다음 내용에 알맞은 것을 보기 에서 찾아 기호를 쓰시오.

보기
㉠ 자유
㉡ 양보와 타협
㉢ 평등
㉣ 인간의 존엄
㉤ 소수 의견 존중
㉥ 다수결의 원칙

(1) 민주주의의 기본 정신: (   )
(2) 민주적 의사 결정 원리: (   )

5 민주주의를 실천하는 태도 중 양보와 타협에 대한 설명으로 알맞은 것은 어느 것입니까? (   )

① 나와 다른 의견을 인정하고 포용한다.
② 자기가 속한 집단의 이익을 우선으로 한다.
③ 함께 결정한 일을 따르거나 실제로 행동한다.
④ 사실이나 의견의 옳고 그름을 따져 살펴본다.
⑤ 상대방에게 어떤 일을 배려하고 서로 협의한다.

6 다음 사건의 공통점으로 알맞은 것은 어느 것입니까? (   )

4·19 혁명, 5·18 민주화 운동, 6월 민주 항쟁

① 군사 독재 기간에 일어난 시위이다.
② 우리나라에 경제 위기를 발생하게 하였다.
③ 우리나라 민주주의 발전에 큰 밑거름이 되었다.
④ 전쟁으로 폐허가 된 나라를 일으키는 데 결정적인 역할을 하였다.
⑤ 국민의 권리는 끊임없이 노력하지 않아도 저절로 얻을 수 있다.

7 국민의 주권에 대한 설명으로 알맞지 않은 것은 어느 것입니까? (   )

① 모든 권력은 국민으로부터 나온다.
② 대한민국의 주권은 국민에게 있다.
③ 모든 국민은 행복을 추구할 권리를 가진다.
④ 국가가 마음대로 국민의 권리를 침해할 수 있다.
⑤ 모든 국민은 인간으로서의 존엄과 가치를 가진다.

8 정부의 최고 책임자로 나라의 중요한 일을 결정하는 사람은 누구입니까? ( )

① 차관   ② 장관
③ 대통령   ④ 국회 의원
⑤ 국무총리

서술형

9 다음과 같이 국가 기관의 일을 나누어 맡는 까닭은 무엇인지 쓰시오.

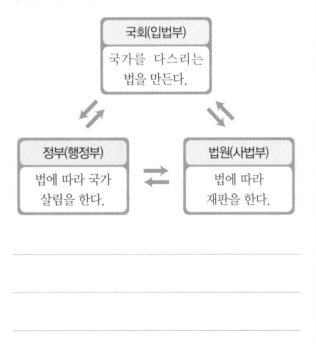

국회(입법부)
국가를 다스리는 법을 만든다.

정부(행정부)
법에 따라 국가 살림을 한다.

법원(사법부)
법에 따라 재판을 한다.

_____

_____

_____

10 다음 보기 에서 가계 구성원과 기업이 하는 일을 각각 구분하여 쓰시오.

보기
㉠ 서비스를 제공하고 돈을 번다.
㉡ 기업의 생산 활동에 참여한다.
㉢ 사람들에게 일자리를 제공한다.
㉣ 기업에서 만든 물건을 구입한다.
㉤ 상품을 많이 팔려고 광고를 한다.

(1) 가계: ( ) (2) 기업: ( )

11 합리적 선택에서 고려해야 할 선택 기준으로 알맞지 <u>않은</u> 것은 어느 것입니까? ( )

① 가격   ② 기능   ③ 품질
④ 디자인   ⑤ 과장 광고

12 학용품 회사를 운영하는 사장의 고민으로 알맞지 <u>않</u>은 것은 어느 것입니까? ( )

① 어떤 학용품을 만들어야 잘 팔릴까?
② 학용품의 색깔과 모양은 어떻게 디자인할까?
③ 이윤을 가장 많이 남기려면 어떻게 해야 할까?
④ 어떻게 하면 학용품 가격을 마음대로 올릴 수 있을까?
⑤ 학용품을 만드는 데 얼마만큼의 돈과 노력이 필요할까?

13 우리나라 경제 체제의 특징으로 알맞지 <u>않은</u> 것은 어느 것입니까? ( )

① 직업 선택의 자유가 있다.
② 소득을 자유롭게 사용할 수 있다.
③ 개인과 기업이 이익을 얻으려고 경쟁한다.
④ 개인과 기업이 경제 활동을 자유롭게 할 수 있다.
⑤ 기업이 무엇을 생산하고 판매할지 정부에서 정해 준다.

14 다음과 같은 산업이 우리나라에서 발달한 시기는 언제입니까? ( )

섬유, 신발, 가방, 의류

① 1960년대   ② 1970년대
③ 1980년대   ④ 1990년대
⑤ 2000년대

15 2000년대 이후 우리나라에서 발달한 산업은 무엇입니까? (   )

① 조선 산업   ② 섬유 산업
③ 자동차 산업   ④ 신소재 산업
⑤ 석유 화학 산업

18 다음은 무엇이 필요성을 설명한 것인지 쓰시오.

> • 각 나라마다 자연환경, 자원, 기술 등이 서로 다르기 때문이다.
> • 각 나라마다 더 잘 생산할 수 있는 것을 전문적으로 생산하기 때문이다.

(   )

16 노사 갈등으로 인해 ㉠, ㉡과 같은 피해를 보는 사람은 누구인지 쓰시오.

> ㉠ 임금을 받지 못하거나 일자리를 잃을 수 있다.
> ㉡ 제품이나 서비스를 생산하지 못하게 되어 이윤이 줄어든다.

㉠: (   ) ㉡: (   )

19 다음과 같이 우리나라가 다른 나라와 무역을 하면서 겪는 문제는 무엇입니까? (   )

> 대한민국에서 수입하는 세탁기에 세금을 더 부과하겠습니다.

① 자유 무역 협정 체결
② 한국산 물건에 높은 관세 부과
③ 외국산에 의존해야 하는 물건의 수입 문제
④ 수입 거부 때문에 다른 나라와 일어나는 갈등
⑤ 다른 나라의 수입 제한으로 발생하는 수출 감소

17 다음과 같은 경제 성장 과정에서 나타난 문제점은 무엇입니까? (   )

> 오늘날 우리나라의 경제 상황은 과거보다 크게 나아졌지만 잘사는 사람과 그렇지 못한 사람의 소득 격차는 더욱 커졌다.

① 부정부패   ② 환경 오염
③ 노사 갈등   ④ 무역 분쟁
⑤ 경제적 불평등

서술형

20 우리나라가 다른 나라와 무역을 하면서 여러 가지 문제들이 발생하는 이유는 무엇인지 쓰시오.

_____

_____

쉬어가기

포테이토칩은 누가 만들었을까요?

지금으로부터 약 150년 전에 미국에서 있었던 일입니다. 새러토가 스프링스라는 도시에 한 식당이 있었습니다. 어느 날, 요리사 그레이엄은 그 식당에 매우 까다로운 손님이 찾아왔기 때문에 매우 곤란해하고 있었습니다.

그 손님은 프라이드포테이토(감자튀김 : 감자를 크게 썰어서 튀기는 것으로 당시에는 식당의 메뉴에 있었음.)를 주문했습니다. 요리사가 주문한 음식을 내어 오자 손님은 감자가 너무 두껍다며 다시 만들어 오라고 하였습니다. 그래서 요리사는 더 얇은 프라이드포테이토를 만들어 손님에게 가져다 주었습니다. 그러나 손님은 이번에도 감자가 너무 두껍다며 다시 만들어 달라고 하였습니다. 이러한 일이 몇 차례 되풀이되자, 그레이엄은 무척 화가 났습니다. 그래서 포크로 찌르지 못할 정도로 얇은 프라이드포테이토를 만들었습니다. 완성된 프라이드포테이토는 종이처럼 얇고 와삭와삭했습니다. 요리사가 음식을 손님에게 가져다 주자, 손님은 싱글벙글 웃으며 맛있게 먹었습니다. 그 뒤, 그레이엄이 만든 얇고 와삭와삭한 포테이토가 맛있다는 소문이 널리 퍼졌습니다. 이렇게 해서 지금 우리가 먹고 있는 포테이토칩이 태어난 것입니다.

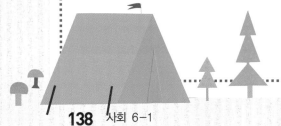

MEMO

MEMO

선생님이 강력 추 천하는

개념+ PLUS

단원평가

완벽 분석

종합평가

사회

6-1

1 4·19 혁명이 일어나게 된 배경이 된 사건은 어느 것입니까? (　　　)

① 3·1 운동
② 6·25 전쟁
③ 5·16 군사 정변
④ 3·15 부정 선거
⑤ 5·18 민주화 운동

2 이승만의 자유당 정권이 다음과 같은 일을 실시한 까닭으로 알맞은 것은 어느 것입니까? (　　　)

> • 유권자에게 물건이나 돈을 주고 자유당 후보자를 찍으라고 했습니다.
> • 3명 또는 5명씩 짝을 지어 투표장에 가서 자유당 후보자에게 투표하도록 했습니다.
> • 부정 선거를 감추기 위해 자유당 후보자를 미리 찍어 놓은 투표지를 불태웠습니다.

① 경제를 발전시키기 위해서
② 민주주의를 발전시키기 위해서
③ 새로운 정부를 수립하기 위해서
④ 남북 평화 통일을 이루기 위해서
⑤ 자유당이 정권을 유지하기 위해서

3 다음 ○보기○를 4·19 혁명의 전개 과정에 맞게 순서대로 기호를 쓰시오.

○보기○
㉠ 시민들의 시위는 전국적으로 더욱 확산되었습니다.
㉡ 대학 교수들은 정부에 항의하며 시위에 동참하였습니다.
㉢ 3월 15일 마산에서 부정 선거를 비판하는 시위가 일어났습니다.
㉣ 시위 중 실종된 김주열 학생의 시신이 마산 앞바다에서 발견되자 시민들은 분노하였습니다.

(　　　　　)

4 다음 사건의 결과로 알맞은 것은 어느 것입니까?

(　　　　　)

① 지방 자치 제도가 실시되었다.
② 5·18 민주화 운동이 일어났다.
③ 이승만이 대통령직에서 물러났다.
④ 간접 선거로 전두환이 대통령에 선출되었다.
⑤ 통일 주체 국민 회의에서 박정희가 대통령에 당선되었다.

5 4·19 혁명의 의의로 알맞은 것을 두 가지 고르시오.

(　　　,　　　)

① 직선제가 폐지되고 간선제가 실행되는 계기가 되었다.
② 우리나라 민주주의를 지키고 발전시키는 밑바탕이 되었다.
③ 독재와 부패가 발생하는 대통령제를 폐지하는 계기가 되었다.
④ 우리나라 역사상 처음으로 군인들의 희생으로 민주주의를 지키고 정치를 발전시킨 사건이다.
⑤ 시민들의 참여와 관심이 있어야 민주주의를 지키고 정치를 발전시킬 수 있다는 것을 깨우쳐 주었다.

🔍 관련 교과서 돋보기
4·19 혁명의 의의
• 우리나라 역사상 처음으로 시민과 학생의 힘으로 독재 정권을 무너뜨리고, 민주주의를 지켜 낸 역사적 사건이다.
• 4·19 혁명으로 시민들은 민주주의에 대해 더 많은 관심을 가지게 되었다.

6 1961년에 군인들을 동원해 정권을 장악한 사람은 누구입니까? (   )

① 전두환   ② 박정희   ③ 이승만
④ 김영삼   ⑤ 노태우

7 박정희 정권에 대한 설명으로 알맞은 것은 어느 것입니까? (   )

① 민주주의의 기초를 마련하였다.
② 민주주의를 한 단계 발전시켰다.
③ 평화적인 방법으로 정권을 잡았다.
④ 시민들의 민주화 요구를 받아들였다.
⑤ 헌법을 바꿔 가며 대통령직을 유지했다.

8 다음 빈칸에 들어갈 알맞은 말을 쓰시오.

> 박정희는 1972년에는 ☐☐☐(을)를 공포하여 대통령 선거를 직선제에서 간선제로 바꾸고 독재 체제를 강화했습니다.

(   )

9 5·18 민주화 운동이 일어나게 된 원인으로 알맞은 것은 어느 것입니까? (   )

① 대통령의 독재가 계속 이어졌기 때문에
② 대통령 선거를 직선제로 바꾸었기 때문에
③ 새로 권력을 잡은 정권이 무능했기 때문에
④ 부정 선거로 승리하여 권력을 잡았기 때문에
⑤ 대규모 민주화 시위를 폭력적으로 진압했기 때문에

🔍 관련 교과서 돋보기

계엄군에 맞선 광주 시민들
• 시민군을 만들어 대항했다.
• 자발적으로 거리를 청소했다.
• 부족한 식량과 물자를 서로 나눴다.
• 부상자들을 돕기 위해 헌혈을 했다.
• 광주의 질서를 유지하기 위해 노력했다.
• 시민군을 위해 주먹밥을 만들어 나눠 줬다.

● 서술형
10 5·18 민주화 운동이 가지는 역사적 의의를 쓰시오.

_____

_____

11 다른 지역에서는 광주에서 일어나고 있는 일을 알 수 없었던 이유로 알맞은 것은 어느 것입니까?

(   )

① 외신 기자들이 별로 없었기 때문에
② 계엄군의 진압이 평화적이었기 때문에
③ 민주화 운동에 대한 관심이 없었기 때문에
④ 광주 시민들이 알리려고 하지 않았기 때문에
⑤ 정부가 신문이나 방송 등 언론을 통제했기 때문에

12 6월 민주 항쟁이 일어나게 된 배경으로 볼 수 <u>없는</u> 것은 어느 것입니까? (   )

① 국민들의 알 권리를 막았다.
② 계엄군이 학생들을 향해 총을 쐈다.
③ 전두환 정부가 신문과 방송을 통제했다.
④ 정부에 유리한 내용만 언론에 보도했다.
⑤ 민주주의를 요구하는 사람들을 탄압했다.

13 6월 민주 항쟁의 과정 중 가장 먼저 일어난 일은 어느 것입니까? (   )

① 6월 민주 항쟁   ② 이한열 사망 사건
③ 박종철 사망 사건   ④ 6·29 민주화 선언
⑤ 시민들의 민주화 요구

14 6·29 민주화 선언의 주요 내용이 <u>아닌</u> 것은 어느 것입니까? (   )

① 유신 헌법을 제정한다.
② 언론의 자유를 보장한다.
③ 지방 자치제를 시행한다.
④ 대통령 직선제를 실시한다.
⑤ 정당의 건전한 활동을 보장한다.

> **관련 교과서 돋보기**
>
> 6·29 민주화 선언에 담긴 내용
> • 지방 자치 제도를 시행한다.
> • 국민이 직접 대통령을 선출한다.
> • 국민의 기본적 인권을 보호한다.
> • 뉴스와 신문 등 언론의 자유를 보장한다.
> • 대통령 선거가 공정하게 이루어지도록 관리한다.

15 6월 민주 항쟁의 의의로 알맞은 것은 어느 것입니까?
(   )

① 대통령 간선제를 실시하게 되었다.
② 시민들이 정부를 신뢰하게 되었다.
③ 언론이 정부의 통제를 받게 되었다.
④ 평화적으로 시민의 권리를 되찾았다.
⑤ 시민들이 인권에 대해 관심을 갖게 되었다.

16 우리나라의 민주주의가 발전하는 데 영향을 준 사건이 <u>아닌</u> 것은 어느 것입니까? (   )

① 4·19 혁명   ② 6·25 전쟁
③ 6월 민주 항쟁   ④ 5·18 민주화 운동
⑤ 6·29 민주화 선언

서술형

17 시민들이 다음과 같은 방법으로 대통령을 선출할 것을 요구했던 까닭을 쓰시오.

_____

_____

[18~19] 다음을 보고, 물음에 답하시오.

> 주민들이 선거를 통해 직접 뽑은 지방 의회 의원과 지방 자치 단체장을 통해 그 지역의 문제를 해결하는 제도입니다.

18 위에서 설명하는 제도는 무엇인지 쓰시오.

(   )

19 위와 같은 제도를 시행하면 좋은 점은 어느 것입니까? (   )

① 정부가 알아서 지역 문제를 해결해 준다.
② 주민들이 정치에 참여할 기회가 늘어난다.
③ 지역 대표의 의견에 따라 지역 문제를 해결한다.
④ 주민들은 자기 지역에 대해 관심을 갖지 않아도 된다.
⑤ 주민들은 지역 문제를 해결하고자 의견을 제시할 필요가 없다.

20 오늘날 국민이 정치에 참여하는 방법으로 바람직하지 <u>않은</u> 것은 어느 것입니까? (   )

① 캠페인을 연다.   ② 서명 운동을 한다.
③ 공청회에 참석한다.   ④ 무력 시위를 벌인다.
⑤ 시민 단체를 만들어 활동한다.

1 옛날에 국가의 일을 결정했던 사람은 누구입니까?
( )

① 왕　　　　　　　② 여성
③ 어린이　　　　　④ 젊은 남성
⑤ 신분이 낮은 사람

🔍 관련 교과서 돋보기

옛날의 의사 결정 방법
• 국가의 일: 신분이 낮은 사람은 정치에 참여할 수 있는 기회가 없었기 때문에 왕이나 신분이 높은 사람이 국가의 일을 결정했다.
• 가정의 일: 주로 나이가 많은 남성이 집안일을 결정했고, 여성이나 어린이는 의견을 내기 어려웠다.

2 정치가 필요한 까닭으로 알맞은 것을 두 가지 고르시오. (,)

① 정권을 잡고 나라를 다스리기 위해서
② 사람들을 효율적으로 통제하기 위해서
③ 공동의 문제를 원만하게 해결하기 위해서
④ 정치인들이 열심히 일하도록 하기 위해서
⑤ 사람들 사이에 생기는 갈등을 조정하기 위해서

3 다음 빈칸에 들어갈 알맞은 말을 쓰시오.

> 모든 국민이 국가의 주인으로서 권리를 갖고, 그 권리를 자유롭고 평등하게 행사하는 정치 형태를 □□□□(이)라고 합니다.

( )

4 우리의 생활에서 볼 수 있는 정치의 모습으로 알맞지 않은 것을 고르시오. ( )

① 시장에서 원하는 물건을 산다.
② 토론을 통해 가족 여행 장소를 결정한다.
③ 학급회의에서 자유롭게 의견을 이야기한다.
④ 전교 어린이 회장을 뽑는 선거에 참여한다.
⑤ 공청회에 참석하여 지역 문제에 대해 이야기한다.

5 민주주의를 이루는 기본 정신을 모두 고르시오.
( )

① 자유　　　　② 경쟁　　　　③ 평등
④ 평화　　　　⑤ 인간의 존엄성

6 민주주의의 기본 정신에 대한 설명으로 알맞지 않은 것은 어느 것입니까? ( )

① 인간은 성인이 되면 인간의 존엄성을 획득한다.
② 인간의 존엄성이 실현되려면 평등하게 대우받아야 한다.
③ 민주주의의 근본 목적은 인간의 존엄성을 실현하는 것이다.
④ 인간의 존엄성이 실현되려면 자신의 의사대로 행동할 수 있어야 한다.
⑤ 인간의 존엄성이 실현되려면 성별, 인종, 재산, 종교, 장애 등에 따라 차별받지 않아야 한다.

서술형

7 민주주의를 이루는 기본 정신 중 '인간의 존엄성'의 의미를 쓰시오.

_____

_____

8 여러 사람에게 영향을 미치는 공동의 문제를 해결하는 방법으로 알맞은 것은 어느 것입니까?
( )

① 소수의 의견은 무시한다.
② 나이 많은 어른들의 의견을 따른다.
③ 대화와 토론을 통해 의견 차이를 좁힌다.
④ 문제와 관련 없는 사람들이 모여 의논한다.
⑤ 경제적 손실이 가장 적은 방법으로 해결한다.

9 공동의 문제를 해결하는 과정에 참여하는 자세로 알맞지 않은 것은 어느 것입니까? ( )

① 관용의 태도   ② 타협의 자세
③ 비판적 태도   ④ 권위적 태도
⑤ 실천하는 자세

10 공동의 문제를 해결하기 위해 비판적 태도를 지녀야하는 까닭으로 알맞은 것은 어느 것입니까?
( )

① 양보하여 협의하기 위해서
② 사회적 약자를 보호하기 위해서
③ 함께 결정한 일을 따르기 위해서
④ 나와 다른 생각과 의견을 인정하고 존중하기 위해서
⑤ 사실이나 의견의 옳고 그름을 따져 살펴보기 위해서

11 다음에서 설명하는 것은 무엇인지 쓰시오.

> 시민을 대신하여 일할 대표자를 투표로 뽑는 일로, '민주주의의 꽃'이라고도 합니다.

( )

12 민주 선거의 기본 원칙이 아닌 것은 어느 것입니까?
( )

① 직접 선거   ② 보통 선거   ③ 평등 선거
④ 공개 선거   ⑤ 비밀 선거

관련 교과서 돋보기

민주 선거의 기본 원칙
• 보통 선거: 선거일 기준으로 만 18세 이상의 국민이면 누구나 투표할 수 있다.
• 직접 선거: 투표는 본인이 직접 해야 한다.
• 평등 선거: 모든 사람이 행사하는 표의 개수와 가치가 같아야 한다.
• 비밀 선거: 어느 후보자에게 투표했는지 다른 사람이 알 수 없다.

13 선거 관리 위원회에서 하는 일로 알맞은 것은 어느 것입니까? ( )

① 기본적인 인권을 보호한다.
② 부패 행위를 효율적으로 규제한다.
③ 공정한 선거가 이루어지도록 돕는다.
④ 공정하고 자유로운 경쟁을 촉진한다.
⑤ 불공정 거래를 규제하여 소비자를 보호한다.

14 서로 의견이 달라 갈등이 발생했을 때 의견을 하나로 모으기 위한 방법으로 알맞은 것은 어느 것입니까?
( )

① 투표   ② 무력 시위
③ 서명 운동   ④ 평화적인 집회
⑤ 어른에게 물어보기

[15~16] 다음 자료를 보고, 물음에 답하시오.

15 위와 같은 의사 결정 방법을 무엇이라고 하는지 쓰시오.

(　　　　　　　　)

◆서술형◆

16 위와 같은 방법으로 의사 결정을 할 때의 장점과 단점을 각각 쓰시오.

(1) 장점:

(2) 단점:

17 다수결의 원칙을 활용할 때 주의할 점으로 알맞은 것은 어느 것입니까? (　　　　)

① 소수의 의견은 무시한다.
② 충분한 대화와 토론을 거친다.
③ 충분한 토론을 하기 전에 투표로 결정한다.
④ 다수의 의견이 무조건 올바르다고 가정한다.
⑤ 찬성하는 사람만 결정된 의견을 따르도록 한다.

🔍 관련 교과서 돋보기

다수결의 원칙
• 다수의 의견이 소수의 의견보다 더 합리적일 것이라 가정하고 다수의 의견을 따르는 의사 결정 방법이다.
• 다수결의 원칙을 활용하기에 앞서 충분히 대화하고 토론해야 한다.
• 다수의 의견에 따라 결정하더라도 소수의 의견을 존중해야 한다.

18 민주적 의사 결정 원리에 따라 문제를 해결하려고 할 때 가장 먼저 해야 할 일은 어느 것입니까?

(　　　　)

① 문제 확인하기
② 문제 해결 방안 탐색하기
③ 문제 해결 방안 실천하기
④ 문제 발생 원인 파악하기
⑤ 문제 해결 방안 결정하기

19 민주적 의사 결정 원리에 따라 문제를 해결할 때 문제 해결 방안을 탐색하는 과정에서 해야 할 일은 어느 것입니까? (　　　　)

① 문제가 발생한 원인을 파악한다.
② 함께 결정한 사항을 실천하려고 노력한다.
③ 문제를 해결할 수 있는 다양한 방안을 생각한다.
④ 대화와 타협을 통해 가장 합리적인 방법을 찾는다.
⑤ 합의가 되지 않을 때는 다수결의 원칙을 활용한다.

20 다음은 어떤 문제를 해결할 수 있는 방안입니까?

(　　　　)

• 투명 페트병은 전용 수거함에 따로 모으기로 했습니다.
• 쓰레기장에 붙인 안내문 내용에 따라 올바르게 분리배출하기로 약속했습니다.

① 환경 오염 문제　　　② 교실 청소 문제
③ 터널 건설 문제　　　④ 학급의 자리 배치 문제
⑤ 학교 쓰레기장 분리배출 문제

1 민주 정치에 대한 설명으로 알맞지 <u>않은</u> 것은 어느 것 입니까? (　　　　)

① 인간의 존엄성을 실현한다.
② 국회 의원이 나라의 주인이다.
③ 국민 주권을 헌법으로 규정하고 있다.
④ 국민의 뜻에 따라 이루어지는 정치이다.
⑤ 국민의 자유와 권리를 법으로 보장한다.

[2~3] 다음 우리나라 헌법 내용을 보고, 물음에 답하시오.

> 〈제 1 조 제 1 항〉
> 대한민국은 ___㉠___ 공화국이다.
>
> 〈제 1 조 제 2 항〉
> 대한민국의 ___㉡___ 은 국민에게 있고,
> 모든 권력은 국민으로부터 나온다.

2 위 자료의 ㉠과 ㉡에 들어갈 알맞은 말을 쓰시오.
　㉠ _____　　㉡ _____

3 주권이 국민에게 있다는 사실을 보여 주는 사례가 <u>아</u> <u>닌</u> 것을 고르시오. (　　　　)

① 시민 단체에 가입하여 활동한다.
② 국민의 대표를 국민이 직접 선출한다.
③ 헌법을 개정할 때 국민 투표를 실시한다.
④ 법에 따라 일을 잘하고 있는지 확인하는 국정 감 사를 한다.
⑤ 인터넷 게시판에 직접 정책을 제안하거나 정치적 의견을 올린다.

🔍 관련 교과서 돋보기

국민 주권
• 주권은 국가가 하고자 하는 일을 최종적으로 결정하는 권 력이다.
• 국민 주권의 원리는 민주주의 국가에서는 국민이 나라의 주인이고, 주권이 국민에게 있다.

서술형

4 오늘날 민주주의 국가에서 오 른쪽 그림과 같은 방법으로 국민 주권을 실현하기 위해 노력하는 가장 큰 이유를 쓰 시오.

_____

_____

5 국민 주권을 지키기 위한 우리나라 국민들의 노력이 <u>아닌</u> 것을 모두 고르시오. (　　　,　　　)

① 4·19 혁명　　　　② 5·16 군사 정변
③ 6·25 전쟁　　　　④ 6월 민주 항쟁
⑤ 5·18 민주화 운동

6 다음에서 설명하는 민주 정치의 원리는 무엇입니까?
(　　　　)

> 민주주의 국가에서는 국가 권력을 여러 국가 기 관이 나누어 맡도록 합니다.

① 국민 자치　　② 지방 자치　　③ 중앙 집권
④ 권력 분립　　⑤ 지방 분권

7 한 사람이나 기관에 국가 권력이 집중될 때 나타날 수 있는 문제는 어느 것입니까? (　　　　)

① 항상 잘못된 결정을 하게 된다.
② 지역 균형 발전을 이루기 어렵다.
③ 국민의 자유와 권리를 침해할 수 있다.
④ 권력을 차지하기 위한 경쟁이 치열해진다.
⑤ 대통령이 권력을 마음대로 행사할 수 없다.

8 우리나라를 비롯한 대부분의 민주주의 국가에서 국가 권력을 나누어 맡고 있는 세 기관을 고르시오.

( )

① 국회 ② 공항 ③ 법원
④ 교육부 ⑤ 행정부

[9~10] 다음 그림을 보고, 물음에 답하시오.

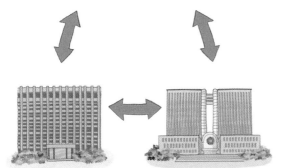

9 위와 같이 세 기관이 국가 권력을 나누어 맡는 것을 무엇이라고 하는지 쓰시오.

( )

10 위와 같이 세 기관이 국가 권력을 나누어 맡는 까닭으로 알맞지 <u>않은</u> 것은 어느 것입니까? ( )

① 서로 감시하기 위해서
② 서로 견제하기 위해서
③ 서로 도움을 주기 위해서
④ 권력의 남용을 막기 위해서
⑤ 국민의 자유와 권리를 보장하기 위해서

11 국회에서 하는 일은 어느 것입니까? ( )

① 법에 따라 재판을 한다.
② 법에 따라 국가 살림을 한다.
③ 국가를 다스리는 법을 만든다.
④ 대통령을 도와 행정 각 부를 관리한다.
⑤ 법을 어긴 사람을 처벌하여 사회 질서를 유지한다.

 관련 교과서 돋보기

국회와 국회 의원
• 국민의 대표인 국회 의원들로 구성된 국민의 대표 기관이다.
• 국회 의원은 국민의 대표로, 우리나라는 4년에 한 번씩 국민이 직접 국회 의원을 뽑는다.
• 18세 이상의 국민은 국회 의원 선거에 출마할 수 있다.

12 다음 ◦보기◦를 법이 만들어지는 과정에 맞게 순서대로 기호를 쓰시오.

◦보기◦

㉠ 국회에서 국회 의원들의 투표를 거쳐 법안이 심사를 통과했습니다.
㉡ 대통령이 법안을 수용하여 국민에게 널리 알려지고 시행됐습니다.
㉢ 국민의 요구에 따라 국회 의원이 법을 만들자는 제안을 했습니다.
㉣ 학교 주변에서 교통사고가 증가하자 대책을 마련해 달라는 국민의 요구가 늘어났습니다.

( )

13 국회가 행정부가 하는 일을 감시하고 감독하기 위해 하는 일이 <u>아닌</u> 것은 어느 것입니까? ( )

① 국정 감사하기
② 예산안 심의하기
③ 예산안 확정하기
④ 예산 결산 심사하기
⑤ 행정부가 잘못한 일 재판하기

14 다음에서 설명하는 국회가 하는 일을 쓰시오.

> 국회는 해마다 정해진 기간에 행정부가 한 일이 법에 따라 잘 이루어졌는지 확인하고, 만약 잘못한 일이 있을 때에는 이를 바로잡도록 요구합니다.

(   )

15 대통령이 국회의 동의를 얻어야 임명할 수 있는 사람이 <u>아닌</u> 사람은 누구입니까? (   )

① 대법관   ② 국무총리   ③ 대법원장
④ 국회 의장   ⑤ 헌법 재판소장

16 행정부에 대한 설명으로 알맞지 <u>않은</u> 것은 어느 것입니까? (   )

① 대통령은 외국에 대하여 국가를 대표한다.
② 국무총리는 국무 회의의 의장 역할을 한다.
③ 법에 따라 국가의 살림을 맡아하는 곳이다.
④ 대통령, 국무총리, 행정 각 부 등으로 구성된다.
⑤ 각 부의 장관과 차관, 그리고 많은 공무원은 부서에서 맡은 행정 업무를 수행한다.

> **관련 교과서 돋보기**
>
> 국무 회의
> • 국가의 중요한 일을 논의하기 위해 대통령, 국무총리, 행정 각 부의 장을 비롯한 국무 위원들이 모여 개최하는 행정부 최고 심의 기관이다.

17 행정 각 부 중에서 오른쪽 그림과 같은 업무를 하는 곳은 어디입니까? (   )

① 교육부   ② 국방부
③ 외교부   ④ 환경부
⑤ 질병관리청

18 법원에서 하는 일이 <u>아닌</u> 것은 어느 것입니까?

(   )

① 법을 어긴 사람을 처벌한다.
② 사람들 사이의 다툼을 해결해 준다.
③ 법을 만들고 고치거나 없애기도 한다.
④ 개인이 겪은 억울한 일을 법에 따라 해결해 준다.
⑤ 국가가 개인의 이익이나 권리를 침해했을 때 도와준다.

서술형

19 다음은 공정한 재판을 하기 위해 마련한 제도 중 무엇을 나타낸 것인지 쓰고, 이러한 제도를 마련한 까닭을 쓰시오.

(1) 제도: (   )

(2) 제도를 마련한 까닭: _____

_____

_____

20 민주 정치의 원리에 따라 어린이 식품 안전 보호 구역이 지정되었습니다. 어린이 식품 안전 보호 구역을 만드는 과정에서 가장 먼저 일어난 일은 어느 것입니까? (   )

① 공청회를 개최하였다.
② 국회가 법을 만들었다.
③ 국민이 요구를 표출하였다.
④ 국회 의원이 법률 제정안을 제출하였다.
⑤ 행정부가 법에 따라 나라 살림을 하였다.

1 생산 활동에 참여하여 얻은 소득으로 소비 활동을 하는 경제주체는 어느 것입니까? (   )

① 가계   ② 정부   ③ 기업
④ 노동자   ⑤ 시민 단체

> 🔍 관련 교과서 돋보기
>
> **경제활동과 경제주체**
> • 경제활동: 사람들이 살아가는 데 필요한 것을 생산하고 분배하며 소비하는 모든 활동이다.
> • 경제주체: 경제활동을 하는 모두를 뜻하는 단어로, 가계, 기업, 정부 등이 있다.

2 기업에 대한 설명으로 알맞지 <u>않은</u> 것은 어느 것입니까? (   )

① 사람들에게 일자리를 제공한다.
② 생활에 필요한 물건을 구매한다.
③ 돈을 벌기 위해 물건을 만들어 판매한다.
④ 사람들에게 편리함을 주는 서비스를 제공한다.
⑤ 이윤을 얻기 위해 전문적으로 생산 활동을 한다.

[3~4] 다음 자료를 보고, 물음에 답하시오.

3 위의 (가), (나)는 무엇을 가리키는지 쓰시오.

(가): (   ) (나): (   )

⋅서술형⋅

4 자료를 참고하여 가계와 기업이 없을 때 일어날 수 있는 일을 두 가지 쓰시오.

_____

_____

5 가계에서 소비를 할 때 합리적으로 선택해야 하는 까닭으로 알맞은 것은 어느 것입니까? (   )

① 가계의 소득이 같기 때문에
② 가계의 가구원 수가 같기 때문에
③ 가계의 소득이 한정되어 있기 때문에
④ 가계의 소비 품목이 정해져 있기 때문에
⑤ 가계에서 소비하는 물건의 종류가 같기 때문에

6 합리적 선택에 대한 설명으로 알맞은 것은 어느 것입니까? (   )

① 가장 큰 비용으로 필요한 것을 선택하는 것
② 가장 적은 비용으로 필요한 것을 선택하는 것
③ 가장 큰 비용으로 큰 만족을 얻도록 선택하는 것
④ 가장 적은 비용으로 큰 만족을 얻도록 선택하는 것
⑤ 가장 적은 비용으로 평균적인 만족을 얻도록 선택하는 것

7 합리적 선택을 하기 위해 고려해야 할 점이 <u>아닌</u> 것은 어느 것입니까? (   )

① 품질   ② 가격   ③ 광고
④ 디자인   ⑤ 서비스

8 제품이 망가져서 새로 구입하려고 할 때 가장 먼저 해야 할 일은 어느 것입니까? (   )

① 문제 해결하기
② 정보 탐색하기
③ 최종 선택하기
④ 선택 기준 세우기
⑤ 대안 비교·평가하기

9 제품을 선택하는 기준으로 가장 알맞은 것은 어느 것입니까? (   )

① 무조건 싼 제품을 선택한다.
② 친구가 추천해 준 제품을 선택한다.
③ 마음에 들지 않는 제품을 선택한다.
④ 공정 무역을 통해 만든 제품을 선택한다.
⑤ 유명한 모델이 광고하는 제품을 선택한다.

> **관련 교과서 돋보기**
>
> 윤리적 소비(가치 소비, 착한 소비)
> • 가계의 합리적 선택에서 가장 중요한 것은 만족감을 높이는 것이다.
> • 최근에는 가격이 비싸더라도 환경, 동물 복지, 인권 등 윤리적 가치를 지키는 것에서 만족감을 얻는 소비가 늘어나고 있다.

10 기업이 합리적 선택을 하기 위해 고민하는 까닭으로 알맞지 <u>않은</u> 것은 어느 것입니까? (   )

① 더 많은 이윤을 얻기 위해서
② 가계의 소득을 늘려주기 위해서
③ 좋은 품질의 물건과 서비스를 생산하기 위해서
④ 비용을 줄일 수 있는 생산 방법을 정하기 위해서
⑤ 상품을 많이 팔 수 있는 홍보 방법을 찾기 위해서

11 기업이 합리적 의사 결정을 위해 고려할 점이 <u>아닌</u> 것은 어느 것입니까? (   )

① 기업의 역사
② 소비자의 요구
③ 연도별 판매량
④ 제품 생산 비용
⑤ 경쟁 기업의 수

12 다음 ○보기○를 기업의 합리적 의사 결정 과정에 맞게 순서대로 기호를 쓰시오.

> ○보기○
> ㉠ 상품 개발하기
> ㉡ 소비자 분석하기
> ㉢ 홍보 계획 세우기
> ㉣ 생산 방법 정하기

(   )

13 다음 장소에 대한 설명으로 알맞지 <u>않은</u> 것은 어느 것입니까? (   )

① 가계와 기업이 만나는 곳이다.
② 물건을 직접 생산하는 곳이다.
③ 다양한 정보를 교환할 수 있다.
④ 생활에 필요한 물건을 살 수 있다.
⑤ 물건이나 서비스를 사고파는 곳이다.

14 만질 수 없는 물건을 사고 파는 시장의 종류를 두 곳 쓰시오.

(   )

15 언제 어디에서든지 물건을 살 수 있어 편리한 곳을 두 곳 고르시오. (　　,　　)

① 백화점　　　　　　② 홈쇼핑
③ 전통 시장　　　　　④ 대형 할인점
⑤ 인터넷 쇼핑

16 다음 ㉠, ㉡에 들어갈 알맞은 말이 바르게 짝지어진 것은 어느 것입니까? (　　　　)

> 우리나라에서 개인과 기업은 (　㉠　)롭게 경제활동을 하면서 이익을 얻고자 다른 사람 또는 다른 기업과 (　㉡　)합니다.

	㉠	㉡
①	자유	경쟁
②	평화	협력
③	평화	경쟁
④	여유	교류
⑤	자유	교환

🔍 관련 교과서 돋보기

경제 체제
• 경제 문제를 해결하기 위해 자원을 어떻게 사용하고 분배할 것인지 결정하는 방식이다.

17 경제활동에서 볼 수 있는 모습 중 나머지와 성격이 다른 것은 어느 것입니까? (　　　　)

① 개인은 자신의 능력과 적성에 따라 직업을 선택한다.
② 기업은 무엇을 얼마나 생산하여 판매할지 스스로 결정한다.
③ 개인은 일을 해서 얻은 소득을 자신의 결정에 따라 사용한다.
④ 기업은 판매하여 얻은 이윤을 어떻게 사용할지 스스로 결정한다.
⑤ 기업은 더 낮은 가격으로 더 좋은 품질의 물건을 만들려고 노력한다.

서술형

18 자유와 경쟁을 보장하는 경제활동이 우리 생활에 주는 도움을 두 가지 쓰시오.

_____

_____

19 정부가 개인과 기업이 공정하게 경쟁하면서 자유로운 경제활동을 할 수 있도록 하기 위해 하는 일이 <u>아닌</u> 것은 어느 것입니까? (　　　　)

① 공정한 경제활동의 기준이 되는 법이나 제도를 만든다.
② 불공정한 경제활동을 감시하고 공정 거래를 심의한다.
③ 기업의 창의적인 경제활동과 소비자의 권리를 보호한다.
④ 개인이나 기업의 경제활동에 기반이 되는 시설과 서비스를 제공한다.
⑤ 독과점 기업들이 물건이나 서비스의 가격을 쉽게 조정할 수 있도록 한다.

20 다음과 같은 일을 하는 정부 기관을 쓰시오.

> • 기업이 자유롭고 공정하게 경쟁할 수 있도록 기본적인 질서를 세웁니다.
> • 기업의 부당한 단체 행위나 불공정한 거래 행위를 금지하고, 한 기업이 시장을 독점하지 못하도록 하는 등 공정한 경쟁 환경을 만들기 위해 노력합니다.

(　　　　　　　　)

1 6·25 전쟁 직후 우리나라의 모습으로 알맞지 <u>않은</u> 것은 어느 것입니까? (   )

① 직업을 잃은 사람이 많아졌다.
② 식량과 생필품이 매우 부족하였다.
③ 공장, 발전소 등 산업 시설이 파괴되었다.
④ 정부는 세계 여러 나라의 도움을 받아 파괴된 여러 시설들을 복구하는 데 힘을 모았다.
⑤ 정부는 식량난을 해소하기 위해 공업 중심의 산업 구조를 농업 중심으로 변화시키려고 노력했다.

2 1950년대에 주로 발달한 산업은 어느 것입니까?
(   )

① 광업   ② 경공업   ③ 중화학 공업
④ 소비재 산업   ⑤ 서비스 산업

🔍 관련 교과서 돋보기

소비재 산업
• 개인이 욕구를 충족하고자 소비하는 식료품이나 의류 등을 만드는 산업이다.
• 외국에서 지원받은 밀, 사탕수수, 면화와 같은 원료로 밀가루, 설탕, 면직물 등을 만들었다.

3 1950년대에 국민과 정부가 식량 부족 문제를 해결하기 위해 한 일이 <u>아닌</u> 것은 어느 것입니까?
(   )

① 정부는 농업 증산 계획을 시행하였다.
② 정부는 고속 국도와 발전소 등을 건설하였다.
③ 정부는 비료 공장을 건설하고, 농약을 수입하였다.
④ 사람들은 새로운 농업 기술을 받아들여 농사일에 매진했다.
⑤ 사람들은 어업과 임업을 통해서 식량이나 소득을 얻기도 했다.

4 다음 빈칸에 들어갈 알맞은 말은 어느 것입니까?
(   )

1960년대 들어 정부는 (   ) 5개년 계획을 세우고, 수출을 통해 경제를 발전시키고자 노력했습니다.

① 경제 성장   ② 수출 성장   ③ 공업 성장
④ 경제 개발   ⑤ 기업 성장

[5~6] 다음 사진을 보고, 물음에 답하시오.

5 우리나라에서 위의 사진과 관련된 산업이 발달한 시기는 언제입니까? (   )

① 1950년대   ② 1960년대   ③ 1970년대
④ 1980년대   ⑤ 1990년대

서술형

6 우리나라에서 위의 사진과 관련된 산업이 발달할 수 있었던 까닭을 쓰시오.

_____

_____

7 1970년대에 다음과 같은 시설을 활발하게 건설했던 까닭으로 알맞은 것은 어느 것입니까? (   )

> ・항구   ・철도   ・발전소   ・고속 국도

① 경제 성장에 필요했기 때문에
② 지역 균형 발전에 필요했기 때문에
③ 전쟁에 대비할 필요가 있었기 때문에
④ 주택 부족 문제를 해결하는 데 필요했기 때문에
⑤ 오래 사용하여 새로 교체할 필요가 있었기 때문에

8 우리나라의 대표적인 중화학 공업 단지로 성장한 도시는 어디입니까? (   )

① 인천   ② 대전   ③ 울산
④ 부산   ⑤ 광주

9 1980년대 우리나라의 경제 성장 모습에 대한 설명으로 알맞지 <u>않은</u> 것은 어느 것입니까? (   )

① 수출액이 크게 증가하였다.
② 수출 100억 달러를 달성하였다.
③ 사람들의 생활 수준이 높아졌다.
④ 산업 구조가 경공업에서 중화학 공업 중심으로 바뀌었다.
⑤ 자동차, 정밀 기계, 기계 부품, 텔레비전 등이 주요 수출품으로 자리 잡았다.

10 우리나라의 경제가 빠르게 성장할 수 있었던 까닭으로 알맞지 <u>않은</u> 것은 어느 것입니까? (   )

① 기업인들이 기술 개발을 위해 노력했기 때문에
② 정부가 경제 개발 5개년 계획을 추진했기 때문에
③ 기업이 높은 가격으로 물건을 만들어 수출했기 때문에
④ 기업인들이 우리나라 물건을 수출하기 위해 세계 곳곳을 다녔기 때문에
⑤ 노동자들이 적은 임금을 받았지만 긴 시간 동안 열심히 일했기 때문에

11 1990년대에 우리나라에서 발달한 산업은 어느 것입니까? (   )

① 철강 산업   ② 조선 산업
③ 자동차 산업   ④ 반도체 산업
⑤ 우주 항공 산업

🔍 관련 교과서 돋보기

우리나라 반도체 산업의 역사
・1970년대부터 반도체를 연구하고 반도체 산업에 투자하기 시작했다.
・1990년대에는 세계적인 수준의 반도체를 생산했고, 1992년에는 우리나라 기업이 시장 점유율 세계 1위를 차지하기도 했다.

12 다음 자료가 설명하는 산업은 무엇입니까?
(   )

> 2013년에 우리나라의 첫 번째 우주 발사체인 나로호가 성공적으로 발사되었습니다. 이로써 우리나라는 11번째로 우주로 나아가는 국가가 되었습니다.

① 생명 공학   ② 로봇 산업
③ 인공 지능   ④ 항공 우주
⑤ 신소재 산업

13 다음과 같은 산업이 발달했을 때의 장점은 무엇입니까? (   )

① 노동 시간이 줄어든다.
② 삶이 풍요롭고 편리해진다.
③ 중화학 공업이 더욱 발전한다.
④ 쉽게 정보를 찾거나 이용할 수 있다.
⑤ 이동하는 데 걸리는 시간이 줄어든다.

[14~15] 다음 1960년 이후 우리나라의 국내 총생산을 나타낸 그래프를 보고, 물음에 답하시오.

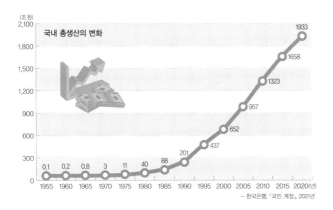

국내 총생산의 변화

― 한국은행, 「국민 계정」, 2021년

14 위 그래프를 보고 우리나라의 국내 총생산이 1,000조를 넘어선 시기를 찾아 쓰시오.

( )

🔍 **관련 교과서 돋보기**

국내 총생산
• 일정 기간에 한 나라 안에서 만들어진 물건과 서비스의 양을 돈으로 계산해 합한 것이다.
• 국내 총생산이 늘었다는 것은 우리나라 경제 규모가 커졌다는 뜻이다.

15 위의 그래프를 보고 우리나라의 국내 총생산액에 대해 설명한 내용으로 알맞은 것은 어느 것입니까?

( )

① 2000년에 급격히 증가했다.
② 1960년 이후 크게 증가했다.
③ 앞으로 일정하게 유지될 것이다.
④ 앞으로 급격하게 감소할 것이다.
⑤ 국내 총생산액이 증가한 반면, 경제 규모는 작아졌다.

16 경제 성장에 따른 사회 변화의 모습으로 알맞지 <u>않은</u> 것은 어느 것입니까? ( )

① 사람들의 소득이 증가했다.
② 해외여행자 수가 크게 줄었다.
③ 여가 생활에 대한 관심이 커졌다.
④ 사람들이 다양한 직업에 종사하게 되었다.
⑤ 도시에 거주하는 인구의 비율이 빠르게 증가했다.

17 우리나라의 경제 성장 과정 중 1970년대에 있었던 일은 어느 것입니까? ( )

① 지하철이 개통되었다.
② 컴퓨터가 대중화되었다.
③ 고속 철도가 개통되었다.
④ 스마트폰이 대중화되었다.
⑤ 흑백텔레비전이 출시되었다.

18 다음 빈칸에 들어갈 알맞은 말을 쓰시오.

경제가 성장하면서 우리 문화 상품도 해외에서 관심을 끌기 시작하였습니다. 특히 케이팝(K-POP)이라고 불리는 우리나라의 대중가요와 드라마, 영화 등 ( )(을)를 즐기는 외국인들이 많이 늘어났습니다.

( )

19 경제 성장 과정에서 나타난 문제가 <u>아닌</u> 것은 어느 것입니까? ( )

① 농촌 문제
② 빈부 격차 문제
③ 기업 환경 문제
④ 산업 재해 문제
⑤ 환경 오염 및 기후 변화 문제

서술형

20 경제 성장 과정에서 나타난 빈부 격차 문제를 해결하기 위한 노력을 두 가지 쓰시오.

_____

_____

_____

1 나라와 나라 사이에 물건이나 서비스를 사고파는 일을 무엇이라고 합니까? (   )

① 거래   ② 상업   ③ 원조
④ 무역   ⑤ 물물교환

[2~3] 다음 그림을 보고, 물음에 답하시오.

2 △△ 나라에서 ○○ 나라로부터 수입하는 것을 두 가지 고르시오. (,   )

① 배   ② 석유   ③ 철광석
④ 자동차   ⑤ 휴대 전화

서술형

3 △△ 나라와 ○○ 나라가 서로 필요한 것을 주고받으면서 얻은 이익을 쓰시오.

_____

_____

_____

4 포도 생산에 적합한 덥고 건조한 날씨 덕분에 좋은 품질의 와인을 만드는 나라는 어느 나라입니까?
(   )

① 일본   ② 칠레   ③ 프랑스
④ 러시아   ⑤ 코트디부아르

5 다음의 내용으로 볼 때, 우리나라가 러시아와 무역을 하는 까닭으로 알맞은 것은 어느 것입니까?
(   )

러시아는 천연가스, 원유, 석탄 등의 자원이 풍부합니다. 우리나라는 이러한 자원이 부족하기 때문에 러시아에서 자원을 수입합니다.

① 기술의 차이 때문에
② 자원의 차이 때문에
③ 자본의 차이 때문에
④ 서비스의 차이 때문에
⑤ 자연환경의 차이 때문에

관련 교과서 돋보기

경제 교류를 하는 까닭
• 나라마다 자연환경, 자원, 기술 등에 차이가 있어서 더 잘 생산할 수 있는 물자나 서비스가 다르다.
• 각 나라는 더 잘 만들 수 있는 물자나 서비스를 생산해 다른 나라와 경제 교류를 한다.

6 우리나라의 주요 수출품은 어느 것입니까?
(   )

① 원유   ② 석탄   ③ 자동차
④ 천연가스   ⑤ 정밀 화학 원료

7 각 나라에서 더 잘 생산할 수 있는 것을 전문적으로 생산하면 기업에게 좋은 점은 어느 것입니까?
( )

① 일자리를 많이 만들 수 있다.
② 노동력을 싼값에 이용할 수 있다.
③ 다른 나라의 뛰어난 기술을 배울 수 있다.
④ 정부로부터 각종 세금 혜택을 받을 수 있다.
⑤ 제품을 생산하는데 드는 비용을 줄일 수 있다.

8 다음 그래프를 보고 우리나라의 수입액 비율이 가장 높은 나라는 어디인지 찾아 쓰시오.

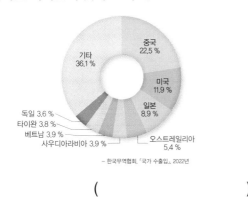

중국 22.5 %
기타 36.1 %
미국 11.9 %
일본 8.9 %
독일 3.6 %
타이완 3.8 %
베트남 3.9 %
사우디아라비아 3.9 %
오스트레일리아 5.4 %

– 한국무역협회, 「국가 수출입」, 2022년

( )

9 오늘날 무역이 더욱 활발하게 이루어지고 있는 까닭으로 알맞은 것은 어느 것입니까? ( )

① 천연자원이 고갈되었기 때문에
② 농업 생산량이 증가했기 때문에
③ 교통과 통신이 발달했기 때문에
④ 각 나라의 자연환경이 비슷해지고 있기 때문에
⑤ 나라마다 생산하는 물건이 정해져 있기 때문에

10 세계 무역 기구(WTO)에서 하는 일이 <u>아닌</u> 것은 어느 것입니까? ( )

① 무역의 장벽을 낮춘다.
② 무역이 활발해지게 한다.
③ 무역의 대상이 확대되는 것을 막는다.
④ 각 나라의 공정하지 않은 행위를 규제한다.
⑤ 각 나라의 무역 정책을 만드는 기준을 제시한다.

11 다음 빈칸에 들어갈 알맞은 말을 쓰시오.

> 우리나라는 다른 나라에서 원료를 수입하고, 이를 국내에서 다시 ( )하여 수출하는 무역이 발달했습니다.

( )

> **관련 교과서 돋보기**
>
> 천연자원은 부족하지만 기술력이 뛰어난 나라에서 나타나는 무역 형태(가공 무역)
> ① 원료 수입: 다른 나라에서 철광석을 사온다.
> ② 가공: 철광석을 녹여 만든 철로 자동차를 만든다.
> ③ 제품 수출: 국내에서 만든 자동차를 다른 나라에 판매한다.

12 마트나 시장에 가서 물건의 원산지와 생산지를 살펴보고 알 수 있는 사실은 어느 것입니까? ( )

① 생산지는 가깝지만 원산지는 멀다.
② 모든 물건의 원산지와 생산지는 다르다.
③ 다른 나라와 여러 가지 물건을 교류한다.
④ 우리나라가 원산지인 물건은 하나도 없다.
⑤ 세계 여러 나라가 생산하는 물건의 종류가 모두 같다.

13 우리나라가 다른 나라와 교류하는 서비스 분야가 <u>아</u><u>닌</u> 것은 어느 것입니까? ( )

① 관광   ② 의료   ③ 커피
④ 게임   ⑤ 만화

14 다른 나라와의 경제 교류로 달라진 의생활 모습으로 알맞은 것은 어느 것입니까? ( )

① 집의 내부 구조가 외국과 비슷해지고 있다.
② 다른 나라에서 만든 옷을 쉽게 구입할 수 있다.
③ 다른 나라에서 수입한 가구를 쓰는 가정이 많다.
④ 다른 나라에 직접 가지 않아도 그 나라 음식을 먹을 수 있다.
⑤ 다른 나라에서 만든 영화를 우리나라 영화관에서 볼 수 있다.

15 오늘날 우리나라에서 쉽게 외국의 음식 재료를 구할 수 있는 까닭은 무엇입니까? (   )

① 우리나라에서 외국의 기술을 받아들였기 때문에
② 우리나라로 관광을 오는 외국인들이 많기 때문에
③ 우리나라가 다른 나라와 경제 교류를 하기 때문에
④ 우리나라에 일하러 온 외국인 노동자들이 많기 때문에
⑤ 우리나라에 생산 공장을 짓는 외국 회사들이 많기 때문에

16 다음 ◦보기◦에서 다른 나라와 하는 경제 교류가 기업에 미친 영향을 모두 찾아 기호를 쓰시오.

┌─◦보기◦─────────────────────────┐
│ ㉠ 외국 기업과 교류하며 새로운 기술과 아이디│
│   어를 주고받고 있습니다.   │
│ ㉡ 외국으로 일자리를 찾아 나가는 등 경제활동│
│   범위가 넓어졌습니다.   │
│ ㉢ 전 세계의 다양한 물건을 값싸게 살 수 있는│
│   기회가 늘어났습니다.   │
│ ㉣ 땅값과 인건비가 싼 나라에 공장을 세워 물건│
│   을 생산하는 데 드는 비용을 줄이고 있습니다.│
└───────────────────────────────┘

(   )

[17~18] 우리나라와 자유 무역 협정(FTA)을 맺은 나라들을 나타낸 다음 지도를 보고, 물음에 답하시오.

17 우리나라와 자유 무역 협정을 맺은 나라가 아닌 나라는 어느 나라입니까? (   )

① 중국   ② 칠레   ③ 미국
④ 러시아   ⑤ 베트남

◦서술형◦
18 우리나라가 지도에 표시된 세계 여러 나라들과 자유 무역 협정을 맺는 까닭을 쓰시오.

_____

_____

┌─ 관련 교과서 돋보기 ──────────────────┐
│ 자유 무역 협정(FTA)   │
│ • 자유 무역 협정은 나라와 나라 사이에 상품의 자유로운 이│
│   동을 가로막는 세금, 제도 등을 줄이거나 없애기 위한 약│
│   속이다.   │
│ • 자유 무역 협정의 체결이 늘면서 나라와 나라 사이에 교류│
│   가 활발해지고 무역 규모가 커지고 있다.   │
└───────────────────────────────┘

19 우리나라의 수출 경쟁력을 높이기 위한 노력으로 알맞지 않은 것은 어느 것입니까? (   )

① 우리나라의 수출 품목을 다양화한다.
② 우리나라의 상품을 다른 나라에 적극적으로 알린다.
③ 새로운 기술을 개발하고 상품의 질을 더 좋게 만든다.
④ 세계 무역 시장을 찾아 판매 경로와 지역을 넓혀 나간다.
⑤ 우리나라의 우수한 기술력으로 생산한 몇 가지 물건들만 수출한다.

20 무역을 하면서 불리한 점이 생길 때 정부가 해야 할 일은 어느 것입니까? (   )

① 수출을 금지한다.
② 기업에 필요한 돈을 빌려준다.
③ 자유 무역 기구에 중재를 요청한다.
④ 발전소와 도로, 항만 등의 시설을 늘린다.
⑤ 국내 산업을 보호하기 위한 법이나 제도를 만든다.

1 다음에서 설명하는 사건은 무엇인지 쓰시오.

> 자유당이 정권을 유지하기 위해 3·15 부정 선거를 저지르자 시민과 학생들이 시위를 한 사건입니다.

(   )

2 3·15 부정 선거에 대한 설명으로 알맞은 것은 어느 것입니까? (   )

① 군인들의 통제에 따라 치러진 선거였다.
② 우리나라의 통일을 이루기 위한 선거였다.
③ 민주적인 절차에 따라 치러진 공정한 선거였다.
④ 대학 교수들이 주축이 되어 일으킨 부정 선거였다.
⑤ 자유당의 정권 유지를 위해 온갖 부정한 방법으로 치러진 선거였다.

3 3·15 부정 선거를 비판하는 시위가 가장 먼저 일어난 도시는 어디입니까? (   )

① 광주   ② 마산   ③ 대구
④ 군산   ⑤ 포항

관련 교과서 돋보기

4·19 혁명의 시작
• 3·15 부정 선거에 항의하는 학생과 시민들의 시위가 마산 지역에서 일어났다.
• 4월 11일, 마산 시위 도중 실종된 김주열 학생이 마산 앞바다에서 죽은 채 발견되었고, 이 사건을 계기로 시위는 전국으로 퍼졌다.

· 서술형 ·

4 이승만 정부가 아래와 같은 방법으로 부정선거를 계획한 이유를 쓰시오.

_____

_____

5 4·19 혁명에 대한 설명으로 알맞지 <u>않은</u> 것은 어느 것입니까? (   )

① 3·15 부정 선거는 무효가 되었다.
② 초등학생들도 시위에 참여하였다.
③ 대학 교수들은 정부를 지지하였다.
④ 정부는 무력을 앞세워 시위를 진압하였다.
⑤ 1960년 4월 19일, 주요 도시에서 시민들이 대규모 시위를 벌였다.

6 다음 글의 빈 칸에 알맞은 말을 쓰시오.

> 4·19 혁명은 많은 사람의 노력과 희생을 통해 (㉠)이 국가의 주인임을 밝히고 독재 정권으로부터 (㉡)를 지켜 낸 역사적 사건입니다.

㉠ _____   ㉡ _____

7 1961년에 5·16 군사 정변을 일으켜 정권을 잡은 사람은 누구인지 쓰시오.

( )

8 유신 헌법을 공포한 까닭으로 알맞은 것을 두 가지 고르시오. (,)

① 독재 정치를 막기 위해서
② 민주적인 사회를 만들기 위해서
③ 더욱 강력한 독재 정치를 하기 위해서
④ 대통령 선거를 직선제로 바꾸기 위해서
⑤ 대통령 선거를 간선제로 바꾸기 위해서

> 🔍 관련 교과서 돋보기
>
> **유신 헌법**
> • '유신'은 낡은 제도를 고쳐 새롭게 한다는 뜻이다. 그러나 유신 헌법에는 대통령이 국민의 기본권을 마음대로 제한할 수 있다는 내용이 들어 있었다.

[9~10] 다음을 보고, 물음에 답하시오.

> 1980년 5월, 군인들은 계엄군을 보내 광주의 대학생들이 민주화를 요구하며 일으킨 시위를 폭력적으로 진압했습니다. 이에 분노한 광주 시민들은 시민군을 만들어 계엄군에 맞서 싸웠습니다.

9 위에서 설명하는 사건은 무엇인지 쓰시오.

( )

10 위의 사건이 갖는 역사적 의의로 알맞은 것은 어느 것입니까? ( )

① 평화적인 정권 교체를 이루었다.
② 대통령 직선제가 시행되는 계기가 되었다.
③ 부산과 마산에서 일어난 시위에 영향을 주었다.
④ 세계 여러 나라의 민주화 운동에 영향을 주었다.
⑤ 군인들이 독재 정권에 맞서 싸운 민주주의 운동이다.

11 6월 민주 항쟁에서 학생들과 시민들이 대규모 시위를 벌이면서 요구했던 것을 모두 고르시오.

(,)

① 시위의 자유
② 계엄령 선포
③ 대통령 직선제
④ 유신 헌법 철회
⑤ 대학생 박종철 사망 사건의 진실

12 6월 민주 항쟁의 결과로 알맞은 것은 어느 것입니까?

( )

① 제3공화국이 탄생되었다.
② 자유당 정권이 무너졌다.
③ 전두환이 해외로 망명하였다.
④ 6·29 민주화 선언을 발표하였다.
⑤ 노태우가 대통령 자리에서 물러났다.

13 대통령 직선제에 대한 설명으로 알맞지 <u>않은</u> 것은 어느 것입니까? ( )

① 독재를 예방할 수 있다.
② 정권이 평화적으로 교체될 수 있다.
③ 1987년 이후 지금까지 이어지고 있다.
④ 국민들이 민주주의 실현에 동참할 수 있다.
⑤ 국민이 뽑은 대리인의 간접선거로 대통령을 선출하는 방식이다.

14 지방 자치제가 시행된 이후 달라진 점은 어느 것입니까? ( )

① 우리나라의 민주주의는 더욱 확대되었다.
② 대통령이 지방 자치 단체장을 임명하게 되었다.
③ 국회의원이 지방 의회 의원을 겸직하게 되었다.
④ 지역 주민들이 정치에 참여할 기회가 줄어들었다.
⑤ 지역 주민들이 자기 지역의 일에 관심을 갖지 않게 되었다.

15 6월 민주 항쟁 이후 대통령 직선제로 선출된 대통령이 아닌 사람은 누구입니까? (   )

① 전두환   ② 노태우   ③ 김영삼
④ 김대중   ⑤ 노무현

관련 교과서 돋보기

6월 민주 항쟁 이후 직선제로 수립된 정부
• 제13대(1988년): 노태우 정부
• 제14대(1993년): 김영삼 정부
• 제15대(1998년): 김대중 정부
• 제16대(2003년): 노무현 정부

[16~17] 다음 사진을 보고, 물음에 답하시오.

16 위 사진에서 알 수 있는 제도는 무엇인지 쓰시오.

(   )

서술형
17 위 사진과 같은 제도가 필요한 까닭을 쓰시오.

_____

_____

18 사회 공동의 문제 해결 과정에서 국민의 참여가 중요한 까닭으로 알맞은 것은 어느 것입니까?

(   )

① 이웃과의 사이가 좋아질 수 있기 때문에
② 개인의 경제활동이 활발해질 수 있기 때문에
③ 우리나라의 범죄율이 낮아질 수 있기 때문에
④ 우리나라의 민주주의를 발전시키는 밑바탕이 되기 때문에
⑤ 우리나라의 문화가 세계로 확장되는 원동력이 되기 때문에

19 국민들이 더 다양한 방법으로 정치에 참여할 수 있게된 직접적인 계기가 된 사건은 어느 것입니까?

(   )

① 4·19 혁명   ② 6월 민주 항쟁
③ 5·16 군사 정변   ④ 3·15 부정 선거
⑤ 5·18 민주화 운동

20 사회 공동의 문제를 해결하기 위해 시민들이 참여하는 모습이 아닌 것은 어느 것입니까? (   )

① 지역 축제에 참여한다.
② 정당에 가입하여 활동한다.
③ 국민 참여 재판에 참여한다.
④ 캠페인이나 1인 시위를 한다.
⑤ 누리 소통망에 자신의 의견을 올린다.

1 정치에 대한 설명으로 알맞은 것은 어느 것입니까?
( )

① 주로 대통령이 하는 활동이다.
② 일반 국민들과 관계없는 일이다.
③ 국회의원의 권리를 보장하기 위해 이루어지는 모든 활동이다.
④ 사회 구성원 간의 대립과 갈등을 조정하여 문제를 해결하는 모든 과정이다.
⑤ 사회 구성원 간의 격차를 해소하고 모두 평등하게 살아가기 위한 방법이다.

🔍 **관련 교과서 돋보기**

정치
• 우리가 생각하는 것보다 더 넓은 의미를 지닌다.
• 체험 학습 장소를 정하는 학급회의, 주민 간의 갈등을 해결하려고 모인 주민 회의 등도 모두 생활 속 정치다.

[2~3] 다음을 보고, 물음에 답하시오.

한 사람이 아닌 다수의 국민이 나라의 주인으로서 권리를 갖고, 나라를 다스리는 정치 형태입니다.

2 위와 같은 정치 형태를 무엇이라고 하는지 쓰시오.
( )

3 위와 같은 정치 형태에서 일상생활에서 발생하는 갈등을 해결하는 방법으로 알맞은 것을 두 가지 고르시오. (,)

① 무력시위로 해결한다.
② 대화와 타협으로 해결한다.
③ 대통령과 국회의원의 의견에 따라 해결한다.
④ 남성과 재산이 많은 사람들의 의견에 따라 해결한다.
⑤ 모든 사람이 자유롭고 평등한 입장에서 의견을 나눈다.

4 민주주의의 다양한 모습 중 다음과 같은 모습을 볼 수 있는 곳은 어디입니까? ( )

우리 지역의 주차 문제를 해결하려면 어떻게 해야 할까요?

① 학급   ② 가정   ③ 국회
④ 학교   ⑤ 지방 의회

5 민주주의를 이루는 기본 정신 중 다음 내용과 관련된 것은 어느 것입니까? ( )

모든 인간은 인간이라는 이유만으로 가치가 있으며 존중받아야 합니다.

① 사랑   ② 평등
③ 자유   ④ 상호 의존
⑤ 인간의 존엄성

6 민주주의를 이루는 기본 정신 중 자유에 대한 설명으로 알맞지 않은 것은 어느 것입니까? ( )

① 자신이 원하는 직업을 선택할 수 있다.
② 자신이 믿고 싶은 종교를 믿을 수 있다.
③ 선거에서 누구나 한 표씩만 투표할 수 있다.
④ 누구나 자신의 생각대로 결정하고 행동할 수 있다.
⑤ 개인은 다른 사람이나 국가로부터 부당한 간섭을 받지 않는다.

서술형

7 민주적인 문제 해결 과정에서 갈등이 발생하기도 하는 까닭을 쓰시오.

_____

_____

8 민주주의 사회에서 구성원 모두가 공동체의 중요한 일을 의논하고 결정하는 데 참여하면 좋은 점이 <u>아닌</u> 것은 어느 것입니까? (   )

① 주인 의식이 생긴다.
② 합리적으로 문제를 해결할 수 있다.
③ 공동의 문제에 대한 관심이 증가한다.
④ 구성원들과 다양한 의견을 나눌 수 있다.
⑤ 자신과 의견이 다른 사람들과 거리를 둘 수 있다.

9 오늘날 선거를 통해 국민을 대표할 사람을 뽑아 나라의 일을 맡기게 된 까닭으로 알맞은 것은 어느 것입니까? (   )

① 비용이 적게 들기 때문에
② 정치가 너무 어렵기 때문에
③ 국민들이 정치에 관심이 없기 때문에
④ 사회 구성원들과 다양한 의견을 나눌 수 있기 때문에
⑤ 모든 사람이 한자리에 모여서 중요한 일을 직접 결정하기 어렵기 때문에

관련 교과서 돋보기

선거
• 오늘날에는 모든 사람이 한자리에 모여서 나라의 일을 결정하기 어렵기 때문에 대표자를 뽑아 그 사람에게 나랏일을 맡긴다.
• 선출된 대표자가 할 일을 제대로 수행하지 못하면 다음 선거에서 지지를 얻지 못하므로 선거는 대표자를 심판하는 역할도 한다.

[10~11] 다음 보기는 전교 회장 선거 과정을 나타낸 것입니다. 보기를 보고, 물음에 답하시오.

보기

㉠ 유권자들은 고민 끝에 자신의 소중한 한 표를 행사했습니다.
㉡ 당선된 전교 회장은 (   )을 실천하기 위해 노력하겠다고 다짐했습니다.
㉢ 전교 회장 후보자들은 전교 학생들을 대상으로 학교에 필요한 (   )을 설명했습니다.
㉣ 유권자들은 후보자 토론회에서 질문을 하며 어떤 후보자가 회장 역할을 잘할 수 있을지 따져 봤습니다.

10 위 보기의 빈칸에 공통으로 들어갈 알맞은 말을 쓰시오.

(   )

11 위의 보기를 전교 회장 선거 과정에 맞게 순서대로 기호를 쓰시오.

(   )

12 다음과 관련 있는 민주 선거의 기본 원칙은 어느 것입니까? (   )

① 보통 선거   ② 비밀 선거   ③ 평등 선거
④ 단체 선거   ⑤ 직접 선거

13 선거 관리 위원회에서 공정하게 관리하는 과정에 속하지 <u>않는</u> 것은 어느 것입니까? (   )

① 투표   ② 개표   ③ 선거 운동
④ 출마 선언   ⑤ 후보자 등록

14 다음 중 민주적으로 갈등을 해결하는 모습이 <u>아닌</u> 것은 어느 것입니까? ( )

① 상대방에게 무조건 양보하는 태도가 필요해.
② 대화를 통해 다른 사람과의 의견 차이를 좁혀야해.
③ 나와 다른 의견을 인정하고 포용하는 태도가 필요해.
④ 함께 결정한 일은 따르고 실천하기 위해 노력해야해.
⑤ 사실이나 의견의 옳고 그름을 따져 살펴보는 자세가 필요해.

15 생활 속에서 민주주의를 실천하는 자세로 바람직하지 <u>않은</u> 것은 어느 것입니까? ( )

① 나와 다른 의견을 존중한다.
② 갈등은 대화와 토론으로 해결한다.
③ 나와 직접 관련된 일에만 관심을 갖고 적극적으로 참여한다.
④ 나의 의견과 다르게 결정되더라도 그 결정을 따르거나 실천하기 위해 노력한다.
⑤ 다른 사람의 의견이나 주장에 잘못된 점은 없는지 비판적으로 살펴본다.

🔍 **관련 교과서 돋보기**

생활 속에서 민주주의를 실천하는 태도
• 일상생활에서 일어나는 공동의 문제를 민주적으로 해결하려면 비판과 토론, 대화와 타협, 관용, 양보 등과 같은 태도를 갖춰야 한다.
• 여럿이 함께 결정한 일은 적극적으로 실천해야 한다.

16 서로 의견이 달라 갈등이 발생했을 때 의견을 하나로 모으기 위한 민주적 의사 결정 원리가 <u>아닌</u> 것은 어느 것입니까? ( )

① 대화   ② 타협   ③ 지시
④ 다수결   ⑤ 소수 의견 존중

🖊 서술형
17 오른쪽 그림과 같은 방법으로 의견을 모을 때 주의해야 할 점을 쓰시오.

찬성하는 사람이 가장 많은 음식을 시키자.

_____

_____

18 민주적 의사 결정 원리에 따라 문제를 해결하는 과정에서 가장 먼저 해야 할 일은 어느 것입니까?
( )

① 문제 확인하기
② 문제 원인 파악하기
③ 문제 해결 방안 실천하기
④ 문제 해결 방안 탐색하기
⑤ 문제 해결 방안 결정하기

[19~20] 다음을 보고, 물음에 답하시오.

◇◇시와 ○○시는 사람들이 편하게 오갈 수 있도록 터널을 건설하기로 하였습니다. 그러나 터널을 건설하면 공사 기간 동안 통행이 불편해지고, 야생동물들의 이동로가 끊긴다며 반대하는 주민들이 있어 갈등이 생겼습니다. ◇◇시와 ○○시는 다양한 사람들의 의견을 듣고 정책을 결정하기 위해 ( )를 열었습니다.

19 위 글의 빈칸에 알맞은 말을 쓰시오.

( )

20 위 글에 나타난 갈등을 해결하기 위한 방안으로 적절한 것은 어느 것입니까? ( )

① 터널을 건설하지 않는다.
② 야생 동물들을 모두 죽인다.
③ 공사 기간 동안 통행을 완전 통제한다.
④ 공사를 통행량이 많은 낮에 주로 진행한다.
⑤ 터널 위에 야생 동물들이 다닐 수 있는 길을 만든다.

1 우리나라 민주주의의 발전 과정에서 우리 국민이 주권을 지키기 위해 노력한 모습을 찾아볼 수 있는 사건은 어느 것입니까? (   )

① 12·12 사태   ② 6·25 전쟁
③ 4·19 혁명   ④ 5·16 군사 정변
⑤ 3·15 부정 선거

2 민주주의 국가에서 민주 정치의 원리를 따르는 까닭을 두 가지 고르시오. (,   )

① 경제 발전을 위해
② 갈등을 해소하기 위해
③ 인간의 존엄성을 실현하기 위해
④ 국민의 자유와 평등을 보장하기 위해
⑤ 국민들의 생활을 효율적으로 통제하기 위해

3 국민 주권에 대한 설명으로 알맞지 <u>않은</u> 것은 어느 것입니까? (   )

① 국민 주권은 주권이 국민에게 있다는 뜻이다.
② 주권은 국가의 의사를 결정하는 최고의 권력이다.
③ 국민은 대표를 뽑는 선거에 참여하여 주인으로서 권리를 행사한다.
④ 모든 국가 권력은 국민의 동의와 지지를 바탕으로 실행되어야 한다.
⑤ 국가와 관련한 중요한 일들은 국민이 스스로 결정할 수 없고 국민의 대표인 국회가 결정한다.

4 국민이 주권을 가지고 있지 않을 때 일어날 수 있는 일이 <u>아닌</u> 것은 어느 것입니까? (   )

① 투표에 참여할 수 없다.
② 우리나라가 주권을 잃게 된다.
③ 자유와 권리를 보장받기 어렵다.
④ 국회 의원 선거의 후보가 될 수 없다.
⑤ 우리 지역의 문제를 해결하는 데 참여할 수 없다.

5 국민 주권의 의미가 잘 담겨 있는 다음과 같은 연설을 한 미국 대통령은 누구인지 쓰시오.

> ○○: 국민의, 국민에 의한, 국민을 위한 정부가 지상에서 사라지지 않도록 합시다.

(   )

관련 교과서 돋보기

게티즈버그 연설
• '국민의': 국가의 권력은 국민에게 있으며, 모든 권력은 국민으로부터 나온다는 뜻이다.
• '국민에 의한': 국민이 정치에 참여해 나라를 다스린다는 뜻이다.
• '국민을 위한': 나라에서 이루어지는 모든 정치는 국민의 행복을 위한 것이어야 한다는 뜻이다.

·서술형·

6 국가의 중요한 일을 결정하는 권한이 한곳에 집중될 때 나타날 수 있는 문제를 쓰시오.

_____

_____

_____

7 국민 주권을 실현하기 위한 모습으로 알맞지 <u>않은</u> 것은 어느 것입니까? (   )

① 대통령이나 국회 의원을 투표로 뽑는다.
② 무력시위를 통해 정부에 의견을 전달한다.
③ 국가의 중요한 일을 국민 투표로 결정한다.
④ 헌법에 국민의 자유와 권리가 명확하게 규정되어 있다.
⑤ 지역의 중요한 문제를 해결하는 데 주민이 직접 참여한다.

[8~9] 다음 그림을 보고 물음에 답하시오.

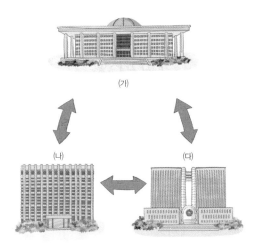

(가)

(나)　　　　(다)

8 위 그림의 (가), (나), (다)에 들어갈 알맞은 기관을 각각 쓰시오.

(가): (　　　　　　　) (나): (　　　　　　　)

(다): (　　　　　　　)

9 위와 같이 세 기관이 국가 권력을 나누어 맡는 까닭으로 알맞은 것을 두 가지 고르시오. (　　,　　)

① 국민의 자유와 권리를 보장하기 위해서
② 서로를 견제하고 감시하도록 하기 위해
③ 국가의 권력을 한곳에 집중시키기 위해
④ 국민이 국가 권력에 관심을 갖지 않도록 하기 위해
⑤ 국민이 직접 국가의 중요한 일을 결정하도록 하기 위해

🔍 관련 교과서 돋보기

우리나라 헌법에 나타난 권력 분립
• 제40조: 입법권은 국회에 속한다.
• 제66조: ④ 행정권은 대통령을 수반으로 하는 정부에 속한다.
• 제101조: ① 사법권은 법관으로 구성된 법원에 속한다.

10 선거를 통해 국민이 직접 뽑은 사람들로만 구성된 권력 기관으로 알맞은 것은 어느 것입니까? (　　　　)

① 법원　　　② 학교　　　③ 국회
④ 감사원　　⑤ 행정부

[11~12] 다음 어린이 통학 차량 동승 보호자 탑승 의무화를 둘러싼 갈등을 해결하는 ◦보기◦의 과정을 보고 물음에 답하시오.

──◦보기◦──

㉠ 행정부는 법에 따라 보호자가 함께 탑승하지 않은 어린이 통학 차량을 단속했습니다.
㉡ 어린이 통학 차량에 보호자가 함께 탑승하는 것을 의무화해야 한다는 여론이 형성되었습니다.
㉢ 학원 관계자들은 이 법이 자신들의 자유와 재산권을 침해한다는 (　　　　)을/를 제기했습니다.
㉣ 국회에서는 어린이가 타는 통학 차량에는 반드시 보호자가 함께 탑승해야 한다는 내용의 법을 만들었습니다.

11 위의 ◦보기◦를 어린이 통학 차량 동승 보호자 탑승 의무화를 둘러싼 갈등을 해결하는 과정에 맞게 순서대로 기호를 쓰시오.

(　　　　　　　　　　)

12 위 ◦보기◦의 빈 칸에 들어갈 알맞은 제도를 쓰시오.

(　　　　　　　　)

13 국회에서 하는 가장 기본적인 일은 어느 것입니까?

(　　　　)

① 법률을 만드는 일
② 국정 감사를 하는 일
③ 예산안을 확정하는 일
④ 예산안을 심의하는 일
⑤ 국가의 여러 일을 처리하는 일

14 국회 의원에 대한 설명으로 알맞지 <u>않은</u> 것은 어느 것입니까? (   )

① 국회 의원 선거는 4년에 한 번씩 열린다.
② 국회 의원 후보는 공약을 내세워 선거 운동을 한다.
③ 국민은 어떤 후보가 일을 잘할지 판단하고 투표를 한다.
④ 국회에서 한 말과 회의에서 찬성이나 반대한 것에 대해서는 끝까지 책임을 져야 한다.
⑤ 국회 의원이 되고 싶은 사람들은 후보자 등록을 하여 자격이 있는지 검증을 받아야 한다.

15 국회에서 다음과 같은 일을 하는 이유로 알맞은 것은 어느 것입니까? (   )

제가 대법관이 될 수 있도록 임명 동의권을 행사해주시기 바랍니다.

대법관 후보자

① 법원을 견제하기 위해서
② 행정부를 견제하기 위해서
③ 대통령의 동의를 얻기 위해서
④ 국민의 권리를 보호하기 위해서
⑤ 대통령의 일을 나누어 맡기 위해서

16 대통령에 대한 설명으로 알맞은 것은 어느 것입니까?
(   )

① 국회에서 선출한다.
② 국무총리를 보좌한다.
③ 행정 각 부를 관리한다.
④ 법을 고치거나 없애는 일을 한다.
⑤ 우리나라의 대표로서 국가의 중요한 일을 결정한다.

🔍 관련 교과서 **돋보기**

행정부
• 법에 따라 국가의 살림을 맡아 하는 곳으로 대통령, 국무총리, 행정 각 부 등으로 구성된다.
• 국가의 중요한 일을 논의할 때는 대통령, 국무총리, 행정 각 부의 장을 비롯한 국무 위원들이 모여 행정부 최고 심의 기관인 국무 회의를 개최한다.

[17~18] 다음 ◦보기◦를 보고 물음에 답하시오.

◦보기◦
㉠ 우리나라를 지키고 국민을 보호합니다.
㉡ 우리나라의 과학 기술을 발전시킵니다.
㉢ 균형 있는 국토 발전을 수행하고 편리한 교통 환경을 제공합니다.
㉣ 농산물의 품질과 가격을 관리하고 안정적인 식량 공급을 위해 노력합니다.

17 위의 ◦보기◦에서 행정 각 부 중 국방부에서 하는 일을 찾아 쓰시오.

(   )

18 위의 ◦보기◦에서 행정 각 부 중 농림축산식품부에서 하는 일을 찾아 쓰시오.

(   )

서술형

19 다음의 권력 기관에서 하는 일을 쓰시오.

_____

_____

20 공정한 재판을 하기 위한 노력이 <u>아닌</u> 것은 어느 것입니까? (   )

① 삼심 제도를 두고 있다.
② 재판의 과정이 공개된다.
③ 법관의 신분을 보장하고 있다.
④ 대통령이 대법원장과 대법관을 임명한다.
⑤ 법원을 다른 국가기관으로부터 독립시켰다.

2. ① 우리나라 경제 체제의 특징

1 경제활동에 참여하는 개인이나 집단을 무엇이라고 합니까? (   )

① 기업　　　② 가계　　　③ 정부
④ 경제주체　　⑤ 경제 단위

2 경제활동이 <u>아닌</u> 것은 어느 것입니까? (   )

① 기업에서 물건을 생산한다.
② 편리한 서비스를 이용한다.
③ 생활에 필요한 물건을 구매한다.
④ 가게를 차려 일한 대가로 소득을 얻는다.
⑤ 원하는 직업을 갖기 위해 열심히 공부한다.

3 다음과 같이 소득을 함께 사용하면서 경제생활을 함께하는 생활 공동체를 무엇이라고 하는지 쓰시오.

(   )

4 기업이 하는 일이 <u>아닌</u> 것은 어느 것입니까?

(   )

① 사람들에게 일자리를 제공한다.
② 더 좋은 물건을 생산하기 위해 연구한다.
③ 다른 나라와 자유 무역 협정(FTA)을 맺는다.
④ 물건을 생산해 판매하거나 서비스를 제공한다.
⑤ 생산 활동에 참여한 사람들에게 대가를 지급한다.

5 다음 빈칸에 들어갈 알맞은 말은 어느 것입니까?

(   )

> 기업은 사람들이 생활하는 데 필요한 물건을 만들어 판매하거나 사람들에게 편리함을 주는 서비스를 제공해 (   )(을)를 얻습니다.

① 소득　　　② 물건　　　③ 이윤
④ 이자　　　⑤ 일자리

[6~7] 다음 자료를 보고, 물음에 답하시오.

6 위의 ㉠~㉣에 들어갈 말이 바르게 짝지어진 것은 어느 것입니까? (   )

	㉠	㉡	㉢	㉣
①	수입	지출	급여	소득
②	지출	수입	급여	소득
③	급여	지출	수입	소득
④	급여	수입	소득	지출
⑤	수입	소득	급여	지출

서술형

7 위의 그림을 참고하여 가계와 기업의 관계를 쓰시오.

_____

_____

8 사람들이 살아가면서 필요로 하거나 가지고 싶어 하는 것을 모두 살 수 없는 까닭으로 알맞은 것은 어느 것입니까? ( )

① 소득이 한정되어 있기 때문에
② 더 많은 이윤을 추구하기 때문에
③ 물건의 생산량이 정해져 있기 때문에
④ 미래를 위해 저축을 해야 하기 때문에
⑤ 사람들이 가지고 싶어 하는 물건이 같기 때문에

9 합리적 선택을 하기 위해 가장 먼저 해야 할 일은 어느 것입니까? ( )

① 가장 큰 만족을 얻는 소비를 한다.
② 어떤 물건을 먼저 살지 우선순위를 정한다.
③ 어떤 종류의 물건이 있는지 정보를 수집한다.
④ 선택 기준에 따라 여러 상품을 비교·평가한다.
⑤ 원하는 상품을 사기 위해 선택 기준을 세운다.

관련 교과서 돋보기

합리적 선택의 과정
• 문제 인식하기 → 선택 기준 세우기 → 정보 탐색하기 → 대안 비교·평가하기 → 최종 선택하기

10 가계의 합리적 선택에서 가장 중요한 것은 어느 것입니까? ( )

① 유행을 따르는 것 ② 가격을 낮추는 것
③ 크기를 키우는 것 ④ 만족감을 높이는 것
⑤ 우월감을 높이는 것

11 합리적 선택의 기준이 개인에 따라 다른 까닭으로 알맞은 것은 어느 것입니까? ( )

① 소득이 다르기 때문에
② 직업이 다르기 때문에
③ 사는 곳이 다르기 때문에
④ 교육 수준이 다르기 때문에
⑤ 추구하는 가치가 다르기 때문에

[12~13] 냉장고를 구입하기 위해 작성한 다음 표를 보고, 물음에 답하시오.

구분	가격	품질	사후 관리	기타
○○ 냉장고	150만 원	용량이 크고 온도 유지가 잘되며 에너지 소비 효율이 2등급임.	1년 무상 수리	올해 가장 많이 팔린 냉장고
△△ 냉장고	130만 원	용량이 보통이고 온도 유지가 잘되며 에너지 효율이 1등급임.	6개월 무상 수리	환경 보호를 위해 노력하는 기업임
□□ 냉장고	100만 원	용량이 크고 에너지 소비 효율이 4등급임.	6개월 무상 수리	할인 기간에는 90만원에 살 수 있음

12 위의 표에서 냉장고를 선택하기 위해 고려하지 않은 점은 어느 것입니까? ( )

① 가격 ② 품질 ③ 상표
④ 할인 기간 ⑤ 사후 관리

13 가격에 상관없이 용량이 크고 에너지 소비 효율이 낮지 않은 냉장고를 구입하려면 어떤 냉장고를 구입하는 것이 합리적 선택일지 쓰시오.

( )

14 다음과 같이 물건을 구입하는 것을 무엇이라고 합니까? ( )

플라스틱 칫솔 대신 나무로 만든 칫솔을 이용하고 1회용 컵 대신 여러 번 사용할 수 있는 컵을 쓰고, 비닐봉지 대신 친환경 가방(에코 백)을 활용합니다.

① 사치 소비 ② 공정 소비
③ 만족 소비 ④ 친환경 소비
⑤ 공정 무역 소비

15 기업이 물건이나 서비스를 생산할 때 적은 비용으로 보다 많은 이윤을 얻을 수 있는 선택을 해야 하는 까닭으로 알맞은 것은 어느 것입니까? (   )

① 잘 팔리는 물건만 계속 생산해야 하기 때문에
② 사람들이 원하는 것을 맞춤 생산해야 하기 때문에
③ 사람들이 원하는 모든 것을 만들 수 없기 때문에
④ 사람들이 원하는 것을 무제한으로 생산할 수는 없기 때문에
⑤ 물건을 최대한 빠르게 생산할 수 있는 방법을 찾아야 하기 때문에

16 자전거를 생산하는 기업이 합리적 선택을 하기 위해 고민할 내용으로 알맞지 <u>않은</u> 것은 어느 것입니까?
(   )

① 자전거를 어디에서 타면 좋을까요?
② 자전거를 어떻게 홍보하면 좋을까요?
③ 어떤 소재로 자전거를 만드는 것이 좋을까요?
④ 자전거의 모양과 색깔은 어떻게 디자인할까요?
⑤ 소비자가 필요로 하는 자전거는 어떤 것일까요?

17 다음 사진 속 시장들의 공통점으로 알맞은 것은 어느 것입니까? (   )

① 집이나 땅을 사고판다.
② 언제 어디에서든지 물건을 살 수 있다.
③ 물건을 직접 보고 비교해서 살 수 있다.
④ 회사의 일부를 소유할 수 있는 권리를 사고판다.
⑤ 정보 통신 기술이 발달하면서 새롭게 만들어졌다

18 시장이 없을 때의 불편한 점은 어느 것입니까?
(   )

① 개인의 소득이 줄어든다.
② 국가에서 정해준 물건만 사용해야 한다.
③ 필요한 물건을 쉽고 빠르게 구할 수 없다.
④ 다른 사람들이 쓰고 남은 물건만 써야 한다.
⑤ 시간과 장소에 상관없이 필요한 물건을 살 수 있다.

19 우리나라 경제의 특징에 대한 설명으로 알맞지 <u>않은</u> 것은 어느 것입니까? (   )

① 개인은 소득을 자유롭게 사용한다.
② 기업에서 생산할 물건을 국가에서 정해 준다.
③ 개인은 자신의 능력과 적성에 따라 직업을 선택한다.
④ 기업은 더 좋은 품질의 물건으로 더 많은 이윤을 얻기 위해 노력한다.
⑤ 개인은 자신이 원하는 일자리를 얻기 위해 자신의 능력과 실력을 높이려고 노력한다.

🔍 관련 교과서 돋보기

우리나라 경제의 특징
• 개인의 능력과 적성에 따라 자유롭게 직업을 선택하고, 소득을 자유롭게 사용한다.
• 기업은 무엇을 얼마만큼 생산할지, 이윤을 어떻게 사용할지 자유롭게 결정할 수 있다.
• 개인과 기업은 자유롭게 경제활동을 하면서 이익을 얻고자 다른 사람 또는 다른 기업과 경쟁한다.

서술형
20 자유로운 경쟁의 부정적인 측면을 두 가지 쓰시오.

_____

_____

1 6·25 전쟁 이후 우리나라의 모습으로 알맞은 것은 어느 것입니까? (   )

① 국민들의 생활이 풍족했다.
② 식량과 생필품이 풍부했다.
③ 정부는 세계 여러 나라를 도와주었다.
④ 파괴된 여러 시설들을 복구하는 데 힘을 모았다.
⑤ 공장, 발전소 등과 같은 산업 시설이 갖추어졌다.

> 관련 교과서 돋보기
>
> 6·25 전쟁 이후 우리나라의 상황
> • 정부는 미국 등 여러 나라에서 보낸 원조 물자로 식량 부족 문제를 해결하였다.
> • 남은 물자를 기업에 팔아 파괴된 시설을 복구하였다.

2 6·25 전쟁 직후 우리나라에서 가장 큰 비중을 차지하고 있던 산업은 어느 것입니까? (   )

① 농업   ② 경공업   ③ 첨단 산업
④ 서비스 산업   ⑤ 중화학 공업

3 다음에서 설명하는 것은 무엇인지 쓰시오.

> 경제 성장을 위해 1962년부터 1996년까지 5년 단위로 추진된 국가의 경제 계획입니다.

(   )

4 1960년대에 정부가 경제를 성장시키기 위해 한 노력은 어느 것입니까? (   )

① 연구소와 교육 시설을 설립한다.
② 해외에서 생산된 제품을 수입한다.
③ 국내에서 생산한 제품을 수출한다.
④ 항구를 중심으로 공업 단지를 조성한다.
⑤ 기술을 개발하기 위해 자본을 투자한다.

• 서술형 •

5 1960년대에 다음 사진과 같은 산업의 발달이 우리 경제에 미친 영향을 쓰시오.

_____

_____

6 1960년대에 정부가 산업 발전에 필요한 에너지원을 확보하기 위해서 건설한 시설을 두 가지 고르시오.
(,   )

① 철도   ② 항만   ③ 도로
④ 발전소   ⑤ 정유 시설

7 정부가 우리나라의 산업 구조를 경공업 중심에서 중화학 공업 중심으로 바꾸려고 노력한 시기는 언제입니까? (　　　)

① 1960년대　　② 1970년대　　③ 1980년대
④ 1990년대　　⑤ 2000년대

8 정부가 항구를 중심으로 중화학 공업 단지를 조성한 까닭으로 알맞은 것은 어느 것입니까? (　　　)

① 땅값이 싸기 때문에
② 시장이 발달했기 때문에
③ 노동력이 풍부하기 때문에
④ 에너지를 확보하기 쉽기 때문에
⑤ 원료 수입과 제품 수출에 유리하기 때문에

9 1980년대에 우리나라에서 발달한 산업을 두 가지 고르시오. (　　,　　)

① 조선 산업　　② 전자 산업　　③ 철강 산업
④ 로봇 산업　　⑤ 자동차 산업

10 다음 그래프의 ㉠과 ㉡에 들어갈 알맞은 산업을 쓰시오.

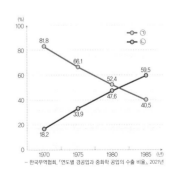

(%)
100
81.8 ㉠
66.1 ㉡
80
59.5
60
52.4
47.6
40.5
40
33.9
20
18.2
　1970　1975　1980　1985 (년)
— 한국무역협회, 「연도별 경공업과 중화학 공업의 수출 비율」, 2021년

㉠ _____　　　㉡ _____

11 2000년대 이후 발달한 첨단 산업이 <u>아닌</u> 것은 어느 것입니까? (　　　)

① 반도체　　　② 신소재　　　③ 우주 항공
④ 생명 공학　　⑤ 인공 지능

🔍 관련 교과서 돋보기

신소재와 인공 지능
• 신소재: 기존의 금속이나 플라스틱 등에는 없는 성질의 물질을 이용하여 만든 새로운 재료
• 인공 지능: 인간의 지능이 가지는 학습, 추리, 적응 등의 기능을 갖춘 컴퓨터 시스템

12 다음은 2000년대 이후 발달한 첨단 산업 중 어떤 산업과 관련된 모습입니까? (　　　)

① 우주 항공　　② 로봇 산업　　③ 인공 지능
④ 생명 공학　　⑤ 신소재 산업

13 오늘날 의료, 관광, 문화 등의 서비스 산업이 발달하고 있는 까닭으로 알맞지 <u>않은</u> 것은 어느 것입니까?
(　　　)

① 경제가 성장했기 때문에
② 소득이 증가했기 때문에
③ 중화학 공업을 더욱 발전시켜야 하기 때문에
④ 편리한 생활을 원하는 사람들이 많아졌기 때문에
⑤ 삶의 질 향상을 원하는 사람들이 많아졌기 때문에

[14~15] 다음 1960년 이후 1인당 국민 총소득의 변화를 나타낸 그래프를 보고, 물음에 답하시오.

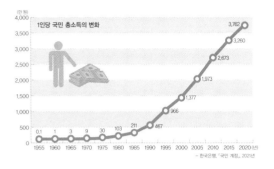

14 위 그래프에 나타난 1인당 국민 총소득에 대한 다음 설명의 빈칸에 들어갈 알맞은 말을 쓰시오.

> 1인당 국민 총소득은 일정 기간에 한 나라의 국민이 벌어들인 소득을 그 나라의 (   ) (으)로 나눈 것입니다.

(   )

🔍 관련 교과서 돋보기

1인당 국민 총소득
• 일정 기간에 한 나라의 국민이 국내외의 생산 활동에 참여하고 얻은 소득을 인구수로 나눈 것이다.

15 위의 그래프를 보고 미래의 1인당 국민 총소득 변화에 대해 예측한 내용으로 알맞은 것은 어느 것입니까?
(   )

① 급격히 줄어들 것이다. ② 급격히 증가할 것이다.
③ 조금씩 줄어들 것이다. ④ 꾸준히 증가할 것이다.
⑤ 거의 변화가 없을 것이다.

16 우리나라의 경제 성장 과정 중 다음과 같은 일이 있었던 시기는 언제입니까? (   )

> 컬러텔레비전이 보급되고 방송국에서도 모든 프로그램을 천연색으로 내보내기 시작하였습니다.

① 1960년대   ② 1970년대   ③ 1980년대
④ 1990년대   ⑤ 2000년대

17 오늘날 언제 어디서나 필요한 서비스를 이용할 수 있게 된 계기는 무엇입니까? (   )

① 지하철 개통   ② 컴퓨터 대중화
③ 고속 철도 개통   ④ 스마트폰 대중화
⑤ 컬러텔레비전 보급

18 우리나라의 위상이 높아지면서 달라진 모습으로 알맞지 **않은** 것은 어느 것입니까? (   )

① 해외여행객이 크게 증가하였다.
② 다른 나라에서 만든 물건을 이용하기 어렵다.
③ 우리나라로 여행을 오는 외국인 관광객이 늘어났다.
④ 세계인이 모이는 여러 국제 행사가 우리나라에서 열리고 있다.
⑤ 우리나라의 영화, 드라마, 대중가요 등이 전 세계인이 즐기는 한류 문화로 자리잡았다.

[19~20] 다음 그림을 보고, 물음에 답하시오.

19 위 그림에서 알 수 있는 경제 성장 과정에서 나타난 문제점을 쓰시오.

(   )

◆서술형◆

20 위 그림과 같은 문제를 해결하기 위한 정부와 기업의 노력을 각각 쓰시오.

(1) 정부: ＿＿＿＿＿＿＿＿＿＿＿＿

＿＿＿＿＿＿＿＿＿＿＿＿＿＿＿

(2) 기업: ＿＿＿＿＿＿＿＿＿＿＿＿

＿＿＿＿＿＿＿＿＿＿＿＿＿＿＿

1 다음 빈칸에 들어갈 알맞은 말을 쓰시오.

> 나라와 나라 사이에는 물자, 기술, 문화 등을 주고받는 (   )(이)가 이루어지고, 이를 통해 각 나라는 서로 경제적 이익을 얻습니다.

(   )

🔍 관련 교과서 돋보기

나라와 나라 사이에 물건을 교환하는 까닭
• 자연환경과 자원, 기술 수준, 생산 여건 등이 달라 생산할 수 있는 물건이나 서비스가 다르기 때문에 서로 교환하여 쓰면 두 나라는 모두 이익을 얻을 수 있기 때문이다.

[2~3] 다음을 보고, 물음에 답하시오.

○○ 나라	△△ 나라
• 천연자원이 부족합니다. • 휴대 전화, 텔레비전 등의 전자제품을 잘 만듭니다. • 반도체, 자동차, 조선 산업이 발달했습니다.	• 밀, 옥수수를 많이 생산합니다. • 원유, 천연가스, 철광석 등 천연자원은 풍부하지만, 공산품은 잘 만들지 못합니다. • 영화, 음악, 드라마 등의 문화 콘텐츠를 잘 만듭니다.

2 ○○ 나라와 △△ 나라가 경제 교류를 할 때 일어날 수 있는 상황으로 알맞은 것은 어느 것입니까? (   )

① △△ 나라는 식량을 수입한다.
② △△ 나라는 공산품을 수출한다.
③ ○○ 나라는 천연자원을 수입한다.
④ ○○ 나라는 전자제품을 수입한다.
⑤ ○○ 나라는 반도체, 자동차를 수출한다.

• 서술형 •

3 ○○ 나라와 △△ 나라의 경우처럼 각 나라가 더 잘 만들 수 있는 물자나 서비스가 다른 까닭을 쓰시오.

_____
_____

4 덥고 습한 날씨와 풍부한 노동력을 이용해 카카오를 생산하는 나라는 어느 나라입니까? (   )

① 영국　　　　② 칠레　　　　③ 프랑스
④ 아르헨티나　⑤ 코트디부아르

5 다음 ㉠, ㉡에 들어갈 알맞은 말을 쓰시오.

> 우리나라의 좋은 물건과 발전된 기술을 (㉠)하고, 우리나라에서 부족하거나 없는 자원, 물건, 노동력 등을 다른 나라로부터 (㉡)합니다.

㉠: (   ) ㉡: (   )

6 우리나라의 주요 수입품은 어느 것입니까?

(   )

① 선박　　　　② 컴퓨터　　　　③ 자동차
④ 천연가스　　⑤ 평판 디스플레이

7 나라 간의 경제 교류가 더욱 활발해진 까닭으로 알맞은 것은 어느 것입니까? (   )

① 문화가 발달했기 때문에
② 자원의 종류와 양이 많아졌기 때문에
③ 자연환경의 영향을 받지 않게 되었기 때문에
④ 다양한 여가 생활을 즐기게 되었기 때문에
⑤ 교통수단과 정보 통신 기술이 발달했기 때문에

8 우리나라에서 다음과 같은 형태의 무역이 발달한 까닭으로 알맞은 것은 어느 것입니까? (   )

> 우리나라는 다른 나라에서 원료를 수입하고, 이를 국내에서 다시 가공하여 수출하는 무역이 발달했습니다.

① 땅값이 싸기 때문에
② 기술력이 뛰어나기 때문에
③ 노동력이 풍부하기 때문에
④ 천연자원이 풍부하기 때문에
⑤ 세계 여러 나라와 경제 교류를 하기 때문에

9 상품에 표시된 여러 항목 중에서 우리나라와 다른 나라가 여러 물건을 교류한다는 사실을 알 수 있는 것은 어느 것입니까? (   )

① 상품명   ② 원산지   ③ 원재료명
④ 제조 회사   ⑤ 유통 기한

10 다음 그래프에서 우리나라와 무역액 비율이 높은 두 나라를 찾아 쓰시오.

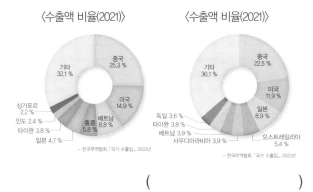

〈수출액 비율(2021)〉

중국 25.3 %
미국 14.9 %
베트남 8.8 %
홍콩 5.8 %
일본 4.7 %
타이완 3.8 %
인도 2.4 %
싱가포르 2.2 %
기타 32.1 %

– 한국무역협회, 「국가 수출입」, 2022년

〈수출액 비율(2021)〉

중국 22.5 %
미국 11.9 %
일본 8.9 %
오스트레일리아 5.4 %
사우디아라비아 3.9 %
베트남 3.9 %
타이완 3.8 %
독일 3.6 %
기타 36.1 %

– 한국무역협회, 「국가 수출입」, 2022년

(   )

11 세계 무역 기구(WTO)를 설립한 까닭으로 알맞은 것은 어느 것입니까? (   )

① 무역의 장벽을 높이기 위해서
② 자유롭고 공정한 무역을 하기 위해서
③ 각국의 무역 행위를 규제하기 위해서
④ 무역의 대상이 확대되는 것을 막기 위해서
⑤ 무역 갈등이 일어났을 때 무역 규모가 큰 나라를 보호하기 위해서

🔍 관련 교과서 돋보기

세계 무역 기구(WTO)
• 나라 간에 거래를 할 때 지켜야 할 규칙을 정하고, 무역 갈등이 생겼을 때 조정하는 일을 한다.
• 각 나라의 무역 정책을 만드는 기준을 제시하여 무역이 활발해지게 하고 무역 대상을 다양화하는 데 영향을 주기도 한다.

[12~13] 다음 ●보기●를 보고, 물음에 답하시오.

●보기●

㉠ 다른 나라의 음식을 먹을 수 있습니다.
㉡ 다양한 나라에서 만든 옷을 입을 수 있습니다.
㉢ 도서관에서 다양한 나라의 책을 읽을 수 있습니다.
㉣ 외국의 건물 구조와 비슷한 건물을 볼 수 있습니다.

12 위의 ●보기●에서 세계 여러 나라와의 경제 교류로 달라진 우리의 주생활 모습을 찾아 기호를 쓰시오.

(   )

13 위 ●보기●의 ㉢과 같은 분야로 묶을 수 있는 생활 모습은 어느 것입니까? (   )

① 다른 나라에서 만든 영화를 관람할 수 있다.
② 다른 나라에서 수입한 가구를 사용할 수 있다.
③ 다른 나라에 가지 않아도 그 나라의 음식을 먹을 수 있다.
④ 한 가지 음식에도 여러 나라에서 수입한 재료들이 들어 있다.
⑤ 우리나라 기업 제품의 옷이지만 다른 나라에서 만드는 경우도 있다.

서술형

14 다른 나라와 하는 경제 교류가 개인에게 미친 긍정적인 영향을 두 가지 쓰시오.

_____

_____

_____

15 다음 글을 읽고, 각 ㉠과 ㉡에 들어갈 알맞은 말을 쓰시오.

> 경제 교류가 활성화되면서, 기업은 다른 나라에 공장을 세워 생산 비용을 줄이려고 노력합니다. 이는 그 나라의 값싼 (㉠)을 이용하면 제조비용을 줄일 수 있고, 만든 물건을 그 나라에서 직접 팔면 (㉡)을 줄일 수 있기 때문입니다.

㉠ _____   ㉡ _____

16 다음은 우리나라가 세계 여러 나라와 어떤 분야에서 교류하는 모습입니까? (   )

> 세계 최초로 5G 통신 기술을 개발한 우리나라는 세계 여러 나라에 해당 기술을 전수하고 있습니다.

① 물자 분야   ② 문화 분야   ③ 건축 분야
④ 통신 분야   ⑤ 의료 분야

17 세계 시장에서 우리나라와 다른 나라의 관계에 대한 설명으로 알맞지 <u>않은</u> 것은 어느 것입니까?

(   )

① 서로 의존하며 경제 교류를 한다.
② 더 싼 가격에 물건을 수출하기 위해 노력한다.
③ 더 품질 좋은 물건을 수출하기 위해 노력한다.
④ 각자 역할이 정해져 있어서 경쟁은 하지 않는다.
⑤ 세계 여러 나라들은 신기술을 중시하는 자동차, 컴퓨터, 휴대 전화 시장에 관심이 높다.

18 다음 빈칸에 공통으로 들어갈 알맞은 말을 쓰시오.

> 한국-캄보디아 (   ) 최종 타결
>
> 한국과 캄보디아의 (   )(이)가 타결됐다. 앞으로 자동차와 건설 중장비, 농·수산물 등 한국과 캄보디아가 무역하는 품목의 95.6%에 관세가 없어진다.

(   )

19 다른 나라가 우리나라 물건에 높은 관세를 부과할 경우에 나타나는 문제는 어느 것입니까? (   )

① 우리나라의 수출이 증가한다.
② 우리나라의 수입이 감소한다.
③ 우리나라의 수출이 어려워진다.
④ 우리나라의 수출 품목이 다양해진다.
⑤ 우리나라에서 물건을 생산하기 어려워진다.

20 우리나라가 수출 경쟁력을 키우기 위해 하는 노력이 <u>아닌</u> 것은 어느 것입니까? (   )

① 국제기구에 가입한다.
② 경쟁력 있는 농산물 생산을 지원한다.
③ 품질 개선 및 새로운 기술을 개발한다.
④ 경제 교류 상대국 및 품목을 확대한다.
⑤ 수입하는 물건에 높은 관세를 부과한다.

관련 교과서 돋보기

수출 경쟁력을 키우기 위한 우리나라의 노력
• 국제기구 가입
• 경쟁력 있는 농산물 생산 지원
• 경제 교류 상대국 및 품목 확대
• 품질 개선 및 새로운 기술 개발

1회   1. ① 민주주의의 발전과 시민 참여   1~3쪽

---

1 ④   **2** ⑤   **3** ⓒ, ⓔ, ⓛ, ⓗ   **4** ③   **5** ②, ⑤
6 ②   **7** ⑤   **8** 유신 헌법   **9** ⑤   **10** 예 우리나
라 민주화 운동의 밑거름이 되었고, 아시아 여러 나라
의 민주화 운동에도 영향을 주었다.   **11** ⑤   **12** ②
13 ③   **14** ①   **15** ④   **16** ②   **17** 예 간선제 방
식으로는 시민들의 의견을 국가에 제대로 전달하기
어렵기 때문에   **18** 지방 자치제   **19** ②   **20** ④

풀이

1 3·15 부정 선거를 무효로 하고 이승만 정부의 독재
를 막기 위해 4·19 혁명이 일어났습니다.

2 이승만이 이끄는 자유당 정권은 정권을 계속 유지하
기 위해서 3·15 부정 선거를 실시하였습니다.

3 마산에서 시위에 참여했다가 실종된 김주열이 시신
으로 발견된 것에 분노한 시민과 학생들이 시위를 일
으켰고, 대학 교수들도 동참하며 더욱 확산되었습니
다.

4 4·19 혁명의 결과 이승만은 대통령직에서 물러나고
3·15 부정 선거는 무효가 됐습니다.

5 4·19 혁명은 우리나라 민주주의를 지키고 발전시키
는 밑바탕이 되었고, 시민들의 참여와 관심이 민주주
의를 지키고 발전시킬 수 있다는 것을 깨우쳐 준 사
건입니다.

6 새로운 정부가 들어선 지 1년도 되지 않아 박정희와
일부 군인들이 1961년 정변을 일으켜 정권을 장악했
습니다.

7 박정희는 대통령이 된 후 헌법을 바꿔 가며 대통령직
을 유지했고, 시민들의 민주화 요구를 무시하였습니
다.

8 박정희는 1972년에 유신 헌법을 공포하여 대통령 직
선제를 간선제로 바꾸고, 더욱 강력한 독재 정치를
하였습니다.

9 5·18 민주화 운동은 광주에 투입된 계엄군이 시위를
폭력적으로 진압했기 때문에 일어났습니다.

10 5·18 민주화 운동은 군사 독재 정권에 맞서 민주화
를 바라는 시민들의 간절한 의지를 보여 준 대표적인
사건입니다.

11 정부는 신문과 방송을 통제하여 국민들이 광주에서
일어나는 일을 알지 못하도록 하였고, 광주에 사람들

이 오고 가는 것을 막았습니다.

12 계엄군이 학생들을 향해 총을 쏜 것은 1980년 5·18
민주화 운동의 과정에서 발생한 일이고, 6월 민주 항
쟁에서는 경찰들이 시민들의 시위를 탄압했습니다.

13 6월 민주 항쟁은 박종철 사망 사건, 시민들의 민주화
요구, 정부의 민주화 거부, 이한열 사망 사건, 6월 민
주 항쟁, 6·29 민주화 선언의 순서로 전개되었습니
다.

14 당시 여당 대표였던 노태우는 시민들의 요구를 받아
들여 대통령 직선제, 지방 자치제 시행, 언론의 자유
보장 등의 내용이 담긴 6·29 민주화 선언을 발표했
습니다.

15 6월 민주 항쟁은 시민들의 민주화에 대한 의지를 보
여주었고, 평화적으로 시민의 권리를 되찾은 민주화
운동입니다.

16 4·19 혁명, 5·18 민주화 운동, 6월 민주 항쟁 등은
우리나라 민주주의 발전에 중요한 계기가 되었습니
다.

17 대통령 직선제가 자리 잡으면서 정권은 평화적으로
교체될 수 있었고, 국민들은 선거에 참여함으로써 민
주주의 실현에 동참할 수 있게 됐습니다.

18 지방 자치제는 5·16 군사 정변 직후 폐지됐다가 6월
민주 항쟁 이후 다시 시행됐습니다.

19 주민이 지역 대표를 직접 뽑게 되면서 자기 지역에
대한 관심이 높아졌고, 정치에 참여할 기회가 점차
늘어났습니다.

20 무력 시위는 평화적이고 민주적인 정치 참여 방법이
아닙니다.

1회   1. ② 일상생활과 민주주의   4~6쪽

---

1 ①   **2** ③, ⑤   **3** 민주주의   **4** ①   **5** ①, ③, ⑤
6 ①   **7** 예 모든 인간은 인간이라는 이유만으로 존
엄한 존재이며 존중받아야 한다는 것을 의미한다.
8 ③   **9** ④   **10** ⑤   **11** 선거   **12** ④   **13** ③
14 ①   **15** 다수결의 원칙   **16** (1) 예 의견을 빠르
고 쉽게 결정할 수 있다. (2) 예 다수의 의견이 항상
옳은 것은 아니며, 소수의 의견이 존중되지 못하는 문
제가 생길 수 있다.   **17** ②   **18** ①   **19** ③   **20**
⑤

풀이

1 옛날에는 왕이나 신분이 높은 사람이 국가의 일을 결정했습니다.

2 정치는 사람들 사이에서 생기는 갈등이나 대립을 조정하고, 많은 사람에게 영향을 미치는 공동의 문제를 원만하게 해결해 가는 과정입니다.

3 민주주의는 모든 국민이 나라의 주인으로서 권리를 갖고, 그 권리를 자유롭고 평등하게 행사하는 정치 제도입니다.

4 가정, 학급, 학교, 지역 등 우리가 생활하는 곳곳에서 정치의 모습을 찾아볼 수 있습니다.

5 민주주의를 이루는 기본 정신은 인간의 존엄성, 자유, 평등입니다.

6 진정한 민주주의를 이루려면 민주주의의 기본 정신을 실현해야 하며, 인간은 태어나면서부터 인간의 존엄성을 지닙니다.

7 인간의 존엄성을 실현하려면 개인의 자유와 평등이 보장되어야 합니다.

8 공동의 문제를 해결하려면 문제와 관련 있는 사람들이 모여 자유롭게 자신의 의견을 제시하고, 대화와 토론으로 의견 차이를 좁혀 나가야 합니다.

9 공동의 문제를 해결하려면 관용의 태도, 비판적 태도, 타협의 자세, 실천하는 자세가 필요합니다.

10 공동의 문제를 해결할 때 사실이나 의견의 옳고 그름을 따져 살펴보기 위해 비판적 태도가 필요합니다.

11 오늘날에는 모든 사람이 한자리에 모여서 나라의 일을 결정하기 어렵기 때문에 선거를 실시하여 대표자를 뽑아 그에게 나랏일을 맡깁니다.

12 민주주의 사회에서는 공정한 선거를 치르기 위해 보통 선거, 직접 선거, 평등 선거, 비밀 선거의 원칙에 따라 투표가 진행됩니다.

13 선거 관리 위원회는 선거의 전 과정을 중립적인 위치에서 공정하게 관리하고, 유권자들이 선거에 적극적으로 참여하도록 홍보 활동을 합니다.

14 서로 의견이 달라 갈등이 발생했을 때 의견을 하나로 모으려면 투표와 같은 민주적 의사 결정 원리가 필요합니다.

15 사람의 수가 많거나 양보나 타협이 어려울 때에는 다수결의 원칙에 따라 공동의 문제를 해결하기도 합니다.

16 다수결을 사용하면 의견을 빠르고 쉽게 결정할 수 있지만, 소수의 의견이 존중되지 못하는 문제가 생길 수 있습니다.

17 다수결의 원칙을 활용할 때는 결정에 앞서 충분한 대화와 토론을 거치고, 소수의 의견도 존중하는 결정을 하려고 노력하는 자세가 필요합니다.

18 민주적 의사 결정 원리에 따라 문제를 해결할 때에는 함께 해결해야 하는 문제를 찾는 일부터 합니다.

19 민주적 의사 결정 원리에 따라 문제를 해결할 때에는 문제 해결 방안을 탐색하는 과정에서는 문제를 해결할 수 있는 다양한 방법을 제시하고, 각 방안의 장점과 단점을 생각합니다.

20 학교 쓰레기장에서 분리배출이 제대로 되지 않아 주변이 지저분해지고 재활용률이 떨어지는 문제를 해결하기 위해 결정한 방안입니다.

1회
1. ③ 민주 정치의 원리와 국가 기관의 역할 7~9쪽

1 ② **2** ㉠ 민주 ㉡ 주권 **3** ④ **4** 예 국가의 규모가 커지고 인구가 많아져 모든 국민이 한자리에 모여 나랏일을 논의하는 것이 불가능하기 때문에 **5** ②, ③ **6** ④ **7** ③ **8** ①, ③, ⑤ **9** 삼권 분립 **10** ③ **11** ③ **12** ㉢, ㉡, ㉠, ㉣ **13** ⑤ **14** 국정 감사 **15** ④ **16** ② **17** ② **18** ③ **19** (1) 삼심 제도 (2) 예 국민의 기본권을 보장하고 잘못된 판결로 발생할 수 있는 국민의 피해를 줄이기 위해서 **20** ③

풀이

1 민주 정치란 국민이 나라의 주인이 되고, 국민의 뜻에 따라 이루어지는 정치를 말합니다.

2 우리나라 헌법에는 주권이 국민에게 있으며, 이를 지키기 위해 국민의 자유와 권리를 법으로 보장하고 있습니다.

3 법에 따라 일을 잘하고 있는지 확인하는 국정 감사를 하는 것은 국회가 하는 일입니다.

4 국민 주권을 충실히 실현하려면 모든 국민이 나랏일을 결정하는 데 직접 참여해야 하지만, 오늘날에는 국가의 규모가 커지고 인구가 많아져서 직접 민주주의를 실현하기 어렵습니다.

5 우리나라 국민들은 4·19 혁명, 5·18 민주화 운동, 6

월 민주 항쟁 등을 통해 국민 주권을 지키려고 노력해왔습니다.

6 권력 분립은 국민의 자유와 권리를 보장하기 위해 국가의 권력을 여러 국가 기관이 나누어 놓아 서로 견제하고 균형을 이루게 하는 것입니다.

7 한 사람이나 기관에 국가 권력이 집중되면 권력을 마음대로 사용하거나 잘못된 결정을 하여 국민의 자유와 권리를 침해할 수 있습니다.

8 우리나라를 비롯한 대부분의 민주주의 국가에서는 국회, 행정부, 법원이 국가 권력을 나누어 맡고 있습니다.

9 국회, 행정부, 법원이 국가 권력을 나누어 맡는다고 해서 삼권 분립이라고 합니다.

10 세 기관은 상호 견제하고 감시하면서 권력의 균형을 이루어 권력의 남용을 막음으로써 국민의 자유와 권리를 보장합니다.

11 국회는 생활에 필요한 법을 만들거나 고치고 국가의 예산안을 심의합니다. 또 국정 감사를 통해 행정부를 견제하고 감독하고, 대법원장과 대법관 임명 동의권을 통해 법원을 견제합니다.

12 국회에서 법은 ㄹ, ㄷ. ㄱ, ㄴ의 순서로 만들어집니다.

13 국회는 국정 감사, 예산안 심의, 예산안 확정, 예산 결산 심사 등을 통해 행정부가 하는 일을 견제하고 감독합니다.

14 국정 감사에서는 나랏일을 하는 공무원에게 궁금한 점을 질문하고, 잘못한 일이 있다면 바로잡도록 요구합니다.

15 국회 의장은 국회에서 무기명 투표를 통해 선출됩니다.

16 국무 회의의 의장 역할은 행정부의 최고 책임자인 대통령이 합니다.

17 행정 각 부 중에서 우리나라를 지키고 국민을 보호하는 일을 하는 곳은 국방부입니다.

18 법을 만들고 고치거나 없애는 일은 국회에서 합니다.

19 삼심 제도는 원칙적으로 하나의 사건에 대해 급이 다른 법원에서 세 번까지 재판을 받을 수 있도록 한 제도입니다.

20 국민의 요구에 따라 국회 의원이 법률 제정안을 제출하고 공청회를 개최하여 법을 만듦으로써 어린이 식품 안전 보호 구역이 지정되었습니다.

---

1 ①   **2** ②   **3** ⑺ 기업 ⑼ 가계   **4** ⑩ 기업이 없으면 가계에서 일을 할 수 없고 소득을 얻을 수 없다. 가계가 없으면 기업에서 생산 활동을 할 수 없다. **5** ③   **6** ④   **7** ③   **8** ④   **9** ④   **10** ②   **11** ① **12** ㉡, ㉠, ㉣, ㉢   **13** ②   **14** ⑩ 외환 시장, 인력 시장   **15** ②, ⑤   **16** ①   **17** ⑤   **18** ⑩ 개인은 자신의 재능과 능력을 더 잘 발휘할 수 있다. 기업은 더 뛰어난 상품을 개발하여 많은 이윤을 얻을 수 있다. **19** ⑤   **20** 공정 거래 위원회

풀이

1 생산 활동에 참여하여 얻은 소득으로 소비 활동을 하는 경제주체는 가계입니다.

2 기업은 일자리를 제공하고, 사람들이 생활하는데 필요한 물건을 만들어 판매하거나 사람들에게 편리함을 주는 서비스를 제공해 이윤을 얻습니다.

3 경제활동에서 기업과 가계가 하는 역할을 나타낸 것으로 ⑺는 기업, ⑼는 가계가 하는 역할입니다.

4 기업이 없으면 생활에 필요한 물건과 서비스를 구입할 수 없고, 가계가 없으면 기업의 생산품을 소비할 소비자가 없기 때문에 기업은 이윤을 얻을 수 없습니다.

5 가계의 소득은 한정되어 있으므로 소비를 할 때는 소득의 범위 안에서 합리적으로 선택해야 합니다.

6 합리적 선택이란 가장 적은 비용으로 큰 만족을 얻을 수 있도록 선택하는 것을 말합니다.

7 합리적 선택을 위해서는 품질, 가격, 디자인, 서비스, 환경에 미치는 영향 등을 고려해야 합니다.

8 제품이 망가졌다는 문제를 인식하고 새로 구입하고자 할 때는 먼저 제품을 선택하기 위한 선택 기준부터 세워야 합니다.

9 최근에는 가격이 비싸더라도 환경, 동물 복지, 인권 등 윤리적 가치를 지키며 만족감을 얻는 소비가 늘어나고 있습니다.

10 기업은 더 많은 수입을 얻기 위해 소비자가 좋아하는 것을 분석하여 적은 비용으로 좋은 품질의 물건을 생산하고, 많이 팔 수 있는 홍보 방법을 찾습니다.

11 기업은 합리적 소비를 할 때 소비자의 요구, 판매량, 경쟁 기업에 대한 정보, 생산 비용 등을 고려합니다.

12 기업의 합리적 의사 결정은 ㉡, ㉠, ㉣, ㉢의 순서로 이루어집니다.

13 시장에서 파는 물건들은 기업이 공장에서 물건을 만들어 시장에 공급한 것입니다.

14 외환 시장, 인력 시장, 주식 시장, 부동산 시장 등은 만질 수 없는 물건을 사고 파는 시장입니다.

15 홈쇼핑이나 인터넷 쇼핑을 이용하면 언제 어디에서든지 물건을 살 수 있어 편리하지만 물건이 광고 내용과 다를 수 있으므로 주의해야 합니다.

16 우리나라 경제 체제의 특징은 자유와 경쟁입니다.

17 ⑤는 기업이 더 많은 이윤을 얻으려고 다른 기업과 경쟁하는 모습이고, 나머지는 자유로운 경제활동과 관련된 모습입니다.

18 그 밖에 소비자는 더 저렴한 가격으로 물건을 살 수 있고, 소비자가 원하는 조건의 물건을 자유롭게 고를 수 있으며, 국가 전체의 경제 발전에도 도움을 줍니다.

19 정부는 공정한 경제활동이 이루어지도록 독과점 기업들이 가격을 상의하여 올리지 못하게 감시하고 규제하는 역할을 합니다.

20 공정 거래 위원회는 기업의 공정하지 않은 경제활동을 규제해 소비자의 피해를 방지하고, 기업들이 자유롭게 경쟁할 수 있도록 돕는 일을 합니다.

1회 2. ② 우리나라의 경제 성장 13~15쪽

1 ⑤ **2** ④ **3** ② **4** ⑤ **5** ② **6** 예 자원과 기술이 부족하였지만, 공장에서 일하려고 하는 사람들은 많았기 때문에 **7** ① **8** ③ **9** ② **10** ③ **11** ④ **12** ④ **13** ② **14** 2010년 **15** ② **16** ② **17** ① **18** 한류 **19** ③ **20** 예 정부는 〈국민 기초 생활 보장법〉 등을 만들어 시행한다. 정부는 경제적 어려움을 겪는 사람들에게 생계비와 양육비 등을 지원한다.

◀풀이▶

1 6·25 전쟁 이후 정부는 파괴된 시설을 복구하고 경제를 살리기 위해 농업 중심의 산업 구조를 공업 중심의 산업 구조로 바꾸려고 노력하였습니다.

2 1950년대에는 값싼 원료로 생활에 필요한 식료품, 섬유 등을 만드는 소비재 산업이 주로 발달하였습니다.

3 국민과 정부가 식량 부족 문제를 해결하기 위해 함께 노력한 결과, 우리나라는 농업 부문에서 성장할 수 있었습니다.

4 정부는 경제 성장을 위해 1962년부터 경제 개발 5개년 계획을 추진하였습니다.

5 우리나라에서 경공업이 발달한 것은 1960년대입니다.

6 1960년대에 우리나라는 기술과 자본은 부족했지만, 풍부한 노동력을 바탕으로 경공업을 발전시켰습니다.

7 1970년대에는 경제 성장에 필요한 항구, 고속 국도, 철도, 발전소 등의 건설이 활발하게 이뤄졌습니다.

8 울산에 석유 화학 공장이 들어서면서 이 지역은 우리나라의 대표적인 중화학 공업 단지로 성장했습니다.

9 우리나라는 1964년에 수출 1억 달러를 달성했고, 1977년에 수출 100억 달러를 달성했습니다.

10 노동자들이 적은 임금을 받았지만 긴 시간 동안 헌신적으로 열심히 일했기 때문에 기업은 낮은 가격으로 물건을 만들어 수출할 수 있었습니다.

11 철강과 조선 산업은 1970년대, 자동차 산업은 1980년대, 우주 항공 산업은 2000년대에 발달하였습니다.

12 나로호 발사 성공은 2000년대 이후 우리나라에서 발달한 항공 우주 산업을 보여주는 사례입니다.

13 2000년대 이후에는 관광 산업, 의료 서비스 산업, 문화 콘텐츠 산업 등과 같은 서비스 산업이 발달해 우리 삶을 풍요롭고 편리하게 해 주고 있습니다.

14 2005년에는 957조였던 국내 총생산이 2010년에는 1323조가 되었습니다.

15 우리나라의 국내 총생산액은 1960년 이후 크게 증가했고, 앞으로도 계속 증가할 것으로 예상됩니다.

16 경제 성장에 따른 소득 증가로 여가 생활에 대한 사람들의 관심이 커지면서 여가 생활을 하는 데 드는 비용과 해외여행자 수가 증가하고 있습니다.

17 ②는 1990년대, ③은 2000년대, ④는 2010년대, ⑤는 1960년대에 있었던 일입니다.

18 우리나라의 영화, 드라마, 대중가요 등 우리 문화가 세계로 퍼지는 현상을 '한류'라고 합니다.

19 경제의 성장 과정에서 농촌 문제, 노동 환경 문제,

빈부 격차 문제, 산업 재해 문제 등과 같은 여러 가지 문제가 나타났습니다.

20 그 밖에 기업과 시민들도 빈부 격차 문제를 해결하기 위해 나눔을 실천하는 등 기부 문화를 확산하고 있습니다.

1회   2. ③ 세계 속의 우리나라 경제   16~18쪽

1 ④   2 ②, ③   3 예 △△나라 사람들은 석유와 철광석을 쓸 수 있게 되고, ○○ 나라 사람들은 자동차와 배, 휴대 전화를 사용할 수 있게 된다.   4 ③
5 ②   6 ③   7 ⑤   8 중국   9 ③   10 ③   11 가공   12 ③   13 ③   14 ②   15 ③   16 ㉠, ㉢
17 ④   18 예 다른 나라와 경제 교류를 더 활발하고 자유롭게 하기 위해서   19 ⑤   20 ⑤

풀이

1 나라와 나라 사이에 물건이나 서비스를 사고파는 일을 무역이라고 합니다.

2 △△는 ○○에 자동차, 배, 휴대 전화를 수출하고 석유와 철광석을 수입합니다.

3 무역을 통해 각 나라는 자기 나라에서 생산되지 않는 자원을 사용할 수 있고, 기술이 없어 생산하지 못하는 물건이나 서비스를 사용할 수도 있습니다.

4 포도 생산에 적합한 자연환경을 갖춘 프랑스의 대표적인 수출 상품은 와인입니다.

5 러시아는 천연자원이 풍부하지만 우리나라는 천연자원이 부족하기 때문에 러시아와의 무역을 통해 자원을 얻습니다.

6 우리나라의 주요 수출품은 우수한 기술력으로 만든 반도체와 자동차, 선박 해양 구조물 및 부품, 평판 디스플레이 및 센서 등입니다.

7 각 나라에서 더 잘 생산할 수 있는 것을 전문적으로 생산하면 기업은 제품을 생산하는데 드는 비용을 줄일 수 있어서 좋습니다.

8 우리나라의 수입액 비율이 높은 나라는 중국, 미국, 일본 순입니다.

9 교통과 통신이 발달하면서 전 세계 사람들과 언제 어디서나 교류를 할 수 있게 되어 무역이 더욱 활발해지고 있습니다.

10 세계 무역 기구(WTO)는 공산품뿐만 아니라 농수산물, 노동, 기술 등에 이르기까지 무역 대상의 확대에 영향을 주기도 합니다.

11 우리나라는 천연자원은 부족하지만, 기술력이 뛰어나기 때문에 가공 무역이 발달했습니다.

12 물건의 다양한 원산지와 생산지를 보고 우리나라가 다른 나라와 여러 가지 물건을 교류한다는 사실을 알 수 있습니다.

13 우리나라는 의료, 만화, 게임, 관광, 음악 등의 서비스 분야에서도 다른 나라와 활발하게 경제 교류를 하고 있습니다.

14 다른 나라와 경제 교류를 하며 우리의 의생활, 식생활, 주생활, 여가 생활에 많은 변화가 나타났습니다.

15 우리나라가 다른 나라와 경제 교류를 하기 때문에 다양한 나라의 음식을 국내에서 먹고, 쉽게 외국 음식 재료도 구할 수 있습니다.

16 ㉡과 ㉢은 다른 나라와 하는 경제 교류가 개인에 미친 영향입니다.

17 우리나라는 중국, 칠레, 미국, 베트남 등 2022년 2월 기준으로 58개국과 자유 무역 협정을 맺고 있습니다.

18 자유 무역 협정을 맺은 나라끼리는 무역을 할 때 내는 세금인 관세를 없애거나 낮추는 등 여러 가지 혜택이 주어지기 때문에 더 자유롭게 경제 교류를 할 수 있습니다.

19 우리나라의 수출 경쟁력을 높이기 위해서는 수출 품목을 다양화하도록 노력해야 합니다.

20 무역을 하면서 불리한 점이 생기면 정부는 자기 나라의 경제를 보호하기 위한 법이나 제도를 만들고, 갈등이 생길 경우 세계 무역 기구(WTO)에 중재를 요청합니다.

2회   1. ① 민주주의의 발전과 시민 참여   19~21쪽

1 4·19 혁명   2 ⑤   3 ②   4 예 정권을 계속 차지하기 위해서   5 ③   6 ㉠ 국민 ㉡ 민주주의   7 박정희   8 ③, ⑤   9 5·18 민주화 운동   10 ④   11 ③, ⑤   12 ④   13 ⑤   14 ①   15 ①   16 주민 소환제   17 예 대표자들이 책임감을 가지고 정치를 할 수 있도록 하기 위해서   18 ④   19 ②   20 ①

풀이

1 4·19 혁명은 이승만이 이끄는 자유당이 정권을 유지하기 위해 헌법을 고치고, 3·15 부정 선거를 저질렀기 때문에 일어난 사건입니다.

2 3·15 부정선거는 자유당의 정권 유지를 위해 온갖 부정한 방법으로 치러진 선거입니다.

3 마산에서 시작된 학생들의 시위는 각계각층이 참여한 전국 시위로 확대되었습니다.

4 이승만 정부는 3월 15일에 치러질 정부통령 선거에서 승리하여 정권을 계속 차지하기 위해 부정 선거를 계획하였습니다.

5 대학 교수들은 4월 25일 '학생들의 피에 보답하라'며 선언문을 발표하고 시위에 나섰습니다.

6 4·19 혁명은 국민이 국가의 주인임을 밝히고 독재 정권으로부터 민주주의를 지켜 낸 역사적 사건입니다.

7 박정희와 일부 군인들이 1961년 정변을 일으켜 정권을 장악했습니다.

8 유신 헌법은 대통령 선거를 직선제에서 간선제로 바꾸고 독재 체제를 강화하기 위해서 공포한 것입니다.

9 1980년 5월 광주에서 일어난 5·18 민주화 운동에 대한 글입니다.

10 5·18 민주화 운동은 우리나라의 민주주의 발전에 밑거름이 되었으며, 세계 여러 나라의 민주화 운동에 영향을 주었습니다.

11 6월 민주 항쟁은 학생들과 시민들이 대학생 박종철 사망 사건의 진실과 대통령 직선제를 요구하며 벌인 대규모 시위입니다.

12 6월 민주 항쟁의 결과 당시 여당 대표였던 노태우가 시민들의 요구를 받아들여 6·29 민주화 선언을 발표하였습니다.

13 대통령 직선제는 국민의 손으로 직접 대통령을 뽑는 방식입니다.

14 지방 자치제가 시행되면서 주민들이 선거를 통해 직접 지방 의회 의원과 지방 자치 단체장을 뽑게 되었고, 자기 지역에 대한 관심이 높아졌습니다.

15 전두환은 5·18 민주화 운동을 강제로 진압하고 간선제로 대통령이 되었습니다.

16 주민 소환제는 선거로 뽑힌 사람이 일을 제대로 못하거나 잘못을 저지를 경우 주민들이 투표를 통해 자리에서 물러나게 하는 제도입니다.

17 주민이 선출한 지방 의회 의원이나 지방 자치 단체장이 직무를 잘 수행하지 못할 경우 주민 소환제를 실시하여 그들을 자리에서 물러나게 할 수 있습니다.

18 시민이 사회 공동의 문제 해결에 참여할 수 있는 방법은 더욱 다양해지고 있으며, 이러한 시민의 참여는 우리나라의 민주주의를 발전시키는 밑바탕이 되고 있습니다.

19 6월 민주 항쟁 이후, 국민이 정치에 참여할 수 있는 자유와 권리가 보장되면서 더 다양한 방법으로 정치에 참여하게 됐습니다.

20 지역 축제에 참여하는 것은 사회 공동의 문제 해결과 관련이 멉니다.

2회   1. ② 일상생활과 민주주의   22~24쪽

1 ④   2 민주주의   3 ②, ⑤   4 ⑤   5 ⑤   6 ③
7 예 모든 사람의 의견을 반영하기는 어렵기 때문에
8 ⑤   9 ⑤   10 공약   11 ⓒ, ②, ⑤, ⑥   12 ③
13 ④   14 ①   15 ③   16 ③   17 예 충분한 대화를 통해 의견을 조정하고 타협하며, 소수의 의견을 존중하려고 노력해야 한다.   18 ①   19 공청회
20 ⑤

풀이

1 정치란 사회 구성원 간의 대립과 갈등을 조정하여 문제를 해결하는 모든 과정을 말합니다.

2 한 사람이 아닌 다수의 국민이 나라의 주인으로서 권리를 갖고, 나라를 다스리는 정치 형태를 민주주의라고 합니다.

3 민주주의는 일상생활에서 발생하는 갈등을 모든 사람이 자유롭고 평등한 입장에서 대화와 타협으로 해결하는 정치 형태입니다.

4 민주주의의 다양한 모습 중 지방 의회에서 지역의 문제를 해결하거나 중요한 일을 결정하는 모습을 보여주는 그림입니다.

5 민주주의는 인간의 존엄성을 실현하는 것을 목표로 하고, 인간의 존엄성을 실현하기 위해 개인의 자유와 평등을 보장합니다.

6 선거에서 누구나 한 표씩만 투표할 수 있는 것은 민주주의를 이루는 기본 정신 중 평등이 실현되고 있는

모습입니다.

7 민주적으로 문제를 해결하기 위해 모든 사람의 의견을 반영하여 모든 사람들을 만족시키는 해결 방법을 찾기는 어렵기 때문에 갈등이 발생하기도 합니다.

8 공동체의 중요한 일을 의논하고 결정하는 데 참여하면 구성원들과 다양한 의견을 나누면서 공동체 문제에 대한 관심이 증가하고 주인 의식이 생기며, 합리적으로 문제를 해결할 수 있습니다.

9 오늘날에는 모든 사람이 한자리에 모여서 중요한 일을 직접 결정하기 어렵기 때문에 선거를 통해 국민을 대표할 사람을 뽑아 나라의 일을 맡깁니다.

10 공약은 후보자가 어떤 일을 실행하겠다고 하는 약속입니다.

11 전교 회장 선거는 ㉢, ㉣, ㉠, ㉡의 순서로 치러집니다.

12 나이, 성별, 재산 등에 관계없이 누구에게나 1인 1표의 투표권을 보장하고 있는 평등 선거의 원칙을 나타낸 것입니다.

13 선거 관리 위원회는 후보자 등록, 선거 운동, 투표 및 개표 등 선거의 전 과정을 중립적인 위치에서 공정하게 관리합니다.

14 민주적으로 갈등을 해결하기 위해서는 다른 의견을 인정하는 관용, 사실이나 의견의 옳고 그름을 따져 살펴보는 비판적 태도, 배려하고 협의하는 양보와 타협의 자세, 합의한 내용을 실행하는 실천의 자세가 필요합니다.

15 공동체 문제의 해결 방법을 찾을 때는 서로 양보하고 타협하는 태도를 지녀야 하며, 다 함께 결정한 후에는 이를 따르고 실천하도록 노력해야 합니다.

16 민주적 의사 결정 원리에는 다수결, 대화와 타협, 소수의 의견 존중 등이 있습니다.

17 다수결로 의견을 결정할 때에는 충분한 대화를 통해 의견을 조정하고 타협해야 하고, 소수의 의견을 존중하기 위해 노력해야 합니다.

18 민주적 의사 결정 원리에 따라 문제를 해결할 때에는 먼저 발생한 문제를 확인해야 합니다.

19 정책을 결정하기 전에 전문가, 주민 등 다양한 사람들이 모여 의견을 나누는 공개회의를 공청회라고 합니다.

20 터널 위에 야생 동물들의 통행로를 만들면 터널 건설 시 생기는 문제를 해결할 수 있습니다.

2회 1. ③ 민주 정치의 원리와 국가 기관의 역할 25~27쪽

1 ③　**2** ③, ④　**3** ⑤　**4** ②　**5** 링컨　**6** 예 권한을 마음대로 사용하거나 잘못된 결정을 할 수 있다. / 국가가 위태로워지고 국민의 자유와 권리가 침해받을 수 있다.　**7** ②　**8** ㈎ 국회 ㈏ 행정부 ㈐ 법원　**9** ①, ②　**10** ③　**11** ㉡, ㉣, ㉠, ㉢　**12** 헌법 소원　**13** ①　**14** ④　**15** ①　**16** ⑤　**17** ㉠　**18** ㉣　**19** 예 재판을 통해 사람들 사이의 다툼을 해결해 준다.　**20** ④

풀이

1 4·19 혁명, 5·18 민주화 운동, 6월 민주 항쟁 등에서 우리 국민이 주권을 지키려는 노력을 찾아볼 수 있습니다.

2 민주주의 국가에서는 인간의 존엄성을 실현하고 국민의 자유와 평등을 보장하기 위해 국민 주권, 권력 분립 등과 같은 민주 정치의 원리를 따릅니다.

3 주권이 국민에게 있어 국민이 국가와 관련 있는 중요한 일들을 스스로 결정할 수 있다는 것이 국민 주권입니다.

4 주권은 국가의 의사를 결정하는 최고의 권력이므로 국민이 주권을 가지고 있지 않다고 해서 사라지는 것은 아닙니다.

5 미국 대통령이었던 링컨은 게티즈버그를 찾아 죽은 병사들을 추모하며 국민 주권의 의미가 잘 담겨 있는 연설을 했습니다.

6 국가의 권력이 한곳에 집중되면 그 권한을 마음대로 사용하거나 잘못된 결정을 할 수 있고, 그로 인해 국가가 위태로워지고 국민의 자유와 권리가 침해받을 수 있습니다.

7 주권이 국민에게 있어 국민이 국가와 관련 있는 중요한 일들을 스스로 결정할 수 있다는 것이 국민 주권입니다.

8 우리나라에서는 국회, 행정부, 법원이 국가 권력을 나누어 맡도록 헌법으로 정하고 있는데, 이를 권력 분립이라고 합니다.

9 서로를 견제하고 감시하면서 권력의 균형을 이뤄 내고, 국민의 자유와 권리를 보장하기 위해 삼권 분립을 실시합니다.

10 국회를 구성하는 국회 의원들은 선거를 통해 국민이

정답과 풀이

직접 뽑습니다.

11 어린이 통학 차량 동승 보호자 탑승 의무화를 둘러싼 갈등은 ㉡, ㉣, ㉠, ㉢의 순서로 해결합니다.

12 헌법 소원은 국가 권력이나 법률이 국민의 기본권을 침해하는지 헌법 재판소가 심판하는 제도입니다.

13 법률은 우리 일상생활과 국가 운영의 바탕이 되므로 법률을 만드는 일은 국회에서 하는 가장 기본적인 일입니다.

14 국회 의원은 국회에서 한 말과 회의에서 찬성이나 반대한 것에 대해 국회 밖에서 책임지지 않습니다.

15 국회는 대법원장과 대법관 임명 동의권을 행사함으로써 법원을 견제할 수 있습니다.

16 국민이 선출한 대통령은 행정부의 최고 책임자이자 우리나라의 대표로서 국가의 중요한 일을 결정합니다.

17 국방부는 우리나라를 지키고 국민을 보호하는 일을 합니다.

18 농림축산식품부는 농산물의 품질과 가격을 관리하고 안정적인 식량 공급을 위해 노력하는 일을 합니다.

19 법원은 재판을 통해 사람들 간의 다툼이나 개인이 겪은 억울한 일을 해결해 주고, 국가가 개인의 이익이나 권리를 침해했을 때는 개인을 도와주는 역할도 합니다.

20 공정한 재판을 하기 위해 법원의 독립, 공개 재판, 삼심 제도, 법관의 신분 보장 등 다양한 제도를 마련해 두고 있습니다.

2회 2. ① 우리나라 경제 체제의 특징 28~30쪽

1 ④ **2** ⑤ **3** 가계 **4** ③ **5** ③ **6** ① **7** 예 가계는 기업에서 일하며 소득을 얻고, 기업은 물건과 서비스를 생산해 시장에 공급합니다. **8** ① **9** ② **10** ④ **11** ⑤ **12** ③ **13** ○○ 냉장고 **14** ④ **15** ④ **16** ① **17** ③ **18** ③ **19** ② **20** 예 경쟁력을 갖춘 사람과 그렇지 않은 사람 간에 격차가 커질 수 있다. / 기업이 지나치게 이익을 추구하여 공정하지 않은 행동을 하면 소비자가 피해를 볼 수도 있다.

풀이

1 경제활동에 참여하는 개인이나 집단을 경제주체라고 합니다.

2 경제활동은 사람들이 살아가는 데 필요한 것을 생산하고 분배하며 소비하는 모든 활동을 말합니다.

3 가정 살림을 같이하는 생활 공동체를 가계라고 합니다.

4 다른 나라와 자유 무역 협정(FTA)을 맺는 것은 정부가 하는 일입니다.

5 기업은 이윤을 얻기 위해 전문적으로 생산 활동을 하는 경제주체입니다.

6 ㉠에는 수입, ㉡에는 지출, ㉢에는 급여, ㉣에는 소득이 들어가야 합니다.

7 가계는 기업에서 일하며 소득을 얻고, 기업은 물건과 서비스를 생산해 시장에 공급합니다.

8 사람들이 살아가면서 필요로 하거나 가지고 싶어 하는 것은 수없이 많지만 소득이 정해져 있기 때문에 그것들을 모두 살 수는 없습니다.

9 합리적 선택을 하려면 우선순위에 따라 사야 할 물건부터 정해야 합니다.

10 가계의 합리적 선택에서 가장 중요한 것은 만족감을 높이는 것입니다.

11 개인에 따라 가격, 품질, 상표, 환경 등 추구하는 가치가 다르기 때문에 합리적 선택의 기준도 개인에 따라 다를 수 있습니다.

12 가격, 품질, 할인 기간, 사후 관리 등을 고려하였습니다.

13 ○○ 냉장고가 가장 비싸지만 용량이 크고 온도 유지가 잘되며 에너지 효율이 2등급입니다.

14 지구 환경에 주는 부담을 최소화하기 위해 친환경 제품을 사는 것을 친환경 소비라고 합니다.

15 기업은 사람들이 원하는 것을 무제한으로 생산할 수는 없기 때문에 물건이나 서비스를 생산할 때 적은 비용으로 보다 많은 이윤을 얻을 수 있는 선택을 해야 합니다.

16 자전거를 생산하는 기업이 자전거를 만들 때 자전거를 타기 좋은 장소까지 고민할 필요는 없습니다.

17 전통 시장과 대형 할인점에서는 물건을 직접 보고 비교해서 살 수 있습니다.

18 시장이 있기 때문에 우리는 필요한 물건을 쉽고 빠르게 구할 수 있습니다.

19 우리나라 경제의 특징은 자유와 경쟁이기 때문에 기업은 무엇을 얼마나 생산하여 판매할지 자유롭게 결정합니다.

20 그 밖에 같은 상품을 생산하는 기업끼리 의논하여 가격을 마음대로 결정할 수 있고, 기업이 생산한 상품에 대하여 허위·과장 광고를 할 수도 있습니다.

2회   2. ② 우리나라의 경제 성장   31~33쪽

1 ④   **2** ①   **3** 경제 개발 5개년 계획   **4** ③   **5** ⑩ 기업들은 빠르게 성장하였고 가계의 소득도 점차 증가하였다.   **6** ④, ⑤   **7** ②   **8** ⑤   **9** ②, ⑤   **10** ㉠ 경공업 ㉡ 중화학 공업   **11** ①   **12** ④   **13** ③   **14** 인구수   **15** ④   **16** ③   **17** ④   **18** ②   **19** 환경 문제   **20** (1) ⑩ 풍력, 태양열 등 친환경 에너지를 생산하고, 기업이 친환경 제품을 만들도록 지원한다. (2) ⑩ 친환경 제품을 생산하고 판매하여 환경 오염을 줄이고자 노력한다.

·풀이·

1 6·25 전쟁 직후 식량과 생필품이 매우 부족하여 국민들의 삶은 어려웠고, 산업 시설이 파괴되어 정부는 미국을 비롯한 세계 여러 나라의 도움을 받았습니다.

2 6·25 전쟁 직후에는 많은 사람이 농사를 지으며 생활하였고, 농업이 전체 산업에서 큰 비중을 차지하였습니다.

3 경제 개발 5계년 계획은 1962년부터 정부의 주도로 신발, 가발, 섬유 등과 같은 제품을 만들어 수출하기 위한 경제 계획입니다.

4 1960년대에 정부는 국내에서 생산한 제품을 수출하여 경제를 성장시키고자 했습니다.

5 1960년대에 경공업 제품을 낮은 가격에 생산하여 수출을 많이 함으로써 기업들은 빠르게 성장하였고 가계의 소득도 점차 증가하였습니다.

6 1960년대 정부는 산업 발전에 필요한 석유, 전력 등을 확보하고자 정유 시설, 발전소 등을 많이 건설하였습니다.

7 1970년대에 들어 정부는 우리나라의 산업 구조를 경공업 중심에서 중화학 공업 중심으로 바꾸려고 노력하였습니다.

8 정부는 중화학 공업을 육성하기 위해 원료 수입과 제품 수출에 유리한 항구를 중심으로 중화학 공업 단지를 조성했으며, 포항과 울산에 각각 제철소와 석유 화학 공장이 들어섰습니다.

9 1980년대 들어 자동차, 전자 산업 등이 크게 성장하였고, 이 시기에는 자동차와 텔레비전 등이 주요 수출품이었습니다.

10 1980년대 이후 중화학 공업의 수출 비율이 경공업보다 많아졌고, 우리나라의 산업 구조는 경공업에서 중화학 공업 중심으로 바뀌었습니다.

11 우리나라는 1970년대부터 반도체를 연구하고 반도체 산업에 투자하기 시작했고, 1990년대에 세계적인 수준의 반도체를 생산하며 1992년에는 우리나라 기업이 시장 점유율 세계 1위를 차지하기도 했습니다.

12 2000년대 이후 첨단 산업의 분야는 제시된 사진의 생명 공학을 포함해 신소재 분야, 우주 항공 분야 등으로 넓어졌고, 최근에는 인공 지능을 활용한 다양한 산업도 성장하고 있습니다.

13 오늘날 경제 성장으로 소득이 증가하고 편리한 생활과 삶의 질 향상을 원하는 사람들이 많아지면서 의료, 관광, 문화 등의 서비스 산업도 발달하고 있습니다.

14 1인당 국민 총소득은 일정 기간 동안 한 나라의 국민이 벌어들인 소득을 그 나라의 인구수로 나눈 것입니다.

15 앞으로 우리나라의 1인당 국민 총소득은 꾸준히 증가할 것으로 예상됩니다.

16 컬러텔레비전이 보급되고 방송국에서도 모든 프로그램을 천연색으로 내보내기 시작한 것은 1980년대입니다.

17 2010년대 들어 기능이 다양한 스마트폰이 대중화하면서 언제 어디서나 필요한 서비스를 이용할 수 있게 되었습니다.

18 경제 성장으로 인해 우리나라의 위상이 높아지면서 다른 나라와 경제, 문화적 교류가 더욱 활발해졌습니다.

19 경제 성장 과정에서 자연의 무분별한 개발, 산업 시설이나 가정에서 배출하는 오염 물질과 쓰레기 증가로 인해 발생한 환경 문제입니다.

20 환경 문제를 해결하기 위해 정부와 기업, 시민들은 환경을 보호하고 에너지를 절약하고자 다양한 활동을 하고 있습니다.

1 경제 교류   **2** ⑤   **3** ⑩ 나라마다 자연환경, 자원, 기술 등에 차이가 있어서 더 잘 생산할 수 있는 물자나 서비스가 다르기 때문에   **4** ⑤   **5** ㉠ 수출 ㉡ 수입   **6** ④   **7** ⑤   **8** ②   **9** ②   **10** 중국, 미국   **11** ②   **12** ㉣   **13** ①   **14** ⑩ 전 세계에 있는 값싸고 다양한 물건을 선택할 수 있는 기회가 늘어났다. 외국 기업에서 일자리를 얻을 기회가 늘어나는 등 경제활동 범위가 넓어졌다.   **15** ㉠ 노동력 ㉡ 운반 비용   **16** ④   **17** ④   **18** 자유 무역 협정(FTA)   **19** ③   **20** ⑤

풀이

1 나라와 나라 사이에는 물자, 기술, 문화 등을 주고받는 경제 교류가 이루어집니다.

2 ○○ 나라는 천연자원은 부족하지만 기술이 발달하였고, △△ 나라는 천연자원이 풍부하지만 공산품을 만드는 기술은 발달하지 못하였습니다.

3 나라마다 자연환경과 자원, 기술 등에 차이가 있기 때문에 각 나라는 더 잘 만들 수 있는 물자나 서비스를 생산해 다른 나라와 경제 교류를 합니다.

4 덥고 습한 날씨와 풍부한 노동력을 이용해 카카오를 생산하는 나라는 코트디부아르입니다. 프랑스는 포도 생산에 적합한 덥고 건조한 날씨를 이용해 품질이 우수한 와인을 제조하고, 칠레는 전 세계 구리의 약 23%가 묻혀 있어서 구리를 많이 생산합니다.

5 우리나라는 우리나라의 좋은 물건과 발전된 기술을 다른 나라에 수출하고, 우리나라에서 부족하거나 없는 자원, 물건, 노동력 등을 다른 나라로부터 수입하며 활발하게 경제 교류를 합니다.

6 우리나라는 우수한 기술력으로 만든 반도체, 자동차, 선박, 평판 디스플레이 등을 수출하고, 원유, 천연가스, 석탄, 정밀 화학 원료, 석유 제품 등 우리나라에 부족하거나 없는 자원을 수입하며, 우리나라에서 생산하는 것보다 더 저렴하게 생산하는 물건을 수입하기도 합니다.

7 교통수단과 정보 통신 기술의 발달로 나라 간의 경제 교류가 더욱 활발해졌습니다.

8 다른 나라에서 원료를 수입하고, 원료를 제품으로 가공하여 다시 다른 나라로 수출하는 가공 무역은 우리

나라처럼 천연자원은 부족하지만 기술력이 뛰어난 나라에서 주로 나타나는 무역 형태입니다.

9 물건의 재료가 생산된 곳을 알려주는 원산지를 살펴보면 우리나라가 다른 나라와 여러 가지 물건을 교류하고 있다는 사실을 알 수 있습니다. 생산지는 물건의 재료를 가공해 물건을 만든 곳입니다.

10 제시된 그래프에 따르면, 우리나라와 무역액 비율이 첫 번째로 높은 나라는 중국이고 두 번째로 높은 나라는 미국입니다.

11 세계 무역 기구(WTO)는 세계 무역을 늘리는 데 중점을 두고, 자유롭고 공정한 무역을 할 수 있도록 1995년에 설립된 국제기구입니다.

12 세계 여러 나라와의 경제 교류로 외국의 건물 구조와 비슷한 건물을 볼 수 있는 것은 주생활 모습의 변화를 나타낸 것입니다.

13 다른 나라에서 만든 영화를 관람하는 모습은 세계 여러 나라와의 경제 교류로 변화한 우리의 여가 생활 모습을 나타낸 것입니다.

14 다른 나라와 경제 교류가 활발해지면서 사람들의 경제활동 범위가 넓어졌고, 전 세계의 다양한 물건을 값싸게 살 수 있는 기회가 늘어났습니다.

15 기업이 노동력이 값싸고 물건을 운반하기 편리한 나라에 공장을 세우면 제조 비용과 운반 비용을 줄일 수 있습니다.

16 여러 나라의 통신사에 5G 기술을 전수하는 통신 분야 외에도 우리나라는 의료, 영상, 교육, 만화 등 다양한 서비스 분야에서 세계 여러 나라와 교류하고 있습니다.

17 세계 시장에서 우리나라와 다른 나라는 서로 의존하며 경제 교류를 하는 동시에 경쟁합니다.

18 세계 여러 나라는 나라 간 물건이나 서비스 등의 자유롭고 편리한 이동을 위해 세금, 법과 제도 등의 문제를 줄이거나 없애는 자유 무역 협정(FTA)을 맺습니다.

19 다른 나라가 자기 나라의 경제 보호를 위해 우리나라의 물건에 높은 관세를 부과하면 우리나라의 물건 수출이 어려워집니다.

20 수입품에 보복 관세를 부과하면 무역 문제가 더 커질 수 있기 때문에 우리나라는 관련 기관 및 제도 설립, 국제 기구 가입 등 수출 경쟁력을 키우기 위해 많은 노력을 하고 있습니다.

메모 Memo

 메모 Memo

11종 검정 교과서

사회

완벽 분석 종합평가

선생님이 강력추천하는

개념+ PLUS
단원평가

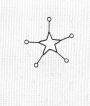

사회

정답과 풀이

6-1

정답과 풀이

1 우리나라의 정치 발전

1 민주주의의 발전과 시민 참여

1 부정 선거   2 김주열   3 민주주의   4 이승만
5 4·19   6 박정희   7 유신 헌법   8 전두환   9 광주   10 민주화 운동   11 박종철   12 직선제   13 이한열   14 6월 민주   15 직선제   16 지방 자치제   17 집회   18 촛불   19 공청회   20 평화적

1 ②   2 ②, ④   3 박정희   4 ⑤   5 ③, ⑤   6 6·29 민주화 선언   7 ㉠ 직선제 ㉡ 지방 자치제   8 ③

풀이 ▶

1 ②는 민주 선거의 기본 원칙 중 하나인 보통 선거의 내용입니다.

2 4·19 혁명으로 이승만 정권이 무너지고 장면 정부가 들어섰으나, 새로운 정부가 들어선 지 1년도 되지 않아 박정희가 군인들을 동원해 정권을 잡고 대통령이 된 후 독재 정치를 실시하였습니다.

3 박정희 대통령은 자신이 대통령을 계속할 수 있도록 유신 헌법을 제정하였습니다.

4 제시된 사진은 5·18 민주화 운동 당시 무력으로 시민들을 진압하는 군인들에게 대항하려고 무기를 든 광주의 시민군 모습입니다.

5 6월 민주 항쟁은 전두환 정부의 강압 통치, 박종철 학생 고문 사망 사건 및 은폐, 대통령 직선제 개헌 요구 무시 등이 원인이 되어 일어났습니다.

6 6월 민주 항쟁의 결과, 당시 여당 대표였던 노태우는 대통령 직선제, 지방 자치제 시행 등을 포함한 6·29 민주화 선언을 발표했습니다.

7 대통령 직선제와 지방 자치제 등의 제도들이 우리 사회에 자리 잡으면서 국민은 원하는 바를 자유롭게 표현할 수 있게 됐으며, 정부도 국민의 권리와 참여를 중요하게 여기게 됐습니다.

8 오늘날 시민들이 사회 공동의 문제를 해결하는 방법은 평화적인 방식으로 다양해졌습니다.

1 ②   2 ④   3 ③   4 ㉢ → ㉡ → ㉣ → ㉤ → ㉠
5 5·16 군사 정변   6 예 정권을 계속 유지하기 위해서이다.   7 ⑤   8 ①, ⑤   9 예 5·18 민주화 운동 과정을 생생하게 알려 주기 때문이다. 다른 나라의 민주화 운동에 영향을 준 점을 인정받았기 때문이다.
10 ㉡, ㉢   11 ③   12 ③   13 ⑤   14 ③   15 직선제   16 지방 자치제   17 (1) 주민 소환제 (2) 예 지역의 대표가 지역 문제 해결에 주민의 뜻을 잘 반영하게 되었다.   18 촛불 집회   19 ③   20 ⑤

풀이 ▶

1 우리나라 첫 번째 대통령이었던 이승만은 1960년까지 세 번 대통령에 당선되었습니다.

2 이승만 정부와 자유당은 3월 15일에 실시된 정부통령 선거에서 승리하여 정권을 계속 차지하기 위해 3·15 부정 선거를 실행했고, 이는 4·19 혁명이 일어나는 직접적인 원인이 되었습니다.

3 마산 시위에 참여했다가 실종된 김주열 학생이 마산 앞바다에서 죽은 채로 발견되자 시민과 학생들의 시위는 더욱 확산되었습니다.

4 4·19 혁명의 과정은 '대구 시위 → 3·15 부정 선거 → 마산 시위 → 전국적 시위 확대 → 이승만 대통령 하야' 순입니다.

5 5·16 군사 정변으로 정권을 잡은 박정희는 대통령으로 선출되어 장기 집권하면서 독재 정치를 하였습니다.

6 대통령이 된 박정희는 헌법을 바꿔 가며 대통령직을 유지했고, 1972년에는 유신 헌법을 공포하여 대통령 선거를 직선제에서 간선제로 바꾸고 대통령을 할 수 있는 횟수의 제한을 없애는 등 정권을 계속 유지하기 위해 독재 체제를 강화했습니다.

7 전두환은 광주에서 일어난 일이 신문이나 방송으로 알려지는 것을 막았기 때문에 이곳에서 일어나는 일들을 국민들은 제대로 알 수 없었습니다.

8 5·18 민주화 운동 당시 광주 시민들은 민주화 시위를 폭력적으로 진압하던 정부와 계엄군에게 시위 도중 잡혀간 사람들을 풀어줄 것과 계엄군이 물러날 것을 요구했습니다.

9 시민들의 선언문, 증언, 일기, 기자들의 취재 수첩 등을 비롯한 많은 기록물로 5·18 민주화 운동 기록

풀은 5·18 민주화 운동 과정을 생생하게 알려 준다는 점과 다른 나라의 민주화 운동에 영향을 준 점 등을 인정받아 2011년에 유네스코 세계 기록 유산으로 등재되어 세계인의 귀감이 되고 있습니다.

10 전두환 정부는 신문과 방송을 통제해 국민의 눈과 귀를 막고 정부에 반대하는 사람들을 잡아가거나 죽음에 이르게 하였습니다.

11 1987년에 민주화 운동에 참여했던 대학생 박종철이 경찰의 고문으로 사망한 사건에 대한 진상 규명과 개헌을 요구하는 시위가 일어났습니다. 그러나 전두환 정부가 시민들의 요구를 거부하자 민주화 시위가 전국으로 확산되었습니다.

12 6월 민주 항쟁의 결과 당시 야당 대표였던 노태우는 시민들과 학생들의 요구를 수용하여 대통령 직선제, 지방 자치제 시행 등을 포함한 6·29 민주화 선언을 발표했습니다.

13 6·29 민주화 선언은 대통령 직선제, 언론의 자유 보장, 지방 자치제, 지역감정 없애기 등의 내용을 담고 있습니다.

14 박정희와 일부 군인들이 정권을 장악하기 위해 일으킨 5·16 군사 정변은 우리나라의 민주주의를 크게 후퇴시킨 사건입니다.

15 6·29 민주화 선언으로 대통령을 국민의 손으로 직접 뽑을 수 있게 되었습니다.

16 1991년 지방 의회 선거 실시에 이어 1995년 지방 의회 선거와 함께 지방 자치 단체장 선거를 치르면서 지방 자치제가 완전하게 자리 잡았습니다.

17 주민 소환제는 지역 대표자들이 잘못을 하지 않고 열심히 일하도록 만드는 긍정적인 역할을 합니다.

18 시민들은 우리 사회 공동의 문제를 평화적으로 해결하기 위해 촛불 집회에 참여합니다.

19 오늘날 시민들은 여러 분야의 문제를 함께 해결하기 위해 시민 단체나 정당을 만들어 활동하기도 하며, 문제에 대한 자신의 생각을 담은 1인 시위, 여러 문제를 다른 사람들에게 알리기 위한 캠페인, 서명 운동 등 다양한 방법으로 사회 공동의 문제 해결을 위해 노력합니다.

20 과학 기술이 발달하고 정보 통신 기기의 사용이 증가하면서 국민이 문제 해결에 참여하는 방법이 더욱 다양해졌으며, 이러한 국민의 정치 참여는 우리나라의 민주주의를 발전시키는 밑바탕이 되고 있습니다.

2회 실력을 쌓아요
17~19쪽

1 3·15 부정 선거   2 ①   3 ④   4 5·16 군사 정변   5 유신 헌법   6 ②   7 예 군인들이 광주 사람들이 다른 지역으로 나가거나 다른 지역의 사람들이 광주에 들어갈 수 없게 하였기 때문이다. 전두환이 광주에서 일어난 일이 신문이나 방송으로 알려지는 것을 막았기 때문이다.   8 ④   9 ③   10 6월 민주 항쟁   11 ⑤   12 예 우리 사회 여러 분야에서 민주적인 제도를 만들고 실천해 나갈 수 있게 되었다.   13 ㉢ → ㉠ → ㉣ → ㉤ → ㉡   14 ⑤   15 ①   16 지방 자치제   17 집회   18 ③   19 선거나 투표   20 예 더 많은 사람이 정치에 참여하게 되었고, 우리 사회의 여러 가지 문제를 민주적으로 해결하고 있다.

풀이 ▶

1 이승만 정부와 자유당은 정부통령 선거에서 승리하여 정권을 계속 차지하기 위해 돈이나 물건을 주면서 이승만 정부에 투표하도록 하고, 투표한 용지를 불에 태워 없애거나 조작된 투표용지를 넣어 투표함을 바꾸는 등 3·15 부정선거를 실행했습니다.

2 이승만이 이끄는 자유당 정권이 3·15 부정 선거를 일으키는 등 독재 정치를 강화하려고 하자 시민과 학생이 4·19 혁명을 일으켰습니다.

3 4·19 혁명은 자유 민주주의를 수호하기 위해 시민과 학생이 일으킨 것으로, 국민의 자유와 권리를 지키며 민주주의 이념을 실현하였습니다.

4 5·16 군사 정변은 1961년 5월, 박정희를 중심으로 한 일부 군인들이 일으킨 군사 정변입니다.

5 유신 헌법의 내용은 국민의 권리를 대통령이 마음대로 제한할 수 있는 민주적이지 않은 것들이었습니다.

6 1979년 12월 12일 전두환, 노태우 등 신군부 세력이 일으킨 군사 정변을 12.12 사태라고 합니다.

7 독일 기자였던 위르겐 힌츠페터는 위험을 무릅쓰고 광주에 들어가 5·18 민주화 운동을 취재하였고, 취재한 내용을 독일 방송에 내보내면서 5·18 민주화 운동이 세계에 알려지게 되었습니다.

8 제시된 자료와 관련된 사건은 1980년 5월 광주에서 신군부의 집권에 반대하고 민주화를 요구하며 일어난 5·18 민주화 운동입니다. 이 과정에서 신군부 세력은 계엄군을 보내 시위대를 무력으로 진압하여 많

은 시민과 학생이 희생되었습니다.

9 4·19 혁명과 5·18 민주화 운동은 자유 민주주의 수호와 실현을 위한 움직임이었습니다.

10 6월 민주 항쟁은 전두환 정부의 강압 통치, 박종철 학생 고문 사망 사건 및 은폐, 대통령 직선제 개헌 요구 무시 등이 원인이 되어 일어났습니다.

11 6월 민주 항쟁의 결과 대통령 직선제 개헌을 주요 내용으로 하는 민주화 요구를 받아들이겠다는 6·29 민주화 선언이 이루어졌습니다.

12 6월 민주 항쟁은 대통령을 국민의 손으로 직접 뽑을 수 있게 되었습니다.

13 ⓒ 3·15 부정 선거는 1960년 3월 15일, ㉠ 4·19 혁명은 1960년 4월 19일, ㉣ 5·16 군사 정변은 1961년, ㉤ 5·18 민주화 운동은 1980년, ㉡ 6월 민주 항쟁은 1987년에 일어났습니다.

14 6·29 민주화 선언 이후 대통령 직선제와 지방 자치제 등의 제도들이 우리 사회에 자리 잡으면서 국민은 원하는 바를 자유롭게 표현할 수 있게 됐으며, 정부도 국민의 권리와 참여를 중요하게 여기는 등 우리 사회에 민주주의가 점차 정착되었습니다.

15 6월 민주 항쟁의 결과 6·29 민주화 선언이 발표되었고, 그에 따라 1987년 제13대 대통령 선거가 직선제로 시행되었으며, 대통령 직선제는 오늘날까지 계속 시행되고 있습니다.

16 민주화의 열망과 더불어 1952년에 처음 시행되었다가 5·16 군사 정변 때 폐지되었던 지방 자치제가 6·29 민주화 선언에 따라 부활하였습니다.

17 6월 민주 항쟁까지 시민들은 대규모 집회를 열어 사회 공동의 문제를 해결하고자 하였습니다. 이후에는 다양한 방식으로 사회 공동의 문제를 해결하는데 참여하고 있습니다.

18 오늘날 시민들은 시민 단체를 만들거나, 정당을 만들어 활동하기도 하며, 1인 시위, 캠페인, 서명 운동 등 다양한 방법으로 여러 분야의 문제를 함께 해결하기 위해 노력하지만, 직접 정책을 세우고 집행할 수 있는 권한은 없습니다.

19 선거나 투표는 민주주의에서 시민들이 사회 공동의 문제를 해결하기 위해 참여하는 가장 기본적인 방법입니다.

20 시민들의 적극적인 정치 참여는 우리 사회의 문제를 원만히 해결하고 민주주의가 우리 사회에 정착되는

데 이바지하였습니다.

1회 탐구 서술형 평가

20~21쪽

1 (1) ㉠ → ㉣ → ㉢ → ㉡

(2) **예** 3·15 부정 선거를 바로잡고 이승만 정부의 독재를 막기 위해서이다.

2 (1) **예** 장기 집권을 통해 자신이 계속 대통령을 하기 위해서이다.

(2) **예** 민주화를 요구하는 사람들의 의견을 무시하고, 국민의 기본적인 권리를 마음대로 빼앗는 등 독재 정치를 더 심하게 하였다.

3 (1) **예** 국민의 알 권리를 막았다. 민주주의를 요구하는 사람들을 탄압하였다.

(2) **예** 대통령 직선제, 박종철 고문 치사 사건의 진상 규명 등을 요구한 6월 민주 항쟁이 일어났으며, 그 결과 6·29 민주화 선언이 발표되었다.

4 (1) **예** ㉠은 서명 운동을 하고 있는 모습이고, ㉡은 누리 소통망 서비스(SNS)를 활용하여 자신의 의견을 제시하는 모습이다.

(2) **예** 촛불 집회와 같은 대규모 집회, 캠페인, 1인 시위, 선거나 투표 참여 등이 있다.

풀이

1 (1) 마산에서 3·15 부정 선거 규탄 시위에 참여했다가 실종된 고등학생 김주열이 마산 앞바다에서 죽은 채로 발견되자 시민들과 학생들의 시위는 더욱 확산되었고, 결국 이승만은 대통령에서 물러났습니다.

(2) 시민들과 학생들은 이승만 정부의 독재와 3·15 부정 선거로 짓밟힌 민주주의를 바로 세우고자 4·19 혁명을 일으켰습니다.

상 4·19 혁명의 배경과 과정을 알고 있습니다.

중 4·19 혁명의 배경과 과정을 일부 알고 있습니다.

하 4·19 혁명의 배경과 과정을 전혀 알지 못합니다.

2 (1) 박정희 대통령은 장기 집권을 위해 3선 개헌과 10월 유신을 추진하였습니다.

(2) 많은 국민이 유신 헌법에 반대하고 민주주의를 지

키려고 하자, 박정희 정부는 민주화를 요구하는 사람들의 의견을 무시하고, 국민의 기본적인 권리를 마음대로 빼앗는 등 독재 정치를 더욱 강화했습니다.

상	5·16 군사 정변과 이후 박정희의 독재 과정을 알고 있습니다.
중	5·16 군사 정변과 이후 박정희의 독재 과정을 일부 알고 있습니다.
하	5·16 군사 정변과 이후 박정희의 독재 과정을 전혀 알지 못합니다.

3 (1) 전두환 정부는 신문과 방송이 정부를 비판하지 못하게 하고, 국민들의 알 권리를 무시했으며, 정부에 반대하는 사람들을 잡아가거나 고문을 하여 죽음에 이르게 했습니다.
(2) 6월 민주 항쟁은 박종철 고문 사망 사건에 대한 진상 규명과 대통령 직선제 개헌을 요구하며 일어났으며, 그 결과 6·29 민주화 선언이 발표되어 대통령 직선제 개헌이 이루어졌습니다.

상	6월 민주 항쟁의 배경과 전개 과정을 알고 있습니다.
중	6월 민주 항쟁의 배경과 전개 과정을 일부 알고 있습니다.
하	6월 민주 항쟁의 배경과 전개 과정을 전혀 알지 못합니다.

4 (1) ㉠은 서명 운동, ㉡은 누리 소통망 서비스를 활용하여 사회 공동의 문제 해결에 참여하는 모습입니다.
(2) 오늘날 시민들은 서명 운동과 누리 소통망 서비스 (SNS)에 자신의 의견을 올리는 것 외에도 여러 분야의 문제를 함께 해결하기 위해 시민 단체나 정당을 만들어 활동하기도 하며, 문제에 대한 자신의 생각을 담은 1인 시위, 여러 문제를 다른 사람들에게 알리기 위한 캠페인 등 다양한 방법으로 사회 공동의 문제 해결을 위해 노력합니다.

상	시민들이 사회 공동의 문제 해결에 참여하는 다양한 방법을 알고 있습니다.
중	시민들이 사회 공동의 문제 해결에 참여하는 방법을 일부 알고 있습니다.
하	시민들이 사회 공동의 문제 해결에 참여하는 방법을 전혀 알지 못합니다.

2회 탐구 서술형 평가
22~23쪽

1 (1) 예 무력으로 시민들을 진압하는 계엄군에게 대항하고 스스로를 지키기 위해서이다.
(2) 예 부당한 정권에 맞서 민주주의를 지키려는 시민들의 의지를 보여 주었다.
2 (1) ㉡ → ㉠ → ㉢
(2) 예 독재 정치에 대항한 시민들의 운동이다. 우리나라 민주주의 발전에 크게 기여하였다.
3 (1) 예 주민 소환제, 주민이 직접 선거로 선출한 의원이나 단체장이 직무를 잘 수행하지 못했을 때 주민들이 투표를 하여 그들을 자리에서 물러나게 하는 제도이다.
(2) 예 지역의 대표자들이 잘못을 하지 않고 열심히 일하도록 만들었다.
4 (1) 예 행사를 할 수 있는 공간이 부족하다. 행사를 할 수 있는 공간(강당)을 짓는다.
(2) 예 주민 서명 받기, 캠페인 활동하기, 누리집에 글 올리기 등이 있다.

풀이

1 (1) 전두환은 시위를 진압할 계엄군을 보내 시위에 참여한 시민들과 학생들을 향해 총을 쏘며 폭력적으로 진압하였습니다.
(2) 전두환 정부와 계엄군에 대항해 민주주의를 지키려는 시민들과 학생들의 의지를 보여 주었으며, 5·18 민주화 운동은 오늘날 우리나라의 민주주의 발전에 큰 원동력이 되었을 뿐만 아니라 5·18 민주화 운동과 관련된 기록물은 유네스코 세계 기록 유산으로 지정되어 전 세계인의 귀감이 되고 있습니다.

상	5·18 민주화 운동 당시 시민들과 학생들의 노력과 5·18 민주화 운동의 의의를 알고 있습니다.
중	5·18 민주화 운동 당시 시민들과 학생들의 노력과 5·18 민주화 운동의 의의를 일부 알고 있습니다.
하	5·18 민주화 운동 당시 시민들과 학생들의 노력과 5·18 민주화 운동의 의의를 전혀 알지 못합니다.

2 (1) ㉡ 4·19 혁명은 1960년, ㉠ 5·18 민주화 운동은 1980년, ㉢ 6월 민주 항쟁은 1987년에 일어났습니다.

(2) 4·19 혁명은 이승만과 자유당 정부의 3·15 부정 선거에 대항하여, 5·18 민주화 운동은 전두환 정부의 폭력적인 시위 진압에 대항하여, 6월 민주 항쟁은 전두환 정부의 독재에 대항하여 시민들과 학생들이 일으킨 민주화 운동이고, 오늘날 우리나라의 민주주의 발전에 크게 기여하였습니다.

상	우리나라의 민주주의가 정착하는 과정에서 발생한 주요 사건임을 알고 있습니다.
중	우리나라의 민주주의가 정착하는 과정에서 발생한 주요 사건임을 일부 알고 있습니다.
하	우리나라의 민주주의가 정착하는 과정에서 발생한 주요 사건임을 전혀 알지 못합니다.

3 (1) 주민이 선출한 공직자가 직무를 잘 수행하지 못할 때 투표를 통해 공직자를 자리에서 물러나게 하는 주민 소환제에 대한 기사입니다.
(2) 주민 소환제를 통해 지역의 대표가 잘못을 저지르지 않고 열심히 일하도록 만들었으며, 정책 결정과 집행 과정에서 지역 주민의 사회 공동의 문제 해결에 대한 참여 의식을 높였습니다.

상	지방 자치제의 의미와 주민 소환제에 대해 알고 있습니다.
중	지방 자치제의 의미와 주민 소환제에 대해 일부 알고 있습니다.
하	지방 자치제의 의미와 주민 소환제에 대해 전혀 알지 못합니다.

4 (1) 제시된 글에서 해결해야 할 문제는 마을에 여러 가지 행사를 열 수 있는 실내 공간이 없다는 것입니다.
(2) 오늘날 시민들은 지역의 문제를 함께 해결하기 위해 문제에 대한 자신의 생각을 담은 1인 시위, 여러 문제를 다른 사람들에게 알리기 위한 캠페인, 서명 운동 등 다양한 방법으로 노력합니다.

상	시민들이 다양한 방식으로 사회 공동의 문제 해결에 참여하는 방법을 알고 있습니다.
중	다양한 방식으로 사회 공동의 문제 해결에 참여하는 방법을 일부 알고 있습니다.
하	다양한 방식으로 사회 공동의 문제 해결에 참여하는 방법을 전혀 알지 못합니다.

2 일상생활과 민주주의

개념을 확인해요
25쪽

1 정치 2 민주주의 3 존엄 4 평등 5 관용
6 타협 7 토론 8 다수결 9 문제 확인 10 해결 방안

개념을 다져요
26~27쪽

1 정치 2 민주주의 3 (1) ㉢ (2) ㉡ (3) ㉠ 4
⑤ 5 대화 6 유라 7 ② 8 다수결의 원칙

풀이 ▶

1 사람들이 함께 살아가다 보면 여러 가지 문제가 생길 수 있는데, 이러한 문제를 원만하게 해결해 가는 것이 정치입니다.

2 민주주의는 인간의 존엄성을 실현하는 것을 목표로 하고, 이를 위해 인간의 존엄성을 실현하기 위해서는 반드시 자신의 의사를 스스로 결정할 수 있는 자유와 부당하게 차별받지 않는 평등이 보장되어야 합니다.

3 선거를 올바르고 공정하게 치르기 위해 민주 선거의 원칙이 필요합니다.

4 선거 관리 위원회는 선거와 국민 투표가 공정하게 이루어지도록 관리하는 독립된 기관으로, 부정 선거를 감시하는 일을 합니다.

5 민주주의에서는 대화와 토론을 거쳐 양보와 타협을 통해 서로 간의 의견 차이를 좁혀 가며 사회 공동의 문제를 해결합니다.

6 일상생활에서 다양한 문제와 갈등을 해결하기 위해서는 사실이나 의견의 옳고 그름을 따져 살펴보는 태도인 비판적 태도, 다른 의견을 인정하는 관용, 배려하고 협의하는 양보와 타협의 자세, 결정된 내용을 따르는 실천의 자세가 필요합니다.

7 일상생활에서 발생하는 다양한 문제와 갈등을 해결하기 위한 바람직한 태도는 민주적 의사 결정의 원리에 따라 대화와 토론을 거쳐 타협을 하여 문제를 해결하는 것입니다.

8 다수결의 원칙은 다수의 의견이 소수의 의견보다 합리적일 것이라고 가정하고 다수의 의견을 채택하는 방법으로, 사람들은 다수결의 원칙을 사용해 쉽고 빠

르게 문제를 해결합니다.

1회 실력을 쌓아요
28~30쪽

1 정치 2 ③, ④ 3 예 학급 회의에서 반 규칙을 정한다. 4 예 왕이나 신분이 높은 사람들 5 민주주의 6 ④ 7 ④ 8 ㉠ 자유 ㉡ 평등 9 ④ 10 선거 관리 위원회 11 ① 12 ③ 13 ② 14 ④ 15 ㉢, ㉣ 16 ④ 17 예 일상생활에서 의사를 결정할 때, 학급 어린이회에서 안건을 결정할 때, 대통령 선거를 할 때 18 ⑤ 19 ① 20 ㉤ → ㉢ → ㉣ → ㉡ → ㉠

풀이

1 정치는 사람들 사이의 의견 차이나 갈등을 해결하는 활동을 말합니다.

2 정치는 사회 구성원들 간의 의견 대립을 조정하는 활동입니다.

3 정치의 모습은 가정, 학교, 학급, 지역 등 일상생활 속에서도 찾을 수 있습니다.

4 옛날에는 왕이나 신분이 높은 사람들만 국가의 일을 의논하고 결정할 수 있었으나, 오늘날에는 모든 사람이 신분이나 재산, 성별 등과 관계없이 사회 공동의 문제 해결 과정에 참여할 수 있게 되었습니다.

5 민주주의란 나라의 주인인 국민이 권력을 가지고 다스리는 정치 제도입니다.

6 ④는 장애인을 차별하는 모습으로 민주주의의 기본 정신인 평등에 어긋납니다.

7 민주주의를 이루려면 모든 사람이 태어나는 순간부터 인간으로서 존엄과 가치를 존중받아야 합니다.

8 민주주의는 자유를 존중하고 평등을 이루어 인간의 존엄성을 지키는 기본 정신을 바탕으로 이루어집니다.

9 선거는 민주 시민이 가지는 권리이지만, 민주 사회의 주인으로서 적극적으로 참여해야만 자신의 의사를 제대로 반영할 수 있습니다.

10 선거 관리 위원회는 선거와 국민 투표의 공정한 관리 및 정당에 관한 사무를 처리하기 위하여 설치된 헌법 기관입니다.

11 선거일 기준으로 만 19세 이상이면 원칙적으로 누구에게나 투표권을 주는 선거 원칙은 보통 선거입니다.

12 학급 회의를 열어 자리를 어떻게 정하면 좋을지 의논

합니다.

13 문제와 갈등을 해결하려면 대화와 토론을 바탕으로 관용의 태도가 필요합니다.

14 문제와 갈등을 해결하려면 사실이나 의견에 대해 옳고 그름을 따져 살펴보는 비판적 태도가 필요합니다.

15 주민 대표와 시청 공무원, 시 의회 의원이 참석하는 주민 회의를 열어 대화와 토론을 거쳐 양보와 타협으로 문제를 해결해야 합니다.

16 다수의 의견이 항상 옳은 것은 아니므로 문제에 대한 충분한 대화와 토론, 소수의 의견 존중, 다수 의견에 대한 비판 등이 이루어져야 합니다.

17 사람들끼리 양보와 타협이 어려울 때 다수결의 원칙으로 문제를 해결합니다.

18 민주적 의사 결정 원리에는 대화와 타협, 다수결의 원칙, 소수의 의견 존중, 자유로운 의사 표현 등이 있습니다.

19 ①은 공동의 문제가 아닌 개인의 문제로 볼 수 있습니다.

20 문제를 확인한 후 그 원인을 파악하고 해결 방안을 탐색합니다. 다수결의 원칙으로 해결 방안을 결정하고, 결정한 내용을 실천합니다.

2회 실력을 쌓아요
31~33쪽

1 ③ 2 ② 3 ⑤ 4 민주주의 5 예 옛날에는 왕이나 신분이 높은 사람들만 국가의 일을 의논하고 결정할 수 있었으나, 오늘날에는 모든 사람이 신분이나 재산, 성별 등과 관계없이 사회 공동의 문제 해결 과정에 참여할 수 있게 되었다. 6 ② 7 인간의 존엄 8 ② 9 ③ 10 선거 11 예 선거를 통해 뽑힌 사람과 뽑은 사람들 모두가 민주주의의 주인이기 때문이다. 12 ② 13 ③ 14 ⑤ 15 대화 16 ⑤ 17 다수결의 원칙 18 ① 19 다수결의 원칙 20 문제 해결 방안 실천하기

풀이

1 사람들이 함께 살아가다 보면 여러 가지 문제가 생길 수 있는데, 이러한 문제를 원만하게 해결해 가는 것이 정치입니다.

2 정치는 개인이나 집단 간 대립이나 갈등을 조정하고 해결하는 과정을 말합니다. ②는 선택의 문제를 겪고

있는 사례입니다.

3 정치에 참여하기 위해서 반드시 대통령이나 국회 의원이 될 필요는 없으며, 현대 민주 사회에서는 누구나 정치에 참여할 수 있습니다.

4 민주주의는 국민이 주인이 되어 국민을 위해 정치가 이루어지는 제도를 말합니다.

5 시대가 변하면서 사람들은 신분이나 재산, 성별 등과 관계없이 모두가 평등하고 소중한 존재라는 것을 깨달았습니다.

6 국민 모두가 경제적으로 평등한 사회를 구현하는 것이 민주주의는 아닙니다.

7 민주주의의 근본이념은 인간의 존엄성 실현입니다.

8 평등은 신분, 재산, 성별, 인종 등에 따라 부당하게 차별받지 않는 것을 말합니다.

9 모든 사람에게 무제한적인 자유를 허용한다면 다른 사람의 자유를 침해할 수 있기 때문에 자유에는 반드시 책임이 따릅니다.

10 선거는 투표를 통해 공직자나 대표자를 뽑는 것을 말합니다.

11 선거는 국민이 정치에 참여하는 가장 기본적인 방법이고, 국가의 주인으로서 권리를 행사하는 것이기 때문에 선거를 '민주주의의 꽃'이라고 합니다.

12 평등 선거는 누구나 똑같이 한 표씩만 행사하는 원칙입니다.

13 선거 관리 위원회는 국회, 정부, 법원, 헌법 재판소와 같은 위치를 갖는 독립된 기관입니다.

14 학교에서 이루어지는 여러 의사 결정에 학생들이 참여하여 민주적인 방법으로 운영해 가기 위한 제도들입니다.

15 문제와 갈등을 해결하려면 대화와 토론을 바탕으로 관용과 비판적 태도, 양보와 타협, 실천하는 자세가 필요합니다.

16 사실이나 의견의 옳고 그름을 따져 살펴보는 태도를 비판적 태도라고 합니다.

17 다수결의 원칙은 민주 사회의 의사 결정 방식으로, 의사 결정의 가장 이상적 방법은 전원 일치이지만, 이것이 현실적으로 불가능하여 다수결의 원칙을 적용합니다.

18 다수의 의견이 항상 옳은 것은 아니므로 소수의 의견도 존중하는 태도를 가져야 합니다.

19 양보와 타협의 방법으로 합의에 이를 수 없을 때는

다수결의 원칙을 사용합니다.

20 모두가 함께 결정한 일은 따르고 실천해야 합니다.

1회 **탐구 서술형 평가** 34~35쪽

1 (1) ㉠ 예 가족회의에서 가족 여행 장소를 다수결로 결정하는 일 ㉡ 예 학급 회의에서 우리 반 규칙을 정하는 일 ㉢ 예 전교 어린이회에 참여하는 일 ㉣ 예 환경 보호를 위해 시민 단체에서 활동하는 일
(2) 예 일상생활에서 발생하는 문제를 원만하게 해결해 가는 과정이다.
2 (1) 인간의 존엄, 자유, 평등
(2) 예 친구들의 다양한 의견을 존중해 준다. '살색'이라는 용어를 사용하지 않는다. 다른 사람의 자유와 권리를 존중한다.
3 (1) 우영, 예 관용은 나와 다른 의견을 인정하고 포용하는 태도를 말한다.
(2) 예 잘 따르고 실천하는 것이 중요해.
4 (1) 다수결의 원칙
(2) 예 충분한 대화와 토론을 한다. 소수의 의견도 존중한다.

풀이

1 (1) 가족회의에서 가족 여행 장소를 정하고, 학급에서 반의 규칙을 정하고, 학교에서 전교 어린이회에 참여하고, 환경 보호를 위해 시민 단체에서 활동하는 일 등은 모두 생활 속에서 찾아볼 수 있는 정치의 모습입니다.

(2) 정치는 살아가다 보면 생기는 여러 가지 문제를 원만하게 해결해 가는 과정으로, 가정, 학급, 학교, 지역 등 우리 생활 속에서도 쉽게 찾아볼 수 있습니다.

상	가정, 학급, 학교, 지역에서 이루어지는 정치의 사례를 알고 있습니다.
중	가정, 학급, 학교, 지역에서 이루어지는 정치의 사례를 일부 알고 있습니다.
하	가정, 학급, 학교, 지역에서 이루어지는 정치의 사례를 전혀 알지 못합니다.

2 (1) 민주주의는 인간의 존엄성을 실현하는 것을 목표로 하고, 이를 위해 인간의 존엄성을 실현하기 위

해서는 반드시 자신의 의사를 스스로 결정할 수 있는 자유와 부당하게 차별받지 않는 평등이 보장되어야 합니다.

(2) 민주주의는 정치 형태로 출발하였지만, 오늘날에는 사회 구성원이 자유롭게 자신의 의견을 제시하고 이를 합리적으로 조정하는 생활 원리로 확대되었습니다.

상 민주주의의 기본 정신과 실천하는 모습에 대해 알고 있습니다.

중 민주주의의 기본 정신과 실천하는 모습에 대해 일부 알고 있습니다.

하 민주주의의 기본 정신과 실천하는 모습에 대해 전혀 알지 못합니다.

3 (1) 문제와 갈등을 해결하기 위한 방법 중 대화와 토론을 바탕으로 나와 다른 의견을 인정하고 포용하는 관용의 자세에 대해 이야기하고 있는 친구는 우영입니다. 유라는 비판적 태도, 준수는 양보와 타협의 자세에 대해 이야기하고 있습니다.

(2) 소윤이는 의견을 모아 함께 결정한 일은 따르고 실천하기 위해 노력하는 실천의 자세에 대해 이야기하고 있습니다.

상 생활 속에서 민주주의를 실천하는 바람직한 태도에는 어떤 것이 있는지 알고 있습니다.

중 생활 속에서 민주주의를 실천하는 바람직한 태도에 대해 일부 알고 있습니다.

하 생활 속에서 민주주의를 실천하는 바람직한 태도에 대해 전혀 알지 못합니다.

4 (1) 다수결의 원칙은 충분한 대화와 타협을 통해서 합의를 이룰 수 없을 때, 더 많은 사람의 의견이 더 합리적일 것이라 가정하고 전체의 의견을 합의하는 마지막 수단입니다.

(2) 다수의 의견이 항상 옳은 것은 아니므로 문제에 대한 충분한 대화와 토론, 소수의 의견 존중 등이 필요합니다.

상 민주적 의사 결정 원리 중 다수결의 원칙의 의미와 주의할 점을 알고 있습니다.

중 민주적 의사 결정 원리 중 다수결의 원칙의 의미와 주의할 점을 일부 알고 있습니다.

하 민주적 의사 결정 원리 중 다수결의 원칙의 의미와 주의할 점에 대해 전혀 알지 못합니다.

❸ 민주 정치의 원리와 국가 기관의 역할

개념을 확인해요   37~39쪽

1 주권   **2** 헌법   **3** 국회   **4** 4   **5** 법   **6** 국정 감사   **7** 정부   **8** 국무회의   **9** 대통령   **10** 국무총리   **11** 재판   **12** 법원   **13** 법관   **14** 세   **15** 헌법 재판소   **16** 권력 분립   **17** 삼권 분립   **18** 법   **19** 국가 기관   **20** 견제

개념을 다져요   40~41쪽

1 ②   **2** ㉠ 국민 ㉡ 권리   **3** 국회   **4** (1) ㉢ (2) ㉡ (3) ㉠   **5** 재판   **6** ④, ⑤   **7** ④   **8** 국회, 정부, 법원

풀이

1 주권은 국가의 의사를 최종적으로 결정하는 최고의 권력입니다.

2 우리나라 헌법 제1조 제2항에서는 우리나라의 주권이 국민에게 있는 국민 주권을 분명히 밝히고 있으며, 이를 실현하기 위해 국민의 자유와 권리를 헌법으로 보장하고 있습니다.

3 국회는 국민의 대표인 국회 의원들이 국가의 중요한 일을 의논하고 결정하는 국가 기관이며, 국회 의원들은 법을 만들고 국가의 예산을 심의하며, 국정 감사를 통해 행정부를 견제하고 감독합니다.

4 정부는 법에 따라 나라의 살림을 맡아 하는 곳으로, 대통령을 중심으로 국무총리와 여러 개의 부, 처, 청, 그리고 위원회가 있습니다.

5 재판은 어떤 사건이 발생했을 때 법을 해석하고 옳고 그름을 판단하는 과정입니다.

6 헌법 재판소는 법률이 헌법에 어긋나지 않는지, 국가 기관이 국민의 자유와 권리를 침해하지 않는지 등을 확인하고 심판하여 결정합니다.

7 권력 분립은 나라를 다스리는 권한을 분리함으로써 국가 기관 간에 견제와 균형의 원리를 실현하여 자유

와 권리를 보장하는 제도입니다.

8 삼권 분립에 따라 국회(입법부)는 국가를 다스리는 법을 만들고, 정부(행정부)는 법에 따라 국가 살림을 하며, 법원(사법부)은 법에 따라 재판을 합니다.

1회 실력을 쌓아요
42~44쪽

1 주권　2 ③　3 ㉔ 정치에 항상 관심을 가지고 적극적으로 참여해야 한다. 국민으로서의 권리와 의무를 다해야 한다.　4 ②　5 ③　6 법　7 ㉔ 예산의 대부분은 국민이 낸 세금으로 마련하기 때문에 국민의 대표인 국회 의원들이 이를 확정한다.　8 ③　9 ⑤　10 ⑤　11 국무총리　12 ②　13 법원　14 ㉔ 법을 지키지 않은 사람을 처벌한다.　15 ①　16 ④　17 권력 분립　18 (1) ㉠ (2) ㉢ (3) ㉡　19 ㉡, ㉣　20 ③

풀이

1 우리나라의 주권은 국민에게 있습니다.

2 우리나라 헌법에서는 주권이 국민에게 있음을 분명히 하고 있으며, 이를 실현하려고 국민의 자유와 권리를 법으로 보장하고 있습니다.

3 국민 주권은 국민 스스로가 끊임없이 지키려고 노력할 때 지켜질 수 있습니다.

4 국회는 국민의 대표 기관으로, 국회 의원들이 나라의 중요한 일을 의논하고 결정하는 곳입니다.

5 우리나라는 4년마다 국민의 선거로 국회 의원을 선출합니다.

6 국회를 입법부라고 부르는 까닭은 국민 생활에 영향을 끼치는 법을 만들기 때문입니다.

7 예산이란 1년 동안 나라의 돈을 어디에, 어떻게 쓰겠다는 계획으로 대부분 국민들이 낸 세금으로 마련됩니다.

8 국정 감사는 국회가 정부에서 법에 따라 일을 잘하고 있는지 확인하는 일을 말합니다.

9 ⑤ 헌법 재판소장은 법원(사법부)에 속합니다.

10 대통령은 정부의 최고 책임자로 나라의 중요한 일을 결정한다.

11 국무총리는 대통령이 외국을 방문하거나 특별한 이유로 일하지 못하면 대통령의 임무를 대신합니다.

12 외교부는 외교 업무를 관장하는 중앙 행정 기관으로,

주요 업무는 외교 정책의 수립 및 시행, 경제 외교 및 국제 경제 협력 외교, 재외 국민 보호 및 지원 등입니다.

13 법원은 재판을 통해 법적 분쟁을 해결하는 국가 기관입니다.

14 법원은 법을 어긴 경우에 법에 따라 판결을 내려 사회 질서를 유지하는 역할을 합니다.

15 우리나라에서는 공정한 재판을 위해 특별한 경우를 제외하고 재판을 공개하여 사람들이 판결 과정과 결과를 알 수 있도록 합니다.

16 헌법 재판소는 헌법을 해석하고 적용하는 과정에서 다툼이 발생할 때 이를 해결하기 위한 재판을 담당하는 국가 기관입니다.

17 권력 분립이란 국가의 권력을 입법부, 행정부, 사법부로 나누어 서로의 권력이 커지는 것을 견제하여 국가 권력 간의 균형을 유지함으로써 국민의 기본권을 최대한으로 보장하는 것을 목적으로 하는 민주 정치의 원리입니다.

18 우리나라는 법을 만드는 것은 국회에서, 법에 따라 국가 살림을 하는 것은 정부에서, 법에 따라 재판을 하는 것은 법원에서 하는데, 이를 삼권 분립이라고 합니다.

19 삼권 분립의 목적은 한 기관이 국가의 중요한 일을 마음대로 처리할 수 없도록 서로 견제하고 균형을 이루게 하여 국민의 자유와 권리를 지키려는 것입니다.

20 법을 만드는 국가 기관은 국회입니다.

2회 실력을 쌓아요
45~47쪽

1 ②　2 국민　3 ③　4 ④　5 ㉔ 법을 만드는 일을 한다.　6 국정 감사　7 ㉡, ㉣　8 ④　9 대통령　10 국무 회의　11 ②　12 ㉔ 국민들의 안전과 생명을 지켜준다.　13 법원　14 ①　15 ③　16 대법원　17 ②　18 ⑤　19 ③　20 ②

풀이

1 한 나라의 주인으로서 국민의 주인된 권리, 즉 주권을 지키려는 노력임을 알 수 있습니다.

2 우리나라 헌법 제1조 제2항에서는 우리나라의 주권이 국민에게 있는 국민 주권을 분명히 밝히고 있으며, 이를 실현하기 위해 국민의 자유와 권리를 헌법으로 보장하고 있습니다.

3 5·16 군사 정변은 박정희를 비롯한 일부 군인들이 정권을 잡기 위해 일으킨 사건입니다.

4 제시된 사진은 국회 의사당으로, 국민의 대표인 국회 의원들이 국가의 중요한 일을 의논하고 결정하는 장소입니다.

5 국회에서는 법을 만드는 일을 하며, 법을 고치거나 없애기도 합니다.

6 국정 감사는 국회가 정부가 한 일을 감시하고 감독하는 등 국정 전반에 관하여 행하는 감사를 말합니다.

7 ㉠은 정부, ㉢은 법원에서 할 수 있는 일입니다.

8 정부 조직에는 대통령을 중심으로 국무총리와 여러 개의 부, 처, 청, 위원회가 있습니다. 정부의 최고 책임자는 대통령입니다.

9 청와대는 우리나라 대통령이 일을 하고 가족과 함께 생활하는 곳입니다.

10 국무 회의는 정부의 최고 심의 기관으로, 정부의 중요 정책을 심의하는 역할을 합니다.

11 국무총리는 행정부의 2인자로서 각 부처를 총괄하고 대통령의 국정 운영을 보좌하는 역할을 합니다.

12 각 부에서는 장관과 차관, 그리고 많은 공무원이 국민의 안전과 행복을 위해 여러 가지 일을 하고 있습니다.

13 법원은 법에 따라 재판을 하는 국가 기관으로, 법을 지키지 않은 사람에게 그에 맞는 벌을 주어 사회 질서가 유지되도록 합니다.

14 ㉡은 변호인, ㉢은 검사, ㉣은 피고인, ㉤은 증인입니다.

15 법원은 개인과 국가, 지방 자치 단체 사이에서 생긴 갈등을 해결해 주기도 합니다. ①, ④는 국회, ②는 정부에서 하는 일입니다.

16 대법원은 최종 판결을 내리는 우리나라 최고의 법원입니다.

17 재판에서 공정하지 못한 판결이 내려질 경우 국민의 자유와 권리가 보호될 수 없기 때문에 다양한 사법 제도를 두고 있습니다.

18 헌법 재판소에서 중요한 결정을 내릴 때는 여섯 명 이상이 찬성해야 합니다.

19 제시된 자료에는 권력 분립의 원리가 나타나 있으며, 이는 권력의 집중과 독재를 막고, 궁극적으로 국민의 자유와 권리를 보장하는 것을 목적으로 합니다.

20 박정희 정부 때 선포된 유신 헌법은 대통령에게 많은

권한이 집중되어 권력 분립의 원리에 어긋납니다.

1회 탐구 서술형 평가

48~49쪽

1 (1) 예 국민 주권, 국가의 주인이 국민이고, 국가의 의사를 결정할 수 있는 최고의 권력인 주권이 국민에게 있다는 것이다.

(2) 예 4·19 혁명, 5·18 민주화 운동, 6월 민주 항쟁 등을 일으켜 독재 정권을 몰아내고 스스로의 힘으로 민주주의를 지켰다.

2 (1) 예 법을 만들거나 고친다. 나라의 예산을 심의하고 확정한다. 국정 감사를 한다.

(2) 예 예산의 대부분은 국민이 낸 세금으로 마련하기 때문이다.

3 (1) ㉠ 행정안전부　㉡ 교육부

(2) 예 정부에서는 국민을 위해 여러 가지 일을 계획하고 실천하는 일을 한다.

4 (1) 예 사람들 사이의 다툼을 해결해 준다. 법을 지키지 않은 사람을 처벌한다.

(2) 예 다른 사람의 영향을 받지 않고 모든 사람에게 공정하게 법을 적용해야 한다.

풀이

1 (1) 제시된 헌법 조항에는 국가의 최고 권력인 주권이 국민에게 있다는 국민 주권의 원리가 나타나 있습니다.

(2) 우리나라 정치 발전 과정에서 국민의 주권을 지키려는 노력은 이승만과 자유당 정부의 독재와 3·15 부정 선거에 대항하여 일어난 4·19 혁명, 전두환 정부의 폭력적인 시위 진압에 대항하여 일어난 5·18 민주화 운동, 전두환 정부의 독재에 대항하여 일으킨 6월 민주 항쟁에서 찾아볼 수 있고, 모두 오늘날 우리나라의 민주주의 발전에 크게 기여하였습니다.

상	국민 주권의 의미와 주권을 지키려고 시민들이 어떤 노력을 했는지 알고 있습니다.
중	국민 주권의 의미와 주권을 지키려고 시민들이 어떤 노력을 했는지 일부 알고 있습니다.
하	국민 주권의 의미와 주권을 지키려고 시민들이 어떤 노력을 했는지 전혀 알지 못합니다.

2 (1) 국회에서는 법을 만드는 일을 하며, 법을 고치거나 없애기도 합니다. 또 나라의 살림에 필요한 예산을 심의하여 확정하는 일도 합니다.

(2) 나라 살림에 필요한 예산의 대부분은 국민이 낸 세금으로 마련되기 때문에 국민의 대표인 국회 의원들이 이를 심의하고 확정하며 행정부를 견제하고 감독합니다.

상	국회에서 하는 일을 알고 있습니다.
중	국회에서 하는 일을 일부 알고 있습니다.
하	국회에서 하는 일을 전혀 알지 못합니다.

3 (1) 질서 유지, 재난·안전 관리 등의 업무는 행정안전부, 교육과 관련된 업무는 교육부에서 담당합니다.

(2) 행정부는 법에 따라 나라의 살림을 맡아서 하며, 행정부의 수장인 대통령은 국무 총리와 함께 각 부의 장관과 차관, 그리고 많은 공무원을 이끌고 국민의 안전과 행복을 위해 여러 가지 일을 합니다.

상	정부에서 하는 일을 알고 있습니다.
중	정부에서 하는 일을 일부 알고 있습니다.
하	정부에서 하는 일을 전혀 알지 못합니다.

4 (1) 사람들은 다툼이 생기거나 억울한 일을 당했을 때 법원의 재판을 통해 문제를 해결합니다.

(2) 재판이 공정하게 이루어지지 않으면 국민의 자유와 권리를 제대로 보장할 수 없고 억울한 사람이 생길 수도 있기 때문에, 법원이 외부의 간섭을 받지 않고 헌법과 법률에 따라 공정하게 판결할 수 있도록 법관의 신분을 보장하고 있습니다.

상	법원에서 하는 일을 알고 있습니다.
중	법원에서 하는 일을 일부 알고 있습니다.
하	법원에서 하는 일을 전혀 알지 못합니다.

2회 탐구 서술형 평가

50~51쪽

1 (1) 예 속도 제한용 안전표지, 무인 교통 단속용 장비, 과속 방지 시설 등을 어린이 보호 구역에 의무적으로 설치해야 한다.

(2) 예 어린이 보호 구역 내에서 교통사고가 줄어들고, 학생들이 안심하고 학교에 다닐 수 있을 것이다.

2 (1) 예 대통령, 5년마다 국민이 투표로 뽑는다.

(2) 예 학생들의 안전 의식을 높이기 위한 교육을 실시한다.

3 (1) 예 법을 지키지 않은 사람에게 벌을 준다.

(2) 예 법원이 정부나 국회에서 독립되어 있으며, 법관은 헌법과 법률을 바탕으로 하여 양심에 따라 심판하게 한다.

4 (1) ㉠ 국회(입법부) ㉡ 정부(행정부) ㉢ 법원(사법부)

(2) 예 한 기관이 국가의 중요한 일을 마음대로 처리할 수 없도록 서로 견제하고 균형을 이루게 하여 국민의 자유와 권리를 지키기 위해서이다.

풀이▶

1 (2) 국회에서 하는 일은 우리의 일상생활에 중요한 영향을 미칩니다.

상	국회에서 하는 일이 우리의 일상생활에 영향을 미치고 있음을 알고 있습니다.
중	국회에서 하는 일이 우리의 일상생활에 영향을 미치고 있음을 일부 알고 있습니다.
하	국회에서 하는 일이 우리의 일상생활에 영향을 미치고 있음을 전혀 모릅니다.

2 (1) 국무회의를 주재하는 대통령은 5년마다 국민이 투표로 뽑습니다.

(2) 교육부는 학생들의 안전 의식을 위한 교육을 실시하는 등 국민의 교육에 관한 일을 책임집니다.

상	우리나라의 정부 조직도를 보고 정부에서 하는 일을 알고 있습니다.
중	우리나라의 정부 조직도를 보고 정부에서 하는 일을 일부 알고 있습니다.
하	우리나라의 정부 조직도를 보고 정부에서 하는 일을 전혀 모릅니다.

3 ⑴ 제시된 그림은 법을 지키지 않은 사람에게 벌을
주기 위한 재판을 하는 모습입니다.

⑵ 법관이 다른 사람의 영향을 받지 않도록 법원이
정부나 국회에서 독립되어 있으며, 재판을 공개하
여 사람들이 판결 과정과 결과를 알 수 있도록 합
니다. 또한 판사가 잘못된 판단을 하여 억울한 판
결을 받는 사람이 있을 수 있으므로 한 사건에 원
칙적으로 세 번까지 재판을 받을 수 있는 3심 제
도를 두고 있습니다.

상	법원에서 하는 일이 우리의 일상생활에 영향을 미치고 있음을 알고 있습니다.
중	법원에서 하는 일이 우리의 일상생활에 영향을 미치고 있음을 일부 알고 있습니다.
하	법원에서 하는 일이 우리의 일상생활에 영향을 미치고 있음을 전혀 알지 못합니다.

4 ⑴ 국회(입법부)에서는 국가를 다스리는 법을 만들
고, 정부(행정부)에서는 법에 따라 국가 살림을 하
며, 법원(사법부)에서는 법에 따라 재판을 합니
다.

⑵ 국민의 대표라도 국가의 중요한 일을 결정하는 권
한을 모두 가진다면, 그 권한을 마음대로 사용하
거나 잘못된 결정을 할 수도 있어 국민의 자유와
권리는 보장되지 못할 것입니다.

상	국회, 정부, 법원이 국가의 일을 나누어 맡아하는 까닭을 알고 있습니다.
중	국회, 정부, 법원이 국가의 일을 나누어 맡아하는 까닭을 일부 알고 있습니다.
하	국회, 정부, 법원이 국가의 일을 나누어 맡아하는 까닭을 전혀 모릅니다.

1회 단원 평가 연습

52~54쪽

1 ⑤   2 예 이승만이 대통령 자리에서 물러났다.
3·15 부정 선거는 무효가 되었다.   3 ㉠, ㉢   4 ⑤
5 ②   6 지방 자치제   7 ④   8 정치   9 ⑴ ㉢ ⑵
㉣ ⑶ ㉠   10 ⑤   11 ㉠ 관용 ㉢ 비판적   12 다
수결의 원칙   13 ①   14 ②   15 ②   16 국회
17 ②   18 예 재판을 공정하게 하여 국민의 자유와
권리를 보호하기 위해서   19 ④   20 삼권 분립

풀이 ▶

1 어린이들이 대화하고 있는 사건은 4·19 혁명입니다.
4·19 혁명은 이승만 정부의 독재와 부정부패에 대항
하여 일어났습니다.

2 4·19 혁명으로 이승만의 자유당 정권이 무너지고 새
로운 정부가 들어서게 되었습니다.

3 ㉠, ㉢은 박정희 정부가 정권 연장을 목표로 추진한
일들입니다. 유신 헌법 이후 정부는 독재 정치를 더
심하게 하였습니다.

4 광주에서 민주화 운동이 일어나자 전두환은 계엄군
을 보내 시위를 무력으로 진압하였고, 신문이나 방송
이 광주에서 일어나는 일을 알리지 못하게 하였습니
다.

5 6월 민주 항쟁으로 6·29 민주화 선언을 이끌어 내어
대통령 직선제를 이루었습니다.

6 지방 자치제는 지역의 주민이 직접 선출한 지방 의회
의원과 지방 자치 단체장이 그 지역의 일을 처리하는
제도입니다.

7 국정 감사는 국회의 권한입니다.

8 정치는 사람들 사이에서 발생하는 문제를 원만하게
해결해 가는 것입니다.

9 민주주의의 근본이념은 인간의 존엄성이며, 자유와
평등은 인간의 존엄성을 실현하는 기본 조건입니다.

10 민주 선거의 기본 원칙은 보통 선거, 평등 선거, 직
접 선거, 비밀 선거입니다.

11 민주주의를 실천하려면 관용, 비판적 태도, 양보와
타협, 실천 등의 태도가 필요합니다.

12 다수결의 원칙이란 다수의 의견을 채택하는 방법으
로, 대화와 토론, 양보와 타협으로 합의에 이를 수
없을 때 마지막 수단으로 사용해야 합니다.

13 민주적 의사 결정 원리에 따라 공동의 문제를 해결하
는 과정은 '문제 확인 → 문제 발생 원인 파악 → 문
제 해결 방안 탐색 → 문제 해결 방안 결정 → 문제
해결 방안 실천'입니다.

14 민주주의 국가에서의 주인은 국민이며, 국가의 의사
를 결정하는 최고 권력은 국민에게서 나온다는 민주
정치의 원리를 국민 주권이라고 합니다.

15 법에 따라 나라 살림을 맡아 하는 기관은 정부입니
다.

16 나라의 예산안을 심의하고 확정하는 국가 기관은 국
회입니다.

17 행정부 최고 심의 기관은 국무 회의입니다. 감사원은 행정 기관 및 공무원에 대한 직무 감찰과 국가의 세입·세출의 결산을 검사하는 기관입니다.

18 재판할 때 법관은 권력이 있는 사람의 영향을 받지 않고 모든 사람에게 공정하게 법을 적용해야 합니다.

19 헌법 재판소에는 재판관 9명이 있는데, 중요한 결정을 내릴 때는 9명 재판관 중 6명 이상이 찬성해야 합니다.

20 우리나라에서는 국민의 자유와 권리를 보장하기 위해 국가 권력을 국회, 정부, 법원이 나누어 맡는데, 이를 삼권 분립이라고 합니다. 국회는 법을 만들고, 정부는 나라 살림을 하며, 법원은 재판을 합니다.

2회 단원 평가 기출

55~57쪽

1 ①, ⑤ **2** 박정희 **3** 5·18 민주화 운동 **4** 6·29 민주화 선언 **5** ② **6** ① **7 예** 인터넷이나 누리 소통망 서비스(SNS)를 활용해 자신의 의견을 제시한다. **8** 제니 **9** ① **10** 평등 **11** ③ **12** ⑤ **13 예** 다수의 횡포로부터 보호하기 위해서이다. 다수의 의견이 항상 옳은 것은 아니기 때문이다. **14** ⑤ **15** ②, ③ **16** ③ **17** ③ **18** 헌법 재판소 **19** ○, ○ **20** (1) ○ (2) ○ (3) ○

풀이 ▶

1 1960년 3월 15일 정부통령 선거에서 이승만이 이끄는 자유당이 대대적인 부정 선거를 실행하여 정권을 연장하려고 하자 시민과 학생들이 부정 선거와 자유당의 독재에 항거하여 4·19 혁명을 일으켰습니다.

2 5·16 군사 정변으로 정권을 장악한 박정희는 유신 헌법을 제정하여 계속 대통령을 하려고 하였습니다.

3 5·18 민주화 운동 과정을 생생하게 알려 준다는 점과 다른 나라의 민주화 운동에 영향을 준 점 등을 인정받아 2011년에 유네스코 세계 기록 유산으로 등재되었습니다.

4 6월 민주 항쟁의 결과 6·29 민주화 선언이 발표되었고, 그에 따라 1987년 제13대 대통령 선거가 직선제로 시행되었습니다.

5 4·19 혁명, 5·18 민주화 운동, 6월 민주 항쟁 등은 우리나라 민주주의 발전에 크게 이바지한 사건들입니다.

6 6월 민주 항쟁 이후 시행된 대통령 직선제와 지방 자치제로 우리 사회에 민주주의가 정착되었습니다.

7 최근에는 누리 소통망 서비스(SNS)를 활용해 여러 가지 문제에 대해 자신의 의견을 제시하는 사람들이 많아졌습니다.

8 제니는 좁은 의미의 정치를 말하고 있습니다. 넓은 의미의 정치는 사회 질서 유지를 위해 갈등을 해결하는 모든 행동을 말하며, 이러한 의견 차이를 좁혀 바람직한 해결 방법을 찾아내는 것입니다.

9 독재는 민주주의와 반대되는 개념으로, 한 사람이 권력을 가지고 마음대로 휘두르는 것을 말합니다.

10 평등은 신분, 재산, 성별, 인종 등에 따라 부당하게 차별받지 않고 평등하게 대우받는 것입니다.

11 투표는 자신이 직접 해야 하는데, 이를 직접 선거라고 합니다.

12 함께 결정한 일은 따르고 실천해야 합니다.

13 다수결의 원칙은 민주주의 사회에서 가장 바람직한 방법이 아니라 대화와 토론, 양보와 타협의 방법으로 합의에 이를 수 없을 때 선택하는 마지막 수단입니다.

14 국회 의사당에서 일하는 국회 의원들은 법을 만들고 국가의 예산을 심의하고 확정하며, 국정 감사를 통해 행정부를 견제하고 감독합니다. ⑤는 대통령이 하는 일입니다.

15 대통령은 국민의 직접 선거로 선출되며 임기는 5년입니다. ⑤는 법원의 역할입니다.

16 국무 회의는 대통령, 국무총리, 각 부의 장관 등이 참석하는 행정부 최고 심의 기관입니다.

17 법원에서는 개인과 국가, 지방 자치 단체 사이에서 생긴 갈등을 해결해 줍니다.

18 헌법 재판소에서 법률이 헌법에 어긋난다는 판결을 내리면 그 법률은 효력을 잃습니다.

19 국민 주권은 국가의 주권이 국민에게 있다는 것이고, 권력 분립은 국가 기관이 권력을 나누어 가지고 서로 감시하는 민주 정치의 원리입니다.

20 전통 시장과 대형 할인점 사이의 갈등을 국가 기관이 나서서 해결하는 과정에서 대형 할인점의 휴무일이 정해졌습니다.

3회 단원 평가 실전

58~60쪽

1 ② **2** 예 정권을 계속 차지하고 싶었기 때문이다.
3 ①, ④ **4** 5·18 민주화 운동 **5** ② **6** ③ **7** 예
1인 시위를 한다. 시청에 유해 시설 철거를 요구하는
청원을 한다. 누리 소통망 서비스(SNS)를 활용해 유
해 시설 제거의 필요성에 대한 의견을 제시한다. **8**
ⓒ **9** ⑤ **10** ② **11** ⑤ **12** (1) ② (2) ⓒ (3)
㉠ (4) ⓒ **13** 다수결의 원칙 **14** 국회 의원 **15**
㉠ **16** ⓒ **17** ④ **18** (1) ㉠ (2) ⓒ (3) ⓒ **19** ③
20 ④, ⑤

풀이

1 4·19 혁명으로 이승만 정권이 무너지고 다시 선거를
해 새로운 정부가 세워졌습니다.

2 이승만은 권력을 계속 잡기 위해 부정 선거를 실행하
였고, 그 결과 선거에서 이겼습니다.

3 4·19 혁명으로 이승만 정부가 무너지고 새로운 정부
가 들어선 지 1년도 되지 않아 박정희는 군인들을 동
원해 5·16 군사 정변을 일으켜 정권을 잡았습니다.
5·16 군사 정변은 군사 독재가 시작되는 계기가 되
었습니다.

4 12·12 사태로 군인들이 정권을 장악하자 자유 민주
주의 헌정 체제의 회복을 요구하는 시민들의 시위가
전국적으로 확산되었는데, 이 시위는 광주에서 절정
을 이루어 5·18 민주화 운동으로 이어졌습니다.

5 6월 민주 항쟁의 결과, 대통령 직선제를 주요 내용으
로 하는 6·29 민주화 선언이 발표되어 대통령을 국
민의 손으로 직접 뽑게 되었습니다.

6 주민 소환제는 주민이 직접 선출한 의원이나 단체장
이 직무를 잘 수행하지 못했을 때 주민들이 투표를
하여 그들을 자리에서 물러나게 하는 제도입니다.

7 오늘날 시민들은 다양한 정치 참여 방법을 활용하여
우리 사회의 여러 가지 문제를 민주적으로 해결하고
있습니다.

8 정치는 개인 간, 집단 간의 대립과 갈등을 조정하여
사회를 통합하고 사회 질서를 유지하는 기능을 수행
합니다.

9 민주주의는 모든 국민이 나라의 주인으로서 권리를
갖고, 그 권리를 자유롭고 평등하게 행사하는 정치
제도입니다.

10 국가나 다른 사람들로부터 부당한 압박이나 구속을
당하지 않고, 자신이 원하는 대로 할 수 있는 권리는
자유입니다.

11 집단 이기주의는 특정 집단이 다른 집단이나 공동체
혹은 국가 전체의 이익을 고려하지 않고 자기 집단의
이익만을 고집하는 태도를 말합니다.

12 선거를 공정하고 올바르게 치르기 위해서는 민주 선
거의 기본 원칙을 잘 지켜야 합니다.

13 전원 일치가 가장 이상적이나 현실적인 어려움으로
다수의 의견에 따라 결정하는 민주주의의 원리입니
다.

14 국회는 국민이 선거로 선출한 국회 의원들이 나라의
중요한 일을 의논하고 결정하는 곳입니다.

15 국회는 입법부, 정부는 행정부, 법원은 사법부라고도
합니다.

16 국무 회의의 의장은 대통령이고, 부의장은 국무총리
입니다.

17 도시·도로·주택의 건설과 관련된 일은 국토교통부
에서 합니다.

18 이외에도 피고인, 증인, 방청인 등이 있습니다.

19 법원은 법에 따라 옳고 그름을 따져 사람들 간에 발
생하는 갈등을 해결해 줍니다.

20 국회, 정부, 법원이 국가의 일을 나누어 맡는 것을
삼권 분립이라고 하며, 국가 권력이 어느 한 곳으로
집중되지 않도록 서로 견제하고 균형을 이루게 하여
국민의 자유와 권리를 지키려는 것입니다.

2 우리나라의 경제 발전

1 우리나라 경제 체제의 특징

개념을 확인해요

63~65쪽

1 가계 **2** 기업 **3** 시장 **4** 소비 **5** 비용 **6** 만
족감 **7** 가치 **8** 공정 **9** 신제품 **10** 이윤 **11**
시장 **12** 전통 시장 **13** 인터넷 **14** 외환 **15**
자유 **16** 이윤 **17** 개인 **18** 가격 **19** 누리집
20 정부

개념을 다져요

66~67쪽

1 (1) 기 (2) 가 (3) 가 (4) 기　**2** 시장　**3** ⑤　**4** ⓒ　**5** (2) ○ (3) ○　**6** ②, ④　**7** ④　**8** 정부

풀이

1 가계와 기업은 경제 활동의 주체입니다.

2 가계와 기업은 시장에서 물건과 서비스를 거래합니다.

3 가계가 합리적 선택을 하려면 최소 비용으로 최대 만족을 얻어야 합니다.

4 기업은 보다 많은 이윤을 얻기 위해 적은 비용으로 많은 이윤을 남기도록 합리적 선택을 해야 합니다.

5 시장에서는 손으로 만질 수 있는 물건뿐만 아니라 눈에 보이지 않는 것도 거래합니다.

6 텔레비전 홈 쇼핑이나 인터넷 쇼핑은 텔레비전이나 인터넷을 이용해 물건을 사고파는 시장입니다.

7 우리나라의 경제 체제는 시장 경제 체제로, 개인과 기업이 경제 활동의 자유를 누리면서 자신의 이익을 얻으려고 경쟁합니다.

8 정부와 시민 단체는 기업이 공정한 경제 활동을 할 수 있도록 감시합니다.

1회 실력을 쌓아요

68~70쪽

1 ㉠ 소득 ㉡ 소비　**2** 가계　**3** ⑤　**4** ㉠, ㉡　**5** ④　**6** ⓑ　**7** ③　**8** ①　**9** ③　**10** 예 이윤을 극대화하기 위해서이다.　**11** ③　**12** ④, ⑤　**13** ③, ④　**14** ⑤　**15** 예 이익을 더 많이 얻기 위해서이다. 더 행복하게 살기 위해서이다.　**16** 경쟁　**17** ④　**18** ⑤　**19** 예 가격이 합리적인 다른 음료수를 사 먹는다. 음료수 가격을 올리는 것에 반대하는 의견을 음료수 회사 누리집에 올린다.　**20** 공정 거래 위원회

풀이

1 가정에서는 주로 일을 해서 얻는 소득으로 소비 활동을 합니다.

2 생산 활동에 참여해 얻은 소득으로 소비 활동을 하는 가족을 가계라고 합니다.

3 가계의 생산과 소비 활동은 기업의 생산 및 이윤 추구와 밀접한 관계가 있으며 가계와 기업에서 하는 일

은 서로에게 도움이 됩니다.

4 가계는 소득의 범위 안에서 적은 비용으로 가장 큰 만족을 얻도록 소비해야 하고, 선택 기준에 따라 여러 물건을 비교하고 평가해서 가장 좋은 것을 선택해야 합니다.

5 ⓔ 텔레비전은 상표가 유명한 제품이고, AS(사후 관리)가 잘 된다는 점이 장점입니다.

6 ⓑ 텔레비전은 가격도 저렴할 뿐만 아니라 에너지 절감을 할 수 있는 친환경 제품입니다.

7 자신이 추구하는 가치를 지키면서 합리적으로 소비하는 것을 가치 소비라고 합니다.

8 필통의 용도는 정해져 있으므로 고려할 필요가 없습니다.

9 기업의 기획 회의에서는 소비자가 어떤 물건을 좋아하는지 분석해 물건을 많이 팔 방법을 생각합니다.

10 기업의 목적은 이윤 추구입니다.

11 ③은 돈을 예금하는 은행으로, 시장의 종류와는 관계가 없습니다.

12 기업이 텔레비전 홈 쇼핑이나 인터넷 쇼핑에 생산품을 제공하면 가계는 집이나 인터넷을 활용할 수 있는 곳에서 물건을 구입할 수 있습니다.

13 주식 거래가 이루어지는 주식 시장, 다른 나라의 돈을 사고파는 외환 시장은 눈에 보이지 않는 시장입니다.

14 가격을 마음대로 올려 받는 것은 불공정한 거래로 볼 수 있습니다.

15 개인은 이익을 더 많이 얻고 행복하게 살기 위해 자유롭게 경제 활동을 합니다.

16 우리나라 경제 체제의 특징은 개인과 기업들이 경제 활동의 자유를 누리면서 자신의 이익을 얻으려고 경쟁하는 것입니다.

17 광고에 많은 비용을 지출하면 상품 가격이 올라가게 됩니다.

18 음료수를 만드는 회사가 적고, 음료수의 가격을 음료수 만드는 회사가 마음대로 정하기 때문이기도 합니다.

19 소비자들은 음료수 가격을 마음대로 올리면 사지 않겠다는 불매 운동을 벌일 수도 있습니다.

20 공정 거래 위원회에서는 자유로운 경쟁을 제한하는 행위나 불공정한 행위를 조사하여 바로잡는 일을 합니다.

2회 실력을 쌓아요

71~73쪽

1 기업   2 경제 활동   3 ②   4 ④   5 가격, 품질, 상표, 디자인 등   6 ②   7 공정 무역   8 ④   9 예 한정된 자원으로 최대한 많은 물건을 팔고 더 많은 이윤을 얻기 위해   10 이윤   11 ②, ⑤   12 (1) 예 언제 어디서든지 물건을 구매할 수 있다. (2) 예 물건이 광고와 다를 수 있다.   13 ③   14 ⑤   15 경쟁   16 예 이윤을 많이 얻기 위해서이다.   17 ①, ④   18 ⑤   19 소비자   20 ④

풀이

1 기업은 가계에 일자리와 소득을 제공하고, 사람들이 생활하는 데 필요한 물건을 판매하거나 서비스를 제공해 이윤을 얻는 경제 주체입니다.

2 생산은 재화나 서비스를 만드는 일, 분배는 생산 활동에 참여한 대가를 나누어 가지는 일, 소비는 어떤 재화나 서비스를 일정한 대가를 지불하고 사용하는 것을 말합니다.

3 가계는 기업의 생산 활동에 참여하여 벌어들인 소득으로 생활에 필요한 물건을 구매하는 소비활동을 합니다.

4 품질과 디자인이 비슷하다면 가격이 저렴한 물건을 구입해 비용을 최대한 적게 들이는 방법을 선택하는 것이 합리적인 소비입니다.

5 운동화를 선택하는 기준은 사람마다 다를 수 있으며, 합리적인 소비를 하기 위해서는 각자의 다양한 기준을 고려해 가장 적은 비용으로 가장 큰 만족을 얻는 소비를 해야 합니다.

6 가계의 합리적 선택에서 가장 중요한 것은 가계의 만족감을 높이는 선택을 하는 것이고, 이를 위해서는 최대한 적은 비용으로 가장 큰 만족을 얻을 수 있는 소비를 해야 합니다.

7 공정 무역은 생산자와 소비자가 모두 행복해질 수 있는 거래 형태고, 공정 무역을 통해 생산된 물건과 같이 윤리적인 상품을 소비하는 형태를 윤리적 소비(가치 소비)라고 합니다.

8 자원이 한정되어 있기 때문에 기업은 어떤 물건을 얼마나, 어떻게 생산할지 합리적 선택을 해야 하며, 기업은 합리적인 선택을 할 때 소비자의 요구, 판매량, 경쟁 기업에 대한 정보 등을 고려합니다.

9 기업은 합리적 선택을 통해 한정된 자원으로 최대한 많이 생산된 물건을 팔고 더 많은 이윤을 얻기 위해 노력합니다.

10 기업의 합리적 선택이 필요한 이유는 이윤을 극대화하기 위해서입니다.

11 시장은 물건을 사고파는 곳으로, 텔레비전 홈 쇼핑이나 인터넷 쇼핑을 이용하면 직접 시장에 가지 않아도 물건을 살 수 있습니다. 시장에서는 손으로 만질 수 있는 물건뿐만 아니라 눈에 보이지 않는 것도 거래합니다.

12 텔레비전 홈 쇼핑과 인터넷 쇼핑을 이용하면 직접 시장에 가지 않아도 언제 어디서든지 편리하게 물건을 구매할 수 있다는 장점이 있지만, 물건이 광고와 다를 수 있다는 단점이 있습니다.

13 다른 나라의 돈을 사고 파는 외환 시장은 눈으로 볼 수 없고 손으로 만질 수 없는 것을 사고 파는 시장이고, 나머지는 눈으로 보고 손으로 만질 수 있는 물건을 파는 시장입니다.

14 우리나라에서는 개인이 자신의 능력과 적성에 따라 자유롭게 직업을 선택하고, 경제 활동으로 얻은 소득을 자유롭게 사용할 수 있으며, 기업은 무엇을 얼마만큼 생산할지, 수익은 어떻게 사용할지 자유롭게 결정할 수 있습니다.

15 ㉠은 직장을 얻으려고 경쟁하는 개인의 모습을, ㉡은 이윤을 얻으려고 경쟁하는 기업의 모습을 나타낸 것입니다.

16 식당들은 음식의 가격을 낮추거나 더욱 좋은 서비스를 제공하는 등 여러 방법을 통해 손님을 모으고, 이를 통해 다른 식당보다 더 많은 이윤을 얻기 위해 경쟁합니다.

17 기업들은 다양한 정보를 수집하고 분석하여 소비자가 만족할 수 있는 상품을 만들어 이윤을 높이기 위해 노력합니다.

18 어떤 물건을 특정 회사에서만 만들면 물건을 만드는 회사끼리 의논해서 가격을 올려 소비자들이 피해를 입을 수 있습니다.

19 기업들이 독과점이나 담합 등 공정하지 않은 경제 활동을 하면 다른 기업이나 소비자에게 피해를 줄 수 있습니다.

20 정부는 개인이나 기업의 공정하지 못한 경제활동으로 생기는 문제를 해결하기 위해 독과점 기업들을 감

시하고 경쟁을 장려하는 등 여러 노력을 합니다.

1회 탐구 서술형 평가

74~75쪽

1 (1) 예 가계는 기업의 생산 활동에 참여한 대가로 소득을 얻고, 기업은 물건과 서비스를 생산해 시장에 공급한다.
(2) 예 가계와 기업이 만나 물건과 서비스를 거래하는 곳이다.
2 (1) 예 가격이 두 번째로 저렴하고 AS(사후 관리)를 받을 수 있다.
(2) 예 가격이다. 비슷한 품질과 디자인의 텔레비전이라면 저렴한 텔레비전을 구입하는 것이 좋다.
3 (1) 예 ㉠에서는 기업이 전통 시장에 생산품을 제공하고 가계는 시장에서 생산품을 직접 보고 구입한다. ㉡에서는 기업이 인터넷 쇼핑에 생산품을 제공하고 가계는 집이나 인터넷을 활용할 수 있는 곳에서 물건을 구입한다.
(2) 예 ㉠은 여러 기업에서 생산한 물건을 직접 가격을 비교하며 살 수 있고, ㉡은 언제 어디에서든지 물건을 살 수 있다.
4 (1) 예 원하는 직업을 얻기 위해서이다.
(2) 예 개인과 기업이 경제 활동의 자유를 누리면서 자신의 이익을 얻으려고 경쟁한다.

풀이

1 (1) 가계와 기업은 경제 활동의 주체로, 가계의 생산과 소비 활동은 기업의 생산 및 이윤 추구와 밀접한 관계가 있습니다.
(2) 가계와 기업의 경제 활동은 주로 시장에서 만나 이루어집니다.

상	가계와 기업이 하는 일과 경제 활동의 의미를 알고 있습니다.
중	가계와 기업이 하는 일과 경제 활동의 의미를 일부 알고 있습니다.
하	가계와 기업이 하는 일과 경제 활동의 의미를 전혀 알지 못합니다.

2 (1) ㉣ 텔레비전은 가격이 저렴한 편이고 상표와 AS(사후 관리)가 다른 제품보다 뛰어나다는 장점이 있습니다.

(2) 텔레비전을 선택하는 기준은 사람마다 다를 수 있으며, 합리적인 소비를 하기 위해서는 가격, 품질, 디자인, 상표와 AS, 친환경 등 각자의 다양한 기준을 고려해 가장 적은 비용으로 가장 큰 만족을 얻는 소비를 해야 합니다.

상	가계의 다양한 합리적인 선택의 필요성과 방법을 알고 있습니다.
중	가계의 다양한 합리적인 선택의 필요성을 일부 알고 있습니다.
하	가계의 다양한 합리적인 선택의 필요성을 전혀 알지 못합니다.

3 (1) ㉠은 전통시장, ㉡은 인터넷 쇼핑입니다. 전통 시장은 직접 가야 물건을 살 수 있지만, 인터넷 쇼핑은 언제 어디서나 물건을 살 수 있습니다.
(2) 전통 시장을 이용하면 시장에서 물건을 직접 보고 구매할 수 있고, 인터넷 쇼핑을 이용하면 언제 어디서나 편리하게 물건을 구매할 수 있다는 장점이 있습니다.

상	시장에서 가계와 기업이 만나 경제 활동이 이루어지는 것을 알고 있습니다.
중	시장에서 가계와 기업이 만나 경제 활동이 이루어지는 것을 일부 알고 있습니다.
하	시장에서 가계와 기업이 만나 경제 활동이 이루어지는지 전혀 알지 못합니다.

4 (1) ㉡은 원하는 직업을 얻기 위해 개인이 면접을 보며 경쟁하는 모습으로, 우리나라 경제 체제의 특징인 자유와 경쟁을 확인할 수 있습니다.
(2) 우리나라에서는 개인이 자신의 능력과 적성에 따라 자유롭게 직업을 선택하고, 경제 활동으로 얻은 소득을 자유롭게 사용할 수 있으며, 기업은 무엇을 얼마만큼 생산할지, 수익은 어떻게 사용할지 자유롭게 결정할 수 있습니다. 개인은 일자리를 얻거나 원하는 물건을 사기 위해 다른 사람들과 경쟁하고, 기업은 더 많은 이윤을 얻기 위해 다른 기업과 경쟁합니다.

| 상 | 자유와 경쟁을 중요하게 생각하는 우리나라 경제의 특징을 알고 있습니다. |
| 중 | 자유와 경쟁을 중요하게 생각하는 우리나라 경제의 특징을 일부 알고 있습니다. |

하 자유와 경쟁을 중요하게 생각하는 우리나라 경제의 특징을 전혀 알지 못합니다.

2회 탐구 서술형 평가

76~77쪽

1 (1) 가치 소비

(2) 예 공정 무역 초콜릿을 산다. 환경을 보호하는 제품을 산다.

2 (1) ㉠ 예 판매량이 점점 감소하고 있다. ㉡ 예 천으로 만든 필통이 가장 인기가 많다. ㉢ 예 필통을 만드는 회사 수가 점점 늘어나고 있다. ㉣ 예 필통의 생산 비용은 같지만 판매 가격이 각기 다르다.

(2) 예 적정 가격의 천으로 만든 필통을 생산하고, 판매량이 점점 감소하고 있으므로 생산량을 줄여야 한다.

3 (1) 예 자신의 재능과 능력을 더 잘 발휘할 수 있다. 소비자가 원하는 조건의 물건을 살 수 있다. 기업에게서 좋은 서비스를 받을 수 있다.

(2) 예 우리나라의 경제가 발전한다.

4 (1) 예 특정 기업에서만 음료수를 생산할 경우, 음료수를 생산하는 기업끼리 상의해서 음료수 가격을 올릴 수 있다.

(2) 예 기업끼리 상의해서 마음대로 가격을 올리지 못하도록 감시하고, 많은 회사에서 제품을 만들어 팔수 있도록 지원한다.

풀이

1 (1) 자신이 추구하는 가치를 지키면서 합리적으로 소비하는 것을 가치 소비라고 합니다.

(2) 공정 무역이란 생산자의 노동에 정당한 대가를 지불하면서 소비자에게는 좀 더 좋은 물건을 공급하는 윤리적인 무역으로, 공정 무역 제품을 구입하는 것은 가치 소비의 사례입니다.

상 가치를 지키면서 합리적으로 소비하는 가치 소비에 대해 알고 있습니다.

중 가치를 지키면서 합리적으로 소비하는 가치 소비에 대해 일부 알고 있습니다.

하 가치를 지키면서 합리적으로 소비하는 가치 소비에 대해 전혀 알지 못합니다.

2 (1) 기업은 연도별 판매량, 종류별 판매 순위, 연도별 제조 회사 수, 회사별 가격과 생산 비용 등을 고려

하여 물건을 생산합니다.

(2) 또한 필통을 만드는 회사 수가 점점 늘어나고 있으므로 신제품을 개발하고 광고를 해야 합니다.

상 기업의 합리적 선택이 필요한 까닭을 알고 있습니다.

중 기업의 합리적 선택이 필요한 까닭을 일부 알고 있습니다.

하 기업의 합리적 선택이 필요한 까닭을 전혀 알지 못합니다.

3 (1) 경제 활동에서 자유와 경쟁은 우리 생활에 많은 도움을 줍니다.

(2) 기업의 기술 개발은 우리나라 경제 발전에 큰 영향을 끼칩니다.

상 경제 활동에서 자유와 경쟁이 우리 생활에 여러 가지 도움을 주고 있음을 알고 있습니다.

중 경제 활동에서 자유와 경쟁이 우리 생활에 도움을 주고 있음을 일부 알고 있습니다.

하 경제 활동에서 자유와 경쟁이 우리 생활에 도움을 주고 있음을 전혀 알지 못합니다.

4 (1) 제시된 그림은 음료수를 생산하는 회사 세 곳이 상의해서 음료수 가격을 올리는 모습입니다.

(2) 정부와 시민 단체는 경제 활동이 공정하게 이루어질 수 있도록 노력하고 있습니다.

상 우리 사회에서 공정하지 못한 경제 활동을 바로잡으려고 어떤 노력을 하고 있는지 알고 있습니다.

중 우리 사회에서 공정하지 못한 경제 활동을 바로잡으려고 어떤 노력을 하고 있는지 일부 알고 있습니다.

하 우리 사회에서 공정하지 못한 경제 활동을 바로잡으려고 어떤 노력을 하고 있는지 전혀 알지 못합니다.

② 우리나라의 경제 성장

개념을 확인해요

79~81쪽

1 공업 **2** 소비재 **3** 수출 **4** 경공업 **5** 중화학 **6** 철강 **7** 자동차 **8** 반도체 **9** 1990 **10** 2000 **11** 스마트폰 **12** 여행 **13** 한류 **14** 정부 **15** 시민 단체 **16** 기업 **17** 노사 갈등 **18** 환경 **19** 친환경 **20** 시민

82~83쪽

1 ②　2 ①　3 ③, ⑤　4 ③　5 ②　6 ③, ⑤
7 ①　8 노사 갈등

풀이

1 정부는 1962년에 경제 개발 5개년 계획을 세우고 제품을 해외로 수출해 우리나라의 경제를 성장시키려고 노력했습니다.

2 자동차 산업은 1980년대에 본격적으로 세계 시장에 제품을 수출하면서 크게 성장하였습니다.

3 1990년대에는 컴퓨터와 가전제품의 핵심 부품인 반도체 산업이 크게 발전하였으며, 초고속 정보 통신망의 설치로 정보 통신 산업도 성장하였습니다.

4 제품을 생산하는 데 필요한 철을 만드는 철강 산업은 1970년대에 발전하였습니다.

5 고속 철도는 2000년대에 개통되었습니다.

6 경제 성장으로 우리 국민의 해외 여행과 외국인 관광객 수가 증가하였고, 휴대 전화가 보급되면서 공중전화는 거의 찾아볼 수 없게 되었습니다.

7 ①은 환경 오염 문제의 해결 방안입니다.

8 경제가 성장하면서 근로자와 경영자 사이에 갈등이 생기기도 합니다.

1회 실력을 쌓아요 84~86쪽

1 ⑤　2 경제 개발 5개년 계획　3 경공업　4 예 당시 우리나라는 자원과 기술은 부족했지만 노동력이 풍부했기 때문이다.　5 ⓛ, ⓒ　6 ④, ⑤　7 조선 산업　8 ②　9 ㉠ 경공업 ㉡ 중화학 공업　10 반도체　11 ③　12 ②　13 ④　14 예 오늘날에는 많은 사람들이 휴대 전화를 사용하기 때문이다.　15 ④　16 ②　17 ③　18 ②　19 예 공장 매연과 자동차 배기가스로 미세 먼지가 많아졌다. 사람들이 사용하는 에너지를 사용하면서 오염 물질이 발생하고 자원도 부족해졌다.　20 ①, ⑤

풀이

1 1950년대에는 다른 나라의 도움을 받아 농업 중심의 산업 구조를 공업 구조의 산업 구조로 변화시키려고 노력하였습니다.

2 1962년에 정부는 경제 개발 5개년 계획을 세우고 국내에서 생산한 제품을 해외로 수출해 우리나라의 경제를 성장시키려고 노력했습니다.

3 식료품, 섬유, 종이 등 비교적 가벼운 물건을 만드는 산업을 경공업이라고 합니다.

4 풍부한 노동력을 바탕으로 많은 노동력이 필요한 제품을 낮은 가격으로 생산하고 수출해 성장할 수 있었습니다.

5 중화학 공업은 높은 기술력과 많은 자본을 필요로 하는 산업으로, 1970년대에 발달했습니다.

6 ①, ③은 1960년대, ②는 1990년대에 있었던 일입니다.

7 1970년대에 기업들은 현대화된 대형 조선소를 건설하면서 세계 시장에 진출했습니다.

8 1980년대에는 자동차 산업, 기계 산업, 전자 산업 등이 크게 발전했습니다.

9 1980년대 우리나라의 산업 구조가 중화학 공업 중심으로 바뀌었으며, 수출액도 큰 폭으로 증가했습니다.

10 1970년대부터 반도체 연구를 시작했던 우리나라 기업들은 꾸준한 노력으로 1990년대에는 세계적으로 성능이 뛰어난 반도체를 생산할 수 있게 되었습니다.

11 2000년대 이후에는 첨단 산업과 서비스 산업이 발달하고 있습니다. ③ 전자 산업은 1980년대에 발달한 산업입니다.

12 생명 공학은 사람이나 동식물과 같은 생물이 가지고 있는 고유한 유전 기능을 여러 가지 산업에 이용하는 기술로, 첨단 산업에 속합니다.

13 우리나라의 산업 구조는 경공업 → 중화학 공업 → 첨단 산업과 서비스업으로 변화해 왔습니다.

14 제시된 사진은 1990년대에 공중전화로 통화하기 위해 사람들이 공중전화 앞에 줄을 서서 기다리는 모습입니다.

15 ①은 1960년대, ②는 1970년대, ③은 1990년대, ④는 2010년의 일입니다.

16 컴퓨터는 1980년대에 보급되기 시작했습니다.

17 근로자들은 최저 임금 보장을 요구합니다.

18 비정규직 근로자는 정규직 근로자에 비해 처우가 열악하기 때문에 비정규직을 지원하는 정책이 필요합니다.

19 경제가 성장하면서 공기, 물, 땅 등의 환경이 오염되고 에너지 자원 또한 매우 부족해졌습니다.

20 정부는 전기 자동차 보급을 위한 지원 정책을 추진하고, 시민들은 환경 보호 운동에 참여하는 방법도 있습니다.

2회 실력을 쌓아요

87~89쪽

1 ② 2 ② 3 ① 4 ②, ⑤ 5 ⑤ 6 ④ 7 ③,
④ 8 예 다양한 인터넷 기업들이 생겨났다. 기존에
발달했던 산업들도 정보 통신 기술의 영향으로 더욱
발전했다. 9 ② 10 국내 총생산 11 ㉠ → ㉢ →
㉡ → ㉣ 12 ⑤ 13 ① 14 예 경제 성장으로 가
계의 소득이 증가해 여가를 즐기려는 사람들이 늘어
났기 때문이다. 15 한류 16 ⑤ 17 ① 18 ①
19 ③ 20 예 기업이 안정적인 일자리를 많이 만들
수 있도록 도와주고, 임금을 조정하도록 중재합니다.

풀이

1 6·25 전쟁 직후인 1950년대에는 생활에 필요한 물품을 만드는 식료품 공업, 섬유 공업 등 소비재 산업이 주로 발전하였습니다.

2 1960년대에 우리나라 정부는 기술과 자본은 부족했지만, 풍부한 노동력을 바탕으로 경제 개발 계획을 추진해 경공업을 발전시켰습니다.

3 경공업은 사람이 직접 손으로 생산해야 하는 부분이 많은 섬유, 신발, 가발, 의류 등을 생산하는 산업입니다.

4 철강, 석유 화학은 다른 산업에서 제품을 만드는 데 필요한 재료를 공급하는 기초 소재 산업이기 때문에 정부는 중화학 공업 중에서도 철강 산업과 석유 화학 산업을 빠르게 발전시켰습니다.

5 중화학 공업이 발달하면서 세계적으로 우수한 제품을 생산할 수 있게 되었으며, 이로 인해 우리나라는 1인당 국민 총소득이 크게 증가했으며 수출액도 크게 증가해 1977년에는 수출 100억 달러를 달성했습니다.

6 1980년대에는 과학 기술에 대한 관심이 커지면서 많은 기업이 연구와 개발을 통해 높은 기술력을 확보하게 됐으며, 이를 바탕으로 자동차, 정밀 기계, 전자 제품 등과 관련된 산업이 발전하고 수출이 증가해 우리나라의 경제가 크게 성장했습니다.

7 1980년대에 자동차 산업을 비롯한 기계, 전자 산업이 크게 발전하였고, 이를 바탕으로 1990년대에는 컴퓨터와 전자 제품의 주요 부품인 반도체 산업이 크게 성장했습니다.

8 초고속 정보 통신망은 사람들 간에 유용한 정보가 빠르게 오갈 수 있도록 했습니다.

9 생명 공학, 우주 항공, 신소재 산업, 로봇 산업 등의 첨단 산업은 고도로 발전된 기술을 필요로 합니다.

10 1960년대에는 낮았던 우리나라의 국내 총생산 금액이 해마다 증가해 2020년에는 1,800조를 넘어섰습니다.

11 우리나라의 산업은 경공업 → 중화학 공업 → 첨단 산업 순서로 발달해 왔습니다.

12 통신과 인터넷이 발달한 오늘날에는 인터넷 쇼핑과 같은 새로운 형태의 시장이 크게 성장하고 있습니다.

13 경제 성장으로 사람들은 편리하고 풍족한 생활을 누릴 수 있게 됐지만, 경제 성장 과정에서 산업이 발달하고 도시가 확대되면서 여러 가지 문제가 나타나기도 했습니다.

14 산업의 발달로 경제가 성장하면서 사람들의 1인당 국민 총소득이 증가함에 따라 생활이 풍족해지고 생활 수준도 향상되며 사람들은 여가 생활에 대한 관심이 커졌고, 여가 생활 비용과 해외여행자 수가 증가하고 있습니다.

15 정보 통신 산업과 서비스업의 발달로 세계 여러 나라와 교류가 많아지고 국제 사회에서 우리나라의 위상이 높아짐에 따라 우리 문화와 관련된 상품이 해외에서 큰 인기를 끄는 한류가 나타났습니다.

16 산업구조가 농업 중심에서 공업 중심으로 바뀌면서 농촌 사람들이 도시로 많이 이주하여 농촌의 인구가 줄어들었습니다.

17 노사 갈등이 심해지면 근로자와 기업뿐만 아니라 국가 경제에도 좋지 않은 영향을 끼칩니다.

18 기업은 환경 오염 문제를 해결하기 위해 친환경 제품을 생산하고 판매하며, 생산 과정에서 오염 물질을 줄이기 위해 노력합니다.

19 빈부 격차 문제를 해결하기 위한 정부와 시민 단체의 노력을 나타낸 것입니다.

20 정부는 노사 갈등 해결을 위해 기업이 안정적인 일자리를 많이 만들 수 있도록 도와주고, 근로자와 경영자가 대화와 타협을 통해 임금을 조정할 수 있도록 중재합니다.

1회 탐구 서술형 평가

1 (1) 예 경공업 중심에서 중화학 공업 중심으로 변했다.

(2) 예 수출액이 크게 증가했다.

2 (1) 국내 총생산과 1인당 국민 소득이 큰 폭으로 증가했다.

(2) 우리나라 경제가 크게 성장하였다.

3 (1) 예 우리나라의 대중가요, 드라마 등 문화와 관련한 상품들이 해외에서 인기를 얻으며 세계적으로 한류가 나타났다.

(2) 예 엔터테인먼트 산업과 방송 산업이 발달하면서 우수한 콘텐츠가 많이 만들어졌기 때문이다.

4 (1) 경제적 양극화

(2) ㉠ 예 여러 복지 정책을 법으로 정해 사회적 약자를 보호한다. 가난한 사람들에게 생계비와 양육비, 학비를 지원한다. ㉡ 예 무료 급식소 운영 등 다양한 봉사 활동을 한다.

풀이 ▶

1 (1) 1970년에 경공업의 비중은 81.8% 정도였으나, 정부가 주도하여 중화학 공업을 육성하기 시작하면서 중화학 공업의 비중이 점점 커져 1985년에는 경공업보다 커졌습니다.

(2) 1970년대에 경제성장에 필요한 항구, 고속 국도, 철도, 발전소 등의 건설이 활발하게 이루어지면서 이와 함께 철강, 조선, 석유, 석유 화학 등의 중화학 공업이 발달했고, 우리나라 경제는 빠르게 성장하기 시작하면서 수출액이 급격하게 증가하여 1977년에 수출 100억 달러를 달성했습니다.

상	1970년대 이후 우리나라의 경제 성장 과정을 알고 있습니다.
중	1970년대 이후 우리나라의 경제 성장 과정을 일부 알고 있습니다.
하	1970년대 이후 우리나라의 경제 성장 과정을 전혀 알지 못합니다.

2 (1) 1960년대에는 낮았던 우리나라의 국내 총생산 금액이 해마다 증가해 2015년에는 1,500조를 넘었고, 1975년에 30만 원이었던 1인당 국민 총소득이 2015년에는 3,074만 원으로 크게 증가했습니

다.

(2) 일정 기간에 한 나라 안에서 생산된 물건과 서비스의 양을 돈으로 계산해 합한 국내 총생산과, 일정 기간에 한 나라의 국민이 벌어들인 소득을 그 나라의 인구 수로 나눈 1인당 국민 총소득이 큰 폭으로 증가한 것을 바탕으로 우리나라의 경제가 크게 성장했음을 알 수 있습니다.

상	우리나라의 국내 총생산과 1인당 국민 소득의 변화 모습을 설명할 수 있습니다.
중	우리나라의 국내 총생산과 1인당 국민 소득의 변화 모습을 일부 설명할 수 있습니다.
하	우리나라의 국내 총생산과 1인당 국민 소득의 변화 모습을 전혀 설명하지 못합니다.

3 (1) 오늘날 경제 성장으로 소득이 증가하면서 의료, 관광, 문화 등의 서비스업이 발달하고 있으며, 우리나라의 문화가 전 세계로 확산되는 한류가 나타났습니다.

(2) 오늘날 경제 성장으로 소득이 증가하고 편리한 생활과 삶의 질 향상을 원하는 사람들이 많아지면서 의료, 관광, 문화 등의 서비스업이 발달하고 있으며, 영화, 드라마, 대중가요 등 우리나라의 문화가 전 세계로 확산되는 한류가 나타났습니다.

상	전 세계 사람들이 우리의 음악, 영화, 드라마 등을 즐기는 한류의 의미를 알고 있습니다.
중	전 세계 사람들이 우리의 음악, 영화, 드라마 등을 즐기는 한류의 의미를 일부 알고 있습니다.
하	전 세계 사람들이 우리의 음악, 영화, 드라마 등을 즐기는 한류의 의미를 전혀 알지 못합니다.

4 (1) 경제가 성장하면서 가난한 사람과 부유한 사람 사이의 소득 차이가 점점 커졌습니다.

(2) 정부와 사회 각계각층의 사람들은 모두 함께 잘 사는 사회를 만들려고 노력하고 있습니다.

상	경제 성장 과정에서 드러난 문제점과 이를 해결하려는 노력을 알고 있습니다.
중	경제 성장 과정에서 드러난 문제점과 이를 해결하려는 노력을 일부 알고 있습니다.
하	경제 성장 과정에서 드러난 문제점과 이를 해결하려는 노력을 전혀 알지 못합니다.

1 (예) 기술력을 갖춘 인재를 양성하고자 교육 기관과 기술 연구소 등을 설립했다. 많은 돈을 들여 석유 화학 단지 등을 설립하고 해당 산업이 발전할 수 있도록 도와주었다.

2 (1) (예) 자원과 기술은 부족하였으나 노동력은 풍부했기 때문이다.

(2) (예) 농림수산업 → 경공업 → 중화학 공업 → 첨단 산업과 서비스업 순서로 발달하였다.

3 (1) (예) ㉠, 시장에 직접 가지 않고 인터넷을 이용해 물건을 사고파는 일이 많아졌다. ㉡ 해외로 여행을 떠나는 사람이 많아졌다.

(2) (예) 세계인이 모이는 국제 행사가 열린다. 세계적으로 한류가 확산되었다.

4 (1) (예) 기업은 적은 비용으로 제품을 생산해 많은 이윤을 얻으려고 하고, 근로자들은 좋은 근무 환경과 높은 임금을 원하기 때문이다.

(2) (예) 기업이 안정적인 일자리를 많이 만들 수 있도록 도와준다. 근로자와 경영자가 민주적으로 대화하고 타협해 임금을 조정하도록 중재한다.

풀이

1 1970년대에 정부는 높은 기술력을 갖추려고 교육 시설과 연구소 등을 설립했으며, 기업에게 돈을 빌려주어 각종 산업에 적극 참여할 수 있도록 지원했습니다.

상	1970년대 경공업 중심의 산업 구조에서 중화학 공업 위주의 산업 구조로 변화하려는 정부의 노력을 알고 있습니다.
중	1970년대 경공업 중심의 산업 구조에서 중화학 공업 위주의 산업 구조로 변화하려는 정부의 노력을 일부 알고 있습니다.
하	1970년대 경공업 중심의 산업 구조에서 중화학 공업 위주의 산업 구조로 변화하려는 정부의 노력을 전혀 알지 못합니다.

2 (1) 1960년대 우리나라는 선진국보다 자원과 기술은 부족했지만 노동력은 풍부했습니다. 따라서 사람이 직접 손으로 생산해야 하는 부분이 많은 경공업을 중심으로 산업이 발달하게 되었습니다.

(2) 1960년대 이전에는 농업, 어업, 임업 중심으로 산업이 발달했으나, 1960년대에는 경공업, 1970~1980년대에는 중화학 공업이 발달하였고, 2000년대 이후에는 첨단 산업과 서비스업이 발달하고 있습니다.

상	우리 나라의 경제 성장 과정과 성장할 수 있었던 원인을 설명할 수 있습니다.
중	우리 나라의 경제 성장 과정과 성장할 수 있었던 원인을 일부 설명할 수 있습니다.
하	우리 나라의 경제 성장 과정과 성장할 수 있었던 원인을 전혀 설명하지 못합니다.

3 (1) 경제가 성장하면서 교통, 통신, 쇼핑, 여행 등의 분야에서 큰 변화가 있었습니다.

(2) 경제가 성장하면서 국력도 커지게 되었습니다.

상	경제가 성장하면서 사회의 모습이 어떻게 달라졌는지 알고 있습니다.
중	경제가 성장하면서 사회의 모습이 어떻게 달라졌는지 일부 알고 있습니다.
하	경제가 성장하면서 사회의 모습이 어떻게 달라졌는지 전혀 알지 못합니다.

4 (1) 노사 갈등은 경영자와 근로자 간 입장 차이 때문에 발생합니다.

(2) 정부와 기업은 근로자들에게 좋은 일자리를 제공하고 안전한 근로 환경을 만들려고 끊임없이 대화하며 노력하고 있습니다.

상	경제 성장 과정에서 나타난 노사 갈등의 문제점과 이를 해결하려는 노력을 알고 있습니다.
중	경제 성장 과정에서 나타난 노사 갈등의 문제점과 이를 해결하려는 노력을 일부 알고 있습니다.
하	경제 성장 과정에서 나타난 노사 갈등의 문제점과 이를 해결하려는 노력을 전혀 알지 못합니다.

3 세계 속의 우리나라 경제

개념을 확인해요
95~97쪽

1 무역	2 수출	3 자연환경	4 이익	5 원산지
6 서비스	7 중국	8 수입	9 교류	10 자유 무역 협정
11 경쟁	12 기술	13 개인	14 소비자	
15 기업	16 관세	17 수입	18 경제	19 실업자
20 국제기구				

개념을 다져요

1 (1) ㉢ (2) ㉠ (3) ㉡ **2** 무역 **3** 중국 **4** 자유 무역 협정 **5** 경쟁 **6** ⑩ 전 세계의 값싸고 다양한 물건을 선택할 수 있는 기회가 늘어났다. **7** 관세 **8** ④

풀이 ▶

1 무역은 나라 간에 물건을 사고파는 것으로, 상품뿐만 아니라 기술과 서비스 및 자본의 이동까지도 포함합니다.

2 각 나라마다 더 잘 생산할 수 있는 것을 전문적으로 생산하여 무역을 합니다.

3 수출액과 수입액이 가장 높은 나라는 모두 중국입니다.

4 세계 여러 나라는 편리하고 자유롭게 경제적으로 도움을 주고 받을 수 있도록 자유 무역 협정을 맺기도 합니다.

5 우리나라와 다른 나라는 서로 도움을 주고받으며 의존하기도 하고, 경쟁하기도 합니다.

6 외국 기업에서 일자리를 얻는 등 개인의 경제 활동 범위가 넓어지기도 했습니다.

7 관세를 높게 매기면 가격이 올라 경쟁에서 불리해집니다.

8 세계 무역 기구(WTO)는 나라와 나라 사이에 무역 관련 문제가 일어났을 때 공정하게 심판하기 위해 만들어진 국제기구입니다.

1회 실력을 쌓아요

1 무역 **2** ⑤ **3** ㉢, ㉣ **4** ㉠ 수출 ㉡ 수입 **5** ② **6** ① **7** ③ **8** ⑩ 몽골의 의료 환경 개선에 도움이 될 것이다. 한국을 방문해 치료받는 몽골 환자의 수가 증가할 것이다. **9** ⑩ 베트남, 중국 등 다양한 국가에서 만든 옷을 입는다. **10** 콜롬비아 **11** (1) ㉢, ㉤, ㉥ (2) ㉠, ㉡, ㉣ **12** ⑤ **13** 자유 무역 협정(FTA) **14** 휴대 전화, 전자 기기, 자동차 등 **15** ㉠ 노동력 ㉡ 운반 **16** ① **17** 관세 **18** ② **19** ⑩ 경쟁력이 낮은 산업을 보호하기 위해서이다. **20** ①

풀이 ▶

1 나라와 나라 사이에 물건과 서비스를 사고파는 것을 무역이라고 합니다.

2 무역이 발생하는 까닭은 나라마다 자연환경과 자본, 기술 등에 차이가 있어 더 잘 생산할 수 있는 물건이나 서비스가 다르기 때문입니다.

3 각 나라에서는 더 잘 생산할 수 있는 것을 중심으로 생산하여 무역을 하며, 이를 통해 경제적 이익을 얻습니다.

4 각 나라는 자기 나라에 풍부한 것은 수출하고, 부족하거나 없는 것은 수입합니다.

5 수출액과 수입액 비율이 가장 높은 나라는 중국이며, 우리나라는 전체 무역액에서 중국, 미국, 일본 등 몇몇 나라가 차지하는 비율이 높아서 이들 나라의 영향을 많이 받습니다.

6 우리나라에서는 원유가 생산되지 않아 전량 수입에 의존하고 있습니다.

7 ③ 의자는 캐나다에서 수입한 나무로 우리나라 기업이 만든 것입니다. ① 커피는 브라질, ② 신발은 베트남, ④ 곰인형은 중국에서 만든 것입니다.

8 한국과 몽골의 원격 의료 협력이 확대되면 몽골의 의료 환경 개선에 도움이 될 것이며, 한국을 방문해 치료받는 몽골 환자의 수가 증가할 것입니다.

9 우리가 입고 있는 옷이나 신발은 베트남, 중국 등 다양한 국가에서 만든 것이 많습니다.

10 우리나라는 콜롬비아에 자동차를 수출하고, 콜롬비아에서 커피를 수입합니다.

11 우리나라는 기술은 뛰어나지만 자원이 부족합니다.

12 제시된 지도는 우리나라와 다른 나라가 경제적으로 맺고 있는 상호 의존 관계를 나타낸 것입니다. ⑤는 지도와는 관련이 없는 내용입니다.

13 국가 간 자유 무역 협정(FTA)을 맺는 이유는 편리하고 자유롭게 도움을 주고받기 위해서입니다.

14 새로운 기술이 많이 필요한 휴대 전화, 전자 기기, 자동차 시장에서의 경쟁은 특히 치열합니다.

15 인건비가 저렴한 다른 나라에 공장을 세워 제조 비용을 줄이고, 현지에서 직접 판매함으로써 운반 비용도 줄일 수 있게 되었습니다.

16 다른 나라와의 경제 교류가 활발해지면서 외국 기업에서 일자리를 얻는 등 개인의 경제 활동 범위가 넓어졌습니다.

17 국외에서 수입하는 물건에 부과하는 세금을 말합니다.

18 ○○ 나라에서 우리나라 철강 수입을 반대하여 우리나라 철강 수출이 줄어들게 될 것입니다.

19 세계 여러 나라들은 무역을 하다가 불리한 점이 생기면 자기 나라 경제를 보호하려고 새로운 법이나 제도를 만들기도 합니다.

20 보복 관세는 자국 상품에 불리한 대우를 하는 국가의 상품에 부과하는 보복의 성격을 가진 관세로, 보복 관세의 부과는 상대 국가의 보복 관세를 유발하여 관세 전쟁으로까지 확대될 우려가 있습니다.

2회 실력을 쌓아요

103~105쪽

1 ⑤   **2** 예 ○○나라는 휴대 전화, 자동차, 배 등을 △△ 나라에서 수입하고, △△ 나라는 바나나, 원유, 목재, 천연고무 등을 ○○나라에서 수입한다.   **3** ④
4 말레이시아   **5** ④   **6** ③   **7** ②   **8** 예 우리나라는 나라에서 필요한 원유를 전부 수입해야 하지만 원유를 가공 · 처리하는 기술이 뛰어나 다양한 석유 제품을 수출한다.   **9** 경쟁   **10** 예 서로 경제적 도움을 주고받으며 의존하기도 하고, 같은 제품이나 기술을 수출하며 경쟁하기도 한다.   **11** ④   **12** 예 다른 나라와의 경제 교류가 활발해졌기 때문이다.   **13** ③
14 개인   **15** ⑤   **16** 자유 무역 협정(FTA)   **17** ㉣
18 ④   **19** ②, ⑤   **20** 세계 무역 기구(WTO)

풀이

1 우리나라에서 생산할 때 비용이 많이 드는 것은 수입하는 것이 더 이익일 수 있습니다.

2 서로 자신의 나라에서 부족한 것은 다른 나라에서 사 오고, 풍족한 것은 팝니다.

3 무역이 발생하는 이유는 각 나라마다 자연환경, 자원, 기술, 노동력 등이 서로 다르기 때문입니다.

4 원산지는 어떤 물건의 재료가 생산된 곳입니다. 제시된 타이어의 재료인 고무는 말레이시아에서 생산된 것입니다.

5 서비스 분야의 경제 교류로는 의료, 관광, 게임, 공연, 문화 등이 있습니다. 곰인형을 수출하는 것은 물건을 교류하는 사례입니다.

6 우리나라 무역에서 중국이 차지하는 비중이 매우 높습니다.

7 우리나라는 우수한 기술력으로 만든 반도체, 자동차 등을 수출하고, 우리나라에 없거나 부족한 원유, 천연가스 등과 같은 천연자원을 주로 수입합니다.

8 석유 제품은 원유를 가공·처리해 연료나 윤활유 등으로 쓰도록 만들어진 제품입니다.

9 같은 종류의 물건을 생산하는 나라끼리는 서로 더 많이 수출하고 판매하려고 경쟁합니다.

10 우리나라와 다른 나라는 서로 도움을 주고받는 동시에 세계 시장에서 경쟁합니다.

11 갈비탕 재료인 쇠고기의 원산지는 오스트레일리아, 닭볶음탕 재료인 닭고기의 원산지는 브라질, 김치찌개 재료인 고춧가루의 원산지는 중국, 삼겹살 재료인 돼지고기의 원산지는 칠레입니다.

12 다른 나라와의 경제 교류가 활발해지면서 음식의 재료가 다양한 국가에서 수입되고 있습니다.

13 다른 나라와의 경제 교류가 활발해지면서 아파트나 주택의 내부 구조, 가구의 생김새 등이 외국과 비슷해지고 있습니다.

14 오늘날에는 외국 기업에 취업하는 우리나라 국민이 늘어나고 있습니다.

15 다른 나라에 공장을 세워 풍부한 노동력을 활용해 물건을 생산하고 현지에서 직접 판매해 제조 비용과 운반 비용을 줄일 수 있습니다.

16 자유 무역 협정(FTA)를 맺은 나라끼리는 물건이나 서비스 등의 자유로운 교류를 위해 관세나 법과 제도 등의 문제를 없애거나 낮추는 등 여러 가지 혜택이 주어집니다.

17 ㉣은 커피나 원유와 같이 수입에 의존해야 하는 물건의 수입 문제를 나타냅니다.

18 우리나라 세탁기 가격이 너무 낮으면 자기 나라 세탁기가 팔리지 않기 때문에 높은 관세를 부과해 가격을 올려 경쟁에서 불리하게 하기 위함입니다.

19 세계의 여러 나라들은 나라의 안전과 관련된 산업 보호, 경쟁력이 낮은 산업 보호, 국민의 일자리 보호 등 자기 나라의 경제를 보호하기 위해 여러 정책과 제도를 실시하고, 이 과정에서 무역 문제가 발생하기도 합니다.

20 세계 무역 기구(WTO)는 1995년 1월에 설립된 국제 기구로, 세계 무역을 늘리는 데 중점을 두고 나라와

나라 사이에 무역 문제가 생겼을 때 공정하게 심판하는 일을 합니다.

1회 탐구 서술형 평가

106~107쪽

1 (1) 예 ㈎ 나라는 휴대 전화, 텔레비전 등을 만드는 기술이 뛰어나고 반도체, 자동차, 조선 산업이 발달했다. ㈏ 나라는 구리와 포도가 많이 생산된다.
(2) 예 부족한 것을 사고, 풍족한 것을 팔면 모두에게 이익이 되기 때문이다.
2 (1) ㉠ 의료 기술 ㉡ 게임
(2) 예 몽골의 의료 환경 개선에 도움이 될 것이다.
3 (1) 예 소비자로서 전 세계의 값싸고 다양한 물건을 선택할 수 있는 기회가 늘어났다.
(2) 예 현지의 풍부한 노동력을 활용해 제조 비용과 생산 비용을 줄일 수 있다.
4 (1) 예 인도의 태양광 발전 사업에 미국의 태양 전지와 컴퓨터 시스템을 사용하지 못하도록 하자 미국이 세계 무역 기구에 판정을 요구했다.
(2) 예 나라와 나라 사이에 무역 분쟁이 발생했을 때, 이를 중재하고 공정하게 심판하기 위해 노력한다.

풀이

1 (2) 두 나라가 무역을 통해 서로 자신의 나라에서 부족한 것을 다른 나라에서 사오고, 풍족한 것을 팔면 두 나라 모두 이익을 얻을 수 있습니다.

상	나라와 나라 사이에 경제 교류가 발생하는 까닭을 알고 있습니다.
중	나라와 나라 사이에 경제 교류가 발생하는 까닭을 일부 알고 있습니다.
하	나라와 나라 사이에 경제 교류가 발생하는 까닭을 전혀 알지 못합니다.

2 (1) ㉠은 의료 기술 수출, ㉡은 게임 수출과 관련된 기사입니다.
(2) 서비스 분야에서의 경제 교류 사례를 나타낸 기사입니다.

상	우리나라와 다른 나라 간에 경제적으로 다양한 물건과 서비스를 교류하고 있음을 알고 있습니다.
중	우리나라와 다른 나라 간에 경제적으로 다양한 물건과 서비스를 교류하고 있음을 일부 알고 있습니다.
하	우리나라와 다른 나라 간에 경제적으로 다양한 물건과 서비스를 교류하고 있음을 전혀 알지 못합니다.

3 (1) 다른 나라와의 경제 교류로 소비자의 선택의 폭이 넓어졌습니다.
(2) 다른 나라에 공장을 세우면 현지의 저렴한 노동력을 활용할 수 있고, 현지에서 직접 판매해 운반 비용을 줄일 수 있습니다.

상	다른 나라와의 경제 교류가 우리 경제 생활에 미친 영향을 알고 있습니다.
중	다른 나라와의 경제 교류가 우리 경제 생활에 미친 영향을 일부 알고 있습니다.
하	다른 나라와의 경제 교류가 우리 경제 생활에 미친 영향을 전혀 알지 못합니다.

4 (1) 인도의 태양광 발전 사업 정책 이후 관련 물건 수출이 줄어든 미국이 세계 무역 기구에 판정을 요청한 무역 분쟁 관련 기사입니다.
(2) 세계 무역 기구(WTO)는 세계 무역을 늘리는 데 중점을 두고 나라와 나라 사이에 무역 문제가 생겼을 때 공정하게 심판하는 일을 합니다.

상	인도와 미국 사이에 어떤 일이 생겼는지 알고 있습니다.
중	인도와 미국 사이에 어떤 일이 생겼는지 일부 알고 있습니다.
하	인도와 미국 사이에 어떤 일이 생겼는지 전혀 알지 못합니다.

▲ 세계 무역 기구(WTO)

2회 탐구 서술형 평가

108~109쪽

1 (1) 무역

(2) 예 나라마다 자연환경과 자원, 자본, 기술 등에 차이가 있어 더 잘 생산할 수 있는 물건이나 서비스가 다르기 때문이다.

2 (1) 예 우리나라는 오스트레일리아에 휴대 전화, 텔레비전을 수출하고 오스트레일리아에서 철광석을 수입한다.

(2) 예 우리나라와 다른 나라는 경제적으로 도움을 주고받으며 서로 의존한다.

3 (1) 예 편리하고 자유롭게 도움을 주고받기 위해서이다.

(2) 예 우리나라는 콜롬비아의 좋은 커피와 카카오를 수입해 커피 산업에서 이익을 얻을 수 있다.

4 (1) 예 너무 많은 양을 수입하게 되면 자기 나라의 관련 산업에 문제가 생길 수 있다.

(2) 예 우리나라 세탁기의 가격이 올라 경쟁에서 불리하다.

풀이

1 (1) 두 나라가 서로 자기 나라에 풍부한 것은 팔고 부족하거나 필요한 것은 사 오면 서로에게 이익이 됩니다.

(2) 무역이 필요한 이유는 나라마다 자연환경과 자원, 자본, 기술 등이 달라 생산비에 차이가 나기 때문입니다.

상	나라와 나라 사이에 무역을 하는 까닭을 알고 있습니다.
중	나라와 나라 사이에 무역을 하는 까닭을 일부 알고 있습니다.
하	나라와 나라 사이에 무역을 하는 까닭을 전혀 알지 못합니다.

2 (1) 우리나라는 오스트레일리아에 좋은 제품을 수출하고 오스트레일리아의 자원을 수입합니다.

(2) 우리나라의 좋은 기술과 물건은 수출하고 우리나라에 없거나 부족한 자원, 기술, 물건, 노동력은 수입하며 상호 의존합니다.

상	나라 사이에 서로 의존하고 경제적으로 도움을 주고받고 있음을 알고 있습니다.
중	나라 사이에 서로 의존하고 경제적으로 도움을 주고받고 있음을 일부 알고 있습니다.
하	나라 사이에 서로 의존하고 경제적으로 도움을 주고받고 있음을 전혀 알지 못합니다.

3 (1) 자유 무역 협정(FTA)은 나라 간 물건이나 서비스 등의 자유로운 이동을 위해 세금, 법과 제도 등의 문제를 줄이거나 없애기로 한 약속입니다.

(2) 콜롬비아의 커피와 카카오를 수입해 가공하여 커피와 관련된 다양한 상품을 만들 수 있습니다.

상	우리나라와 콜롬비아는 어떻게 경제 교류를 하고 있는지 알고 있습니다.
중	우리나라와 콜롬비아는 어떻게 경제 교류를 하고 있는지 일부 알고 있습니다.
하	우리나라와 콜롬비아는 어떻게 경제 교류를 하고 있는지 전혀 알지 못합니다.

4 (1) ㉠은 수입 상대국 상품의 수입량이나 수입액을 제한하거나 자국의 수입량을 할당하는 수입 할당제를 나타냅니다.

(2) ㉡은 우리나라 물건에 지나치게 높은 관세를 부과하는 관세 장벽을 나타냅니다. 다른 나라에서 우리나라의 세탁기에 높은 관세를 매기는 까닭은 우리나라 세탁기 가격이 너무 낮으면 자기 나라의 세탁기가 팔리지 않기 때문입니다.

상	우리나라가 다른 나라와 무역을 하면서 겪는 문제점을 알고 있습니다.
중	우리나라가 다른 나라와 무역을 하면서 겪는 문제점을 일부 알고 있습니다.
하	우리나라가 다른 나라와 무역을 하면서 겪는 문제점을 전혀 알지 못합니다.

1회 단원 평가 연습

110~112쪽

1 기업 2 ② 3 예 신제품을 개발하고 광고를 한다. 4 시장 5 ⑤ 6 ㉠ 기업 ㉡ 소비자 7 ⑤ 8 ② 9 ④ 10 예 세계적으로 우수한 제품을 생산할 수 있게 되었다. 11 ④ 12 ③ 13 한류 14 ① 15 무역 16 ③ 17 자유 무역 협정(FTA) 18 ㉡, ㉢ 19 예 다른 나라의 수입 제한으로 수출 감소가 발생한다. 20 ②

풀이

1 가계는 주로 기업을 통해 생산 활동에 참여하고, 기업에서 만든 물건을 구입합니다.

2 품질과 디자인이 비슷하다면 더 저렴한 물건을 구입하는 것이 합리적 선택입니다.

3 필통을 제조하는 회사의 수가 점점 늘어나고 있으므로 경쟁에서 이기기 위해 신제품을 개발하고 광고를 해야 합니다.

4 장은 물건을 사고파는 곳으로 가계와 기업은 시장을 통해 만납니다.

5 우리나라 경제 체제의 특징은 자유와 경쟁으로 사람들은 소득을 자유롭게 사용할 자유가 있습니다.

6 경제 활동에서 자유와 경쟁은 우리 생활에 많은 도움을 줍니다.

7 특정 기업에서만 물건을 생산할 경우 기업이 마음대로 가격을 올릴 수도 있습니다.

8 1960년대 우리나라는 선진국보다 자원과 기술을 부족했지만 노동력은 풍부했기 때문에 경공업이 발달하였습니다.

9 신소재 산업은 2000년대 이후에 발달하고 있는 산업입니다.

10 산업 구조가 경공업에서 중화학 공업 중심으로 바뀌면서 세계적으로 우수한 제품을 생산할 수 있게 되었고, 수출액과 1인당 국민 총소득도 크게 증가해 생활 수준이 높아졌습니다.

11 반도체는 컴퓨터와 가전 제품의 핵심 부품입니다.

12 ③은 1960년대의 모습입니다.

13 우리나라의 영화, 드라마, 대중가요 등이 해외에서 큰 인기를 얻으며 전 세계로 확산하고 있는데, 이를 한류라고 합니다.

14 경제가 성장하면서 빈부 격차, 노사 갈등, 환경 오염 등의 문제가 생겼습니다.

15 무역의 필요성을 설명한 것입니다.

16 중국은 수출액 25.8%, 수입액 23.2%로 가장 높습니다.

17 나라 간에 편리하고 자유롭게 도움을 주고받기 위해 자유 무역 협정(FTA)을 체결합니다.

18 외국 기업에서 일자리를 얻는 등 개인의 경제 활동 범위가 넓어졌고, 다른 나라에 공장을 세워 풍부한 노동력을 활용해 물건을 생산하고 제조 비용과 운반 비용을 줄일 수 있게 되었습니다.

19 다른 나라의 수입량이 정해져 있어 우리나라 농산물을 더 이상 수출할 수 없는 상황을 나타낸 그림입니다.

20 보복 관세란 자국 상품에 대해 불리한 대우를 하는 나라의 상품에 대한 보복의 성격을 띤 관세입니다.

2회 단원 평가 기출

113~115쪽

1 ③, ④ 2 합리적 소비 3 ④ 4 ㉠ 자유 ㉡ 경쟁 5 ② 6 ⑤ 7 **예** 기업끼리 가격을 상의해 올릴 수 없도록 감시한다. 8 ③ 9 ⑤ 10 ④ 11 ③ 12 ④, ⑤ 13 ① 14 ③ 15 (1) **예** 같은 제품이지만 더 값싸고 질 좋은 것을 살 수 있다. (2) **예** 생산 비용을 줄여 제품을 생산할 수 있다. 16 ③, ④ 17 ㉠ 수출 ㉡ 수입 18 **예** 다양한 나라의 음식을 국내에서 먹을 수 있다. 다른 나라에 직접 가지 않아도 외국 음식의 재료를 구할 수 있다. 19 ⑤ 20 ④

풀이

1 ①, ②, ⑤는 기업에서 하는 일입니다.

2 다양한 기준을 고려해 최소 비용으로 최대 만족을 얻어야 한다는 것입니다.

3 기업은 소비자가 어떤 물건을 좋아하는지 분석해 적은 비용으로 많은 이윤을 남기도록 합리적 선택을 해야 합니다.

4 우리나라 경제 체제의 특징은 개인과 기업들이 경제 활동의 자유를 누리면서 자신의 이익을 얻으려고 노력하는 것입니다.

5 인터넷 쇼핑도 시장에 해당합니다.

6 ⑤는 경제 활동의 자유가 주는 이로움입니다.

7 정부는 공정한 경제 활동을 할 수 있도록 공정 거래 위원회를 만들었습니다.

8 1970년대에 기업들은 현대화된 대형 조선소를 건설하면서 세계 시장에 진출했습니다.

9 철강 산업과 석유 화학 산업은 다른 산업에서 제품을 만드는 데 필요한 재료를 공급하는 기초 소재 산업이기 때문에 정부는 이 산업부터 먼저 발전시켰습니다.

10 자동차 산업은 1980년대에 본격적으로 세계 시장에 제품을 수출하면서 크게 성장했고, 이 시기에는 기계 산업, 전자 산업도 크게 발전해 정밀 기계, 기계 부품, 텔레비전 등이 주요 수출품으로 자리 잡았습니다.

11 ③ 울산 석유 화학 단지는 1970년대에 건설되었습니다.

12 서비스 산업은 사람들을 즐겁고 편리하게 해 주는 산업으로 2000년대 이후에는 문화 콘텐츠 산업, 의료 서비스 산업, 관광 산업, 금융 산업 등이 빠르게 발달하고 있습니다.

13 우리나라 경제가 성장하면서 세계인이 모이는 다양한 국제 행사가 우리나라에서 열리게 되었습니다.

14 기업은 적은 비용으로 제품을 생산해 많은 이윤을 얻으려고 하며 근로자들은 좋은 근무 환경과 높은 임금을 원하기 때문에 기업과 근로자 사이에 갈등이 생깁니다.

15 각 나라에서는 더 잘 생산할 수 있는 것을 중심으로 생산하며 이를 상호 교류하는 과정에서 경제적 이익이 발생합니다.

16 우리나라는 기술은 뛰어나지만 천연자원이 부족합니다.

17 우리나라와 다른 나라가 서로 도움을 주고받는 이유는 각 나라의 특징을 살린 활발한 경제 교류로 이익을 얻기 위해서입니다.

18 다른 나라와의 경제 교류로 의식주 생활 모습이 달라졌습니다.

19 우리나라가 겪고 있는 무역 관련 문제를 나타낸 것입니다.

20 세계 무역 기구(WTO)는 지구촌의 경제 질서를 유지하면서 세계 무역을 더 자유롭게 할 수 있도록 1995년 1월 시작되었습니다.

3회 단원 평가 실전

116~118쪽

1 ③ 2 ⑤ 3 ③ 4 ③ 5 예 좋은 서비스를 받을 수 있다. 6 ①, ⑤ 7 ③ 8 예 1960년에 약 3,000만 달러였던 수출액이 1968년에는 4억 5,000만 달러로 크게 증가했다. 이는 1960년대 이후 우리나라 경공업 제품의 수출이 늘었기 때문이다. 9 ④ 10 ㉠, ㉢ 11 한류 12 ④ 13 무역 14 ①, ③ 15 ①, ③ 16 ③ 17 휴대 전화, 전자 기기, 자동차 등 18 예 각 나라의 특징을 살린 활발한 경제 교류로 이익을 얻기 위해서이다. 19 ③ 20 ㉠ 세계 무역 기구 ㉡ 자유 무역 협정

풀이

1 가계의 생산과 소비 활동은 기업의 생산 및 이윤 추구와 밀접한 관계가 있습니다.

2 가계는 소득의 범위 안에서 적은 비용으로 가장 큰 만족을 얻도록 합리적으로 소비하는 것이 필요합니다.

3 물건 가격을 지나치게 높게 책정하면 사람들이 다른 회사 물건을 살 것이므로 적정 가격을 책정해야 합니다.

4 가계나 기업이 시장 가격에 따라 자유롭게 경제 활동을 하는 경제 체제를 시장 경제 체제라고 합니다.

5 기업은 많은 이윤을 얻으려고 가격을 낮추거나 좋은 서비스를 제공합니다.

6 음료수 재료 가격은 내리는데 음료수 가격이 오르는 까닭은 음료수를 만드는 회사가 적어 음료수를 만드는 회사끼리 가격을 마음대로 올리기 때문입니다.

7 1973년에 정부는 중화학 공업 육성 계획을 발표하고, 철강, 석유 화학, 기계, 조선, 전자 등의 산업을 발전시키려고 노력했습니다.

8 1960년대 우리나라 경제는 섬유, 신발, 가발, 의류 등과 같은 경공업 제품을 만들어 수출하며 성장했습니다.

9 1980년대에는 자동차 산업을 비롯하여 기계 산업, 전자 산업도 크게 발전했습니다.

10 생명 공학, 우주 항공, 신소재 산업, 로봇 산업 등은 고도로 발전된 기술을 필요로 하는 첨단 산업입니다.

11 최근 우리나라의 대중가요, 드라마 등 문화와 관련한 상품들이 해외에서 인기를 얻으며 세계적으로 한류가 나타나고 있는데, 그 이유는 엔터테인먼트 산업과 방송 산업이 발달하면서 우수한 콘텐츠가 많이 만들어졌기 때문입니다.

12 ④는 환경 오염 문제를 해결하기 위한 방안 중 하나입니다.

13 나라 간 자연환경과 자본, 기술 등의 차이로 나라와 나라 사이에 물건과 서비스를 사고파는 무역이 발생합니다.

14 ②, ④, ⑤는 우리나라의 주요 수출품입니다. 우리나라 주요 수출품이 반도체인데 주요 수입품에도 반도체가 있는 이유는 우리나라는 메모리 반도체(정보 저장)를 생산해서 수출하는 반면, 비메모리 반도체(정보 처리)는 대부분 수입하기 때문입니다.

15 서비스 분야에서 국가 간 경제 교류 사례를 나타낸 뉴스로, 이처럼 서비스 분야에서 다른 나라와 교류하는 사례로는 게임, 영화, 음악 등이 있습니다.

16 오늘날에는 다양한 나라의 음식을 국내에서 먹을 수 있으며, 다른 나라에 직접 가지 않아도 외국 음식의 재료를 구할 수 있습니다.

17 우리나라와 다른 나라는 서로 도움을 주고받는 동시에 세계 시장에서 경쟁합니다.

18 우리나라의 좋은 기술과 물건은 수출하고 우리나라에 없거나 부족한 자원, 기술, 물건, 노동력은 수입하는 등 우리나라는 다른 나라와 서로 의존하며 경제적으로 교류하고 있습니다.

19 세계 여러 나라들은 무역을 하다가 불리한 점이 생기면 자기 나라 경제를 보호하려고 새로운 법이나 제도를 만들기도 합니다.

20 무역 관련 문제를 해결하는 대표적인 국제기구는 세계 무역 기구(WTO)입니다.

1회 100점 예상 문제

120~122쪽

1 ⑤　　2 ③　　3 ②　　4 ②　　5 ③　　6 지방 자치제
7 ㉠ → ㉢ → ㉡ → ㉣　　8 ④　　9 ②　　10 ③　　11 예
사람들끼리 양보와 타협이 어려울 때 쉽고 빠르게 문제를 해결할 수 있다.　　12 ②　　13 ②　　14 예 한 나라의 주인으로서 나라의 중요한 일을 스스로 결정할 힘으로, 나라의 주인인 국민 모두가 가지는 것이다.　　15 ②
16 ④　　17 국무총리　　18 ④　　19 ③　　20 삼권 분립

풀이

1 이승만 정부는 3월 15일에 예정된 정부통령 선거에서 이기자, 시민과 학생들은 부정 선거의 무효를 주장하며 4·19 혁명(1960년)이 일어났습니다.

2 박정희와 그를 따르는 군인들이 힘을 앞세워 5·16 군사 정변(1961년)을 일으켰습니다.

3 전두환 정부는 신문이나 방송 등 언론을 통제하였고, 국민들의 알 권리를 무시하자, 민주화를 요구하는 목소리가 커졌습니다.

4 6월 민주 항쟁의 결과 정부는 직선제를 포함한 시민들과 학생들의 민주화 요구를 받아들였습니다.

5 6·29 민주화 선언은 대통령 직선제, 언론의 자유 보장, 지방 자치제 시행, 지역감정 없애기 등의 내용을

담고 있습니다.

6 지방 자치제의 시행으로 주민들은 지역의 문제를 해결하려고 의견을 제시하고 지역의 대표들은 주민들의 의견을 수렴해 여러 가지 문제를 민주적으로 해결합니다.

7 민주주의의 발전 과정은 4·19 혁명 → 5·18 민주화 운동 → 6월 민주 항쟁 → 지방 자치제 부활의 순서로 이루어졌습니다.

8 시민들은 촛불 집회, 1인 시위, 서명 운동, 공청회 참석하기, 정당이나 시민 단체에 가입하여 사회 공동의 문제를 해결하려고 노력합니다.

9 정치는 가정, 학급, 학교, 지역 등의 집단 구성원 모두에게 영향을 미칩니다. ②는 개인의 문제입니다.

10 민주주의의 근본이념은 인간의 존엄성이며, 자유와 평등은 인간의 존엄성을 실현하는 기본 조건입니다.

11 민주적 의사 결정 원리에서 양보와 타협이 어려우면 사람들은 다수결의 원칙으로 문제를 해결합니다.

12 다수결의 원칙을 사용할 때 다수의 횡포로부터 보호하고, 다수의 의견이 항상 옳은 것은 아니기 때문에 소수의 의견을 존중해야 합니다.

13 학교 학생들은 공동의 문제에 관심을 가지고, 민주적인 방법으로 문제 해결에 참여하고 실천하려고 노력합니다.

14 헌법에 국민 주권이 명시되어 있는 것은 국가가 함부로 국민의 권리를 침해할 수 없다는 것을 의미합니다.

15 국회는 국민을 위한 법을 만들거나 고치는 일을 하기 때문에 입법부라고도 하며, ②는 법원에서 하는 일입니다.

16 정부는 법에 따라 나라의 살림을 맡아 하는 곳으로, 행정부라고도 합니다. ②, ⑤는 국회, ①, ③은 법원에 대한 설명입니다.

17 국무총리는 대통령을 보좌하여 각 부를 총괄합니다.

18 법원에서 하는 일입니다.

19 우리나라는 공정한 재판을 하기 위해 법관이 헌법과 법률에 의하여 양심에 따라 독립하여 심판하도록 하고 있으며, 세 번까지 재판을 받을 수 있는 제도를 마련해 두고 있습니다.

20 우리나라에서는 자유와 권리를 보장하기 위해 국가 권력을 국회, 정부, 법원이 나누어 맡는데, 이를 삼권 분립이라고 합니다.

2회 100점 예상문제

123~125쪽

1 ① 2 ① 3 ③ 4 ④ 5 예 전두환이 신문이나 방송에서 이러한 사실을 알릴 수 없도록 했기 때문이다. 6 ③ 7 ② 8 예 우리 사회 공동의 문제를 평화적으로 해결한다. 9 민주주의 10 ②, ④, ⑤ 11 ② 12 ④ 13 ②, ③, ⑤ 14 예 국가가 함부로 국민의 권리를 침해할 수 없다는 것을 의미한다. 15 ③ 16 ② 17 법원 18 ⑤ 19 ④ 20 ⑤

풀이

1 대구에서 시작된 시위는 수많은 시민과 학생이 참여하는 대규모 시위로 확산되었으며, 결국 국민의 뜻에 따라 이승만이 대통령 자리에서 물러났습니다.

2 4·19 혁명의 과정은 '대구 시위 → 3·15 부정 선거 → 마산 시위 → 전국적 시위 확대 → 이승만 대통령 하야' 순입니다.

3 유신 헌법에는 대통령을 국민이 직접 뽑지 않는 간선제로 바꾸고, 대통령을 할 수 있는 횟수를 제한하지 않는 등 민주적이지 않은 내용이 많았습니다.

4 전두환이 광주에 계엄군을 보내 무력으로 진입하자, 분노한 시민들은 시민군을 만들어 군인들에게 대항했습니다.

5 전두환이 언론을 통제하고, 군인들이 다른 지역의 사람들이 광주에 들어가거나 광주 사람들이 다른 지역으로 나갈 수 없게 했기 때문에 5·18 민주화 운동이 외부에 알려질 수 없었습니다.

6 시민들과 학생들은 대통령 직선제를 요구하며 전국에서 크게 시위를 했고, 결국 정부는 직선제를 포함한 시민들과 학생들의 민주화 요구를 받아들였습니다.

7 지방 자치제는 지역의 대표를 지역 주민이 직접 뽑는 제도로 1995년에 지방 의회 선거와 함께 지방 자치 단체장 선거가 치러지면서 지방 자치제가 자리 잡게 되었습니다.

8 6월 민주 항쟁 이후 시민들은 촛불 집회와 같은 평화적인 방식으로 사회 공동의 문제 해결에 참여합니다.

9 오늘날에는 모든 사람들이 정치에 직접 혹은 간접적으로 참여할 수 있는 민주주의가 확립되었습니다.

10 민주주의는 인간의 존엄, 자유, 평등을 기본 정신으로 합니다.

11 민주주의를 실천하기 위해서는 대화와 토론을 바탕으로 관용과 비판적 태도, 양보와 타협하는 자세가 필요합니다.

12 선거일 기준으로 만 19세 이상이면 원칙적으로 누구에게나 투표권을 줍니다.

13 사람들끼리 대화와 타협이 어려울 때 다수결의 원칙으로 문제를 해결할 수 있으며, 다수결의 원칙을 사용할 때에는 소수의 의견도 존중하는 태도를 가져야 합니다.

14 헌법에 국민 주권이 명시되어 있는 것은 국가가 함부로 국민의 권리를 침해할 수 없다는 것을 의미합니다.

15 국회는 국회 의원들이 나라의 중요한 일을 의논하고 결정하는 곳으로 입법부라고도 합니다.

16 정부는 법에 따라 나라의 살림을 맡아 하는 곳입니다. ①과 ④는 국회, ③은 헌법 재판소, ⑤는 법원에서 하는 일입니다.

17 법원은 법에 따라 재판을 하는 곳입니다.

18 헌법 재판소는 헌법과 관련된 다툼을 해결하는 일을 합니다.

19 권력 분립은 국가 기관이 권력을 나누어 가지고 서로 감시하는 민주 정치의 원리입니다.

20 법을 만드는 것은 국회에서, 법에 따라 정책을 집행하는 것은 정부에서, 법률을 적용하는 것은 법원에서 하여 국가 권력이 어느 한 곳으로 집중되지 않도록 하고 있습니다.

3회 100점 예상문제

126~128쪽

1 ⑤ 2 (1) ⓒ, ② (2) ㉠, ㉡, ⑩ 3 ④ 4 ④ 5 ⑤ 6 예 기업의 이윤을 극대화하기 위해서이다. 7 ①, ②, ④ 8 ② 9 ② 10 예 선진국보다 자원과 기술은 부족했지만 노동력이 풍부하기 때문이다. 11 ⑤ 12 ② 13 ① 14 ②, ⑩ 15 ② 16 (1) ㉡ (2) ㉠ 17 중국 18 예 각 나라의 특성을 살린 활발한 경제 교류 활동으로 서로 이익을 얻을 수 있기 때문이다. 19 ① 20 ⑤

풀이

1 생산 활동에 참여해 얻은 소득으로 소비 활동을 하는 가족을 가계라고 합니다.

2 가계는 다양한 생산 활동에 참여한 대가로 소득을 얻고, 기업은 물건과 서비스를 생산해 시장에 공급합니다.

3 품질과 기능 등을 고려해 가격이 비싸더라도 우수한 물건을 선택하는 경우도 있습니다.

4 시장에서는 물건만 거래하는 것만이 아니라 인력 시장, 주식 시장, 외환 시장, 부동산 시장 등 눈에 보이지 않는 것을 사고파는 시장도 있습니다.

5 사람의 노동력을 사고파는 인력 시장, 증권을 발행하고 유통하는 주식 시장, 다른 나라의 돈을 사고파는 외환 시장은 만질 수 없는 물건을 사고파는 시장입니다.

6 기업은 보다 많은 이윤을 남기기 위해 적은 비용으로 많은 수입을 얻을 수 있도록 합리적 선택을 합니다.

7 자유로운 경쟁에서 기업은 노력한 만큼 이윤을 많이 남길 수 있으므로 더 좋은 물건을 만들려고 기술을 개발하며 그 과정에서 우리나라 전체의 경제도 발전합니다.

8 1950년대에는 다른 나라의 도움을 받아 농업 중심에서 공업 중심의 산업 구조로 변화시키려고 노력했고 소비재 공업이 주로 발달했습니다.

9 1960년대에 기업들은 섬유, 신발, 가발, 의류 등과 같이 경공업 제품을 많이 생산했습니다.

10 신발, 가발, 옷과 같은 제품은 사람이 직접 손으로 만드는 과정이 많기 때문에 노동력이 풍부한 당시 우리나라에 유리한 산업이었습니다.

11 우리나라의 산업 구조가 경공업에서 중화학 공업 중심으로 바뀌면서 세계적으로 우수한 제품을 생산할 수 있게 되었습니다.

12 2000년대 이후부터는 생명 공학, 우주 항공, 로봇 산업과 같이 고도의 기술이 필요한 첨단 산업과 문화 콘텐츠 산업, 관광 산업, 금융 산업 등 다양한 서비스 산업도 발달하고 있습니다.

13 공업화로 농촌의 젊은 사람들이 도시로 이동하면서 농촌에 일손이 부족해졌습니다.

14 경제가 성장하면서 경제적 양극화와 노사 갈등이 나타났고, 환경 오염 문제가 심각해졌습니다.

15 나라마다 자연환경과 자본, 자원, 기술 등에 차이가 있어 더 잘 생산할 수 있는 물건이나 서비스가 다르기 때문에 무역이 이루어집니다.

16 대형 할인점에 가면 다양한 물건의 원산지와 생산지를 살펴볼 수 있습니다.

17 수출액이 높은 나라는 중국>미국>베트남이고, 수입액이 높은 나라는 중국>미국>일본입니다.

18 각 나라에서 생산되지 않는 자원들이 있기 때문에 다른 나라와 다양한 경제 관계를 맺습니다.

19 우리나라는 세계 여러 나라와 무역을 하며 경제적으로 서로 의존하고 경쟁하는 과정에서 다양한 문제를 겪고 있습니다.

20 많은 나라들은 무역 문제를 해결하려고 국제기구 설립과 가입, 관련 국내 기관 설립, 세계 여러 나라와의 협상 등을 하며 다양하게 노력하고 있습니다.

4회 100점 예상문제

129~131쪽

1 ② 2 ② 3 예 필통을 만드는 회사의 수가 점점 늘어나고 있으므로 신제품을 개발하고 광고를 해야 한다. 4 ④ 5 ⑤ 6 시장 7 ② 8 ① 9 예 정부, 기업, 근로자의 노력으로 산업 구조가 경공업 중심에서 중화학 공업 중심의 구조로 바뀌었기 때문이다. 10 ④ 11 ⑤ 12 ② 13 ⑤ 14 ④ 15 ② 16 예 각 나라마다 자연환경, 자원, 기술 등이 서로 다르기 때문이다. 17 ③ 18 예 서로 자기 나라의 경제를 보호하려고 하기 때문이다. 19 ③ 20 ㄹ, ㅁ

풀이

1 가계는 주로 기업을 통해 생산 활동에 참여하고 기업에서 만든 물건을 구입합니다.

2 가계는 소득의 범위 안에서 적은 비용으로 가장 큰 만족을 얻도록 합리적으로 소비하는 것이 필요합니다.

3 기업에서는 소비자가 어떤 물건을 좋아하는지 분석해 물건을 많이 팔 방법을 생각합니다.

4 기업은 사람들에게 일자리를 제공하고, 사람들이 생활하는데 필요한 물건을 만들어 판매하거나 서비스를 제공해 이윤을 얻습니다.

5 기업은 소비자에게 인기 많은 상품을 개발해 적은 비용으로 많은 이윤을 남기는 합리적 선택을 해야 합니다.

6 기업은 다양한 시장에 생산품을 제공하고 가계는 원하는 물건을 다양한 시장에서 구입합니다.

7 우리나라에서는 물건을 생산하고 소비하는 경제 활

동을 시장에 자유롭게 맡겨 둡니다.

8 당시 우리나라는 선진국보다 자원과 기술이 부족했지만 비교적 적은 임금으로도 일하려는 사람이 많았습니다.

9 다양한 중화학 공업이 성공적으로 발달했기 때문입니다.

10 1980년대에 자동차 산업이 본격적으로 세계 시장에 제품을 수출하면서 크게 성장했고, 기계 산업과 전자 산업도 크게 발전해 정밀 기계, 기계 부품, 텔레비전 등이 주요 수출품으로 자리 잡았습니다.

11 컴퓨터와 가전제품의 생산이 늘어나면서 컴퓨터와 전자 제품에 들어가는 핵심 부품인 반도체의 중요성이 커졌습니다.

12 1960년대에는 흑백텔레비전 보급, 1970년대에는 고속 국도 개통, 1980년대에는 컴퓨터 보급, 1990년대에는 승용차가 증가, 2000년대에는 고속 철도 개통, 2010년대에는 인터넷 쇼핑 증가 등의 생활 변화 모습입니다.

13 ⑤는 1997년 우리나라가 다른 나라에서 빌린 돈을 갚지 못해 일어난 일입니다.

14 노사 갈등을 해결하기 위해 일자리 늘리기, 근로자와 기업 경영자의 대화를 통한 갈등 해결, 안정적인 일자리 확충 지원 등을 합니다. ④는 빈부 격차를 해결하기 위한 노력입니다.

15 무역은 나라 사이에 서로 필요한 것을 사고파는 활동을 말합니다.

16 각 나라마다 더 잘 생산할 수 있는 것을 전문적으로 생산하기 때문에 무역을 합니다.

17 ③은 다른 나라와의 문화 교류를 나타낸 것입니다.

18 자기 나라의 산업을 더 키우기 위해서입니다.

19 다른 나라와 무역을 할 때 자기 나라 경제를 보호하기 위해 경쟁력이 낮은 산업 보호, 국민의 실업 방지, 국가의 안정적 성장, 다른 나라의 불공정 거래에 대응합니다.

20 많은 나라들은 무역 문제를 해결하려고 국제기구 설립과 가입, 관련 국내 기관 설립, 세계 여러 나라와의 협상 등을 하며 다양하게 노력하고 있습니다.

5회 100점 예상문제

132~134쪽

1 ③ 2 ④ 3 6월 민주 항쟁 4 ⑤ 5 예 국민을 대표할 사람을 뽑는 사람이 국민이고, 그들을 뽑는 방법이 선거이기 때문이다. 6 ㉠ 관용 ㉡ 비판적 태도 7 ④ 8 ④ 9 ③ 10 (1) ㉢ (2) ㉠ (3) ㉡ 11 삼권 분립 12 ④ 13 ①, ② 14 ③ 15 예 선진국보다 자원과 기술이 부족했지만 노동력은 풍부했기 때문이다. 16 (1) ㉢ (2) ㉢ (3) ㉠ (4) ㉡ 17 ④ 18 ② 19 ㉠ 수출 ㉡ 수입 20 ①, ⑤

풀이

1 국민의 요구가 더욱 거세지자 이승만은 대통령 자리에서 물러났고 3·15 부정 선거는 무효가 되었습니다.

2 1990년대에는 지역의 대표를 지역 사람들이 직접 뽑는 지방 자치 제도가 본격적으로 실시되었습니다.

3 시민들과 학생들은 전두환 정부의 독재에 반대하고 대통령 직선제를 요구하며 전국 곳곳에서 시위를 벌였는데, 이를 6월 민주 항쟁이라고 합니다.

4 정보 통신이 발달함에 따라 누리 소통망 서비스(SNS)를 활용하여 사회의 여러 가지 문제에 대해 자신의 의견을 제시하기도 합니다.

5 뽑힌 사람과 뽑은 사람들 모두가 자랑스러운 민주주의의 주인이기 때문에 선거를 민주주의의 꽃으로 표현합니다.

6 민주주의를 실천하려면 관용, 비판적 태도, 양보와 타협, 실천 등의 태도가 필요합니다.

7 다수의 의견이 항상 옳은 것은 아니기 때문에 다수결의 원칙을 사용할 때 소수의 의견을 존중해야 합니다.

8 ④는 법원에서 하는 일입니다.

9 정부는 법에 따라 나라의 살림을 맡아 하는 곳으로, 행정부라고도 합니다. ①, ⑤는 국회, ②, ④는 법원에 대한 설명입니다.

10 민주주의를 실현하기 위해 국가 권력을 국회, 정부, 법원이 나누고 서로 감시합니다.

11 삼권 분립으로 국회, 법원, 정부는 국민이 준 힘을 함부로 사용하지 못합니다.

12 가계는 만족을 얻기 위해서이고, 기업은 이윤을 극대화하기 위해 합리적 선택을 합니다.

13 시장은 손으로 주고받을 수 있는 물건뿐 아니라 사람의 노동력, 주식 등 눈에 보이지 않는 거래도 이루어집니다. 오늘날 새롭게 등장한 시장에는 텔레비전 홈쇼핑, 인터넷 쇼핑 등이 있습니다.

14 ③ 기업끼리 자유롭게 경쟁하면 소비자는 싼값에 물건을 살 수 있습니다.

15 1960년대에 기업들은 식료품, 섬유, 종이 등 비교적 가벼운 물건을 만드는 산업인 경공업 제품을 만들어 수출하며 성장했습니다.

16 1970년대에는 철강, 석유 화학, 조선 산업, 1980년대에는 자동차 산업, 기계 산업, 전자 산업이 발달하였고, 1990년대에는 반도체 산업과 정보 통신 산업, 2000년대에는 첨단 산업과 서비스 산업이 발달하였습니다.

17 1인당 국민 총소득은 일정 기간에 한 나라의 국민이 벌어들인 소득을 그 나라의 인구로 나눈 것을 말하며, 지난 60년간 1인당 국민 총소득은 큰 폭으로 증가했습니다.

18 나라마다 자연환경과 자원, 자본, 기술 등에 차이가 있어 더 잘 생산할 수 있는 물건이나 서비스가 다릅니다.

19 다른 나라에 물건을 파는 것을 수출이라고 하고, 다른 나라에서 물건을 사 오는 것을 수입이라고 합니다.

20 우리나라가 다른 나라와 무역을 하면서 겪는 문제를 조사하기 위해 인터넷과 신문, 텔레비전 뉴스 등을 찾아봅니다.

6회 100점 예상문제

135~137쪽

1 ④ 2 ①, ②, ⑤ 3 ④ 4 (1) ㉠, ㉢, ㉣ (2) ㉡, ㉤, ㉥ 5 ⑤ 6 ③ 7 ④ 8 ③ 9 **예** 한 기관이 국가의 중요한 일을 마음대로 처리할 수 없도록 하고 서로 견제하고 균형을 이루게 하여 국민의 자유와 권리를 지키기 위해서이다. 10 (1) ㉡, ㉣ (2) ㉠, ㉢, ㉤ 11 ⑤ 12 ④ 13 ⑤ 14 ① 15 ④ 16 ㉠ 근로자 ㉡ 기업가 17 ⑤ 18 무역 19 ② 20 **예** 서로 자기 나라의 경제를 보호하려고 하기 때문이다.

풀이

1 이승만 정부는 3월 15일에 예정된 정부통령 선거에서 이기기 위해 부정 선거를 실행하여 선거에서 이기자, 시민과 학생들은 부정 선거의 무효를 주장하며 4·19 혁명(1960년)이 일어났습니다.

2 4·19 혁명, 5·18 민주화 운동, 6월 민주 항쟁은 민주주의를 억압한 독재 정권에 맞서 학생을 비롯한 시민이 스스로의 힘으로 민주주의를 지켜 낸 사건이었습니다.

3 오늘날 시민들이 사회 공동의 문제를 해결하는 방법은 평화적인 방식으로 다양해졌고, 그에 따라 더 많은 시민이 정치에 참여하면서 우리 사회의 여러 가지 문제를 민주적으로 해결하고 있습니다.

4 ⑴ 민주주의는 자유를 존중하고 평등을 이루며 인간의 존엄성을 지켜가는 기본 정신을 바탕으로 이루어지며 생활 속에서 문제를 해결하는 중요한 원리입니다. ⑵ 민주적 의사 결정 원리에는 다수결의 원칙, 대화와 타협, 소수 의견 존중 등이 있습니다.

5 일상생활에서 부딪치는 다양한 문제와 갈등을 해결하려면 대화와 토론을 바탕으로 관용과 비판적 태도, 양보와 타협하는 자세가 필요하고, 함께 결정한 일은 따르고 실천해야 합니다.

6 국민의 권리는 끊임없이 노력해야 얻을 수 있고, 우리가 꼭 지켜내야 하는 소중한 것입니다.

7 ④ 헌법에 국민 주권이 명시되어 있는 것은 국가가 함부로 국민의 권리를 침해할 수 없다는 것을 의미합니다.

8 정부의 최고 책임자는 대통령으로서 국민의 선거로 직접 선출합니다.

9 국민의 뜻에 따라 국가의 중요한 결정을 할 수 있도록 하기 위해서입니다.

10 가계는 기업에서 일하며 생산 활동에 참여한 대가로 소득을 얻고 기업은 물건과 서비스를 생산해 시장에 공급합니다.

11 합리적인 선택이란 품질, 디자인, 가격, 기능 등을 고려해 가장 적은 비용으로 큰 만족감을 얻을 수 있도록 선택하는 것을 말합니다.

12 기업은 공정한 경제 활동을 해야 합니다.

13 우리나라는 개인과 기업이 자유롭게 경제 활동을 할 수 있기 때문에 기업이 무엇을 생산하고 판매할지는 스스로 정합니다.

14 1960년대에 기업은 정부의 경제 개발 계획에 따라 섬유, 신발, 가발, 의류 등과 같은 경공업 제품을 만들어 수출하며 성장했습니다.

15 2000년대 이후부터는 우주 항공, 로봇 산업과 같이 고도로 발전된 기술을 필요로 하는 산업이 발달하고 있습니다.

16 기업가와 근로자 사이의 갈등이 심해지면 제품이나 서비스를 지속적으로 생산하지 못하게 되어 기업의 이윤은 줄어들고, 근로자들도 임금을 받지 못하거나 일자리를 잃을 수도 있습니다.

17 경제적 양극화 문제를 해결하는 방법에는 시민 단체의 봉사 활동, 복지 정책을 위한 여러 법률 제정, 정부의 생계비, 양육비, 학비 지원 등이 있습니다.

18 무역은 나라 사이에 서로 필요한 것을 사고파는 활동을 말합니다.

19 우리나라는 세계 여러 나라와 무역을 하면서 이익을 보기도 하지만 문제가 발생하기도 합니다.

20 세계 여러 나라들은 무역을 하다가 불리한 점이 생기면 자기 나라 경제를 보호하려고 새로운 법이나 제도를 만들기도 합니다.

MEMO

MEMO

정답과 풀이